팔레스타인/이스라엘

점령, 테러리즘, 그리고 미래

마르완 비샤라 지음
유달승 옮김

한울

국립중앙도서관 출판시도서목록(CIP)

팔레스타인/이스라엘 : 점령, 테러리즘, 그리고 미래 / 마르완 비샤라 저 ; 유달승 역. -- 서울 : 한울, 2003
p. ; cm

원서명: Palestine/Israel : Peace or Apartheid(occupation, terrorism and the future)
원저자명: Bishara, Marwan

색인수록
ISBN 89-460-3143-3 93340

340.9194-KDC4
320.95694-DDC21 CIP2003001010

Palestine/Israël: La Paix ou L'apartheid

Marwan Bishara

La Découverte

1. 이스라엘과 주변 지역

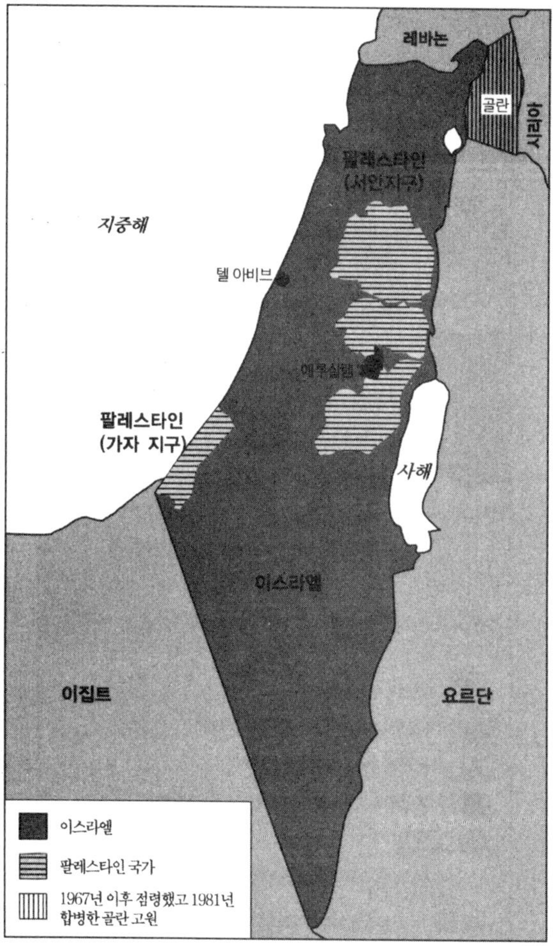
레바논
골란
시리아
팔레스타인
(서안지구)
지중해
텔 아비브
예루살렘
팔레스타인
(가자 지구)
사해
이스라엘
이집트
요르단
이스라엘
팔레스타인 국가
1967년 이후 점령했고 1981년
합병한 골란 고원

2. 예루살렘

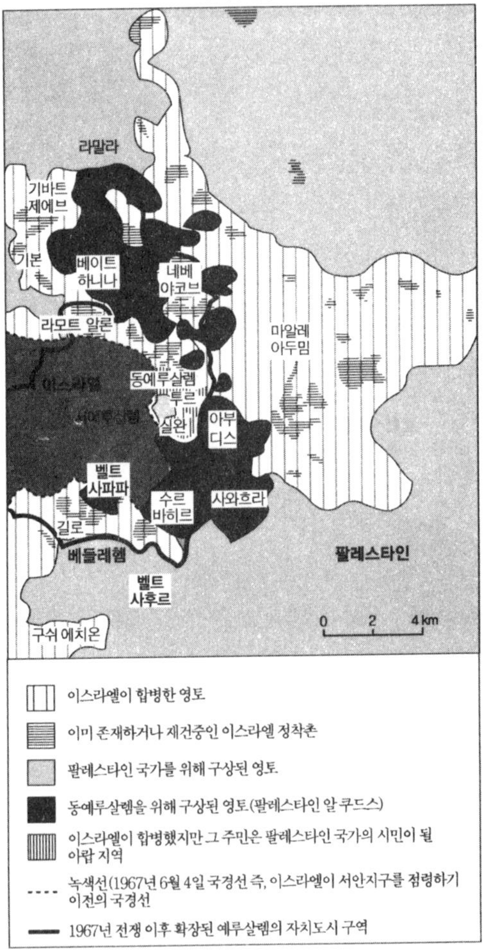
라말라
기바트
제에브
기본
베이트
하니나
네베
야코브
라모트 알론
마알레
아두밈
동예루살렘
이스라엘
서예루살렘
투르
실완
아부
디스
벨트
사파파
수르
바히르
사와흐라
길로
베들레헴
팔레스타인
벨트
사후르
구쉬 에치온
0 2 4 km
이스라엘이 합병한 영토
이미 존재하거나 재건중인 이스라엘 정착촌
팔레스타인 국가를 위해 구상된 영토
동예루살렘을 위해 구상된 영토(팔레스타인 알 쿠드스)
이스라엘이 합병했지만 그 주민은 팔레스타인 국가의 시민이 될 아랍 지역
녹색선(1967년 6월 4일 국경선 즉, 이스라엘이 서안지구를 점령하기 이전의 국경선
1967년 전쟁 이후 확장된 예루살렘의 자치도시 구역

3. 서안지구

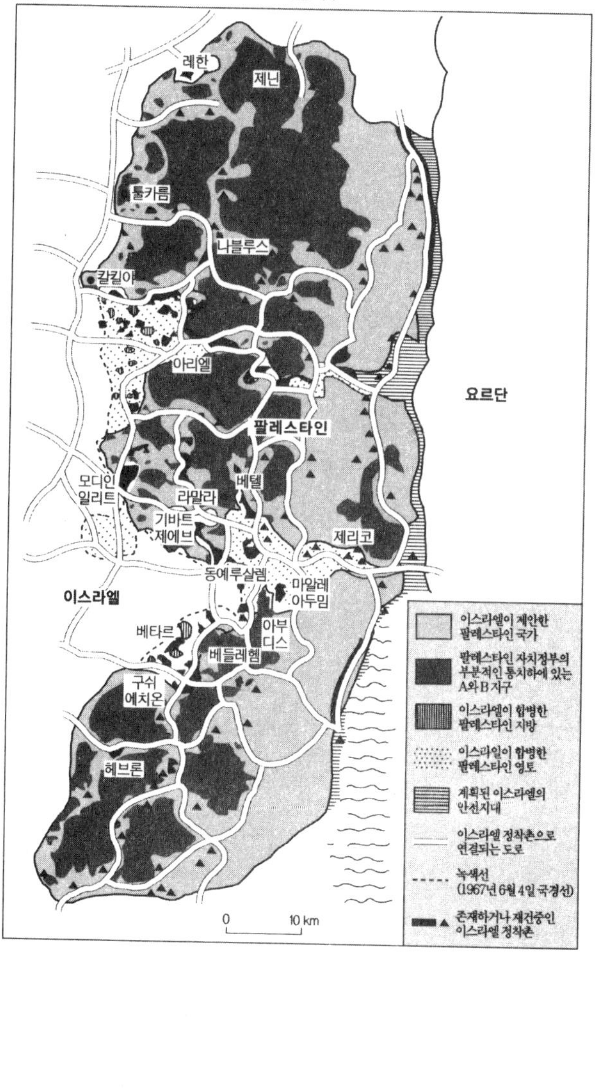
레한
제닌
툴카름
나블루스
칼킬야
아리엘
요르단
팔레스타인
모디인
일리트
베텔
라말라
기바트
제에브
제리코
동예루살렘
이스라엘
미알레
아두밈
베타르
아부
디스
베들레헴
구쉬
에치온
헤브론
0
10 km
이스라엘이 제안한
팔레스타인 국가
팔레스타인 자치정부의
부분적인 통치하에 있는
A와 B 지구
이스라엘이 합병한
팔레스타인 지방
이스라일이 합병한
팔레스타인 영토
계획된 이스라엘의
안전지대
이스라엘 정착촌으로
연결되는 도로
녹색선
(1967년 6월 4일 국경선)
존재하거나 재건중인
이스라엘 정착촌

역자 서문

미국은 이라크와의 전쟁 이후 중동평화안을 제안하였고 이스라엘 정부와 팔레스타인 자치정부는 이 내용을 수용하였다. 중동평화안은 이스라엘과 팔레스타인 간의 분쟁을 종식시키기 위한 방안으로 2005년까지 팔레스타인 독립국가 설립에 관한 단계적 평화정착안이다.

하지만 이번 중동평화안이 중동의 분쟁과 갈등을 종식시키고 진정한 평화를 가져올지는 미지수다. 이스라엘 정부는 팔레스타인 난민의 귀환권을 인정하지 않겠다는 결의안을 별도로 채택했다. 또한 팔레스타인 무장단체들은 자살폭탄공격을 감행했고 곧이어 이스라엘 군의 보복조치가 나타나 이제까지의 악순환이 또다시 재현되고 있다.

중동문제를 이해하는 것은 단순한 문제가 아니다. 이를 위해서는 미국과 이스라엘, 그리고 팔레스타인이라는 트라이앵글을 기본축으로 놓고 이해하는 작업이 무엇보다도 요구된다. 최근 미국의 기밀문서에서 해제된 50년 전의 자료에서는 중동을 '세계에서 전략적으로 가장 중요한 지역', '세계전략의 거대한 원천', '세계에서 가장 부유한 경제적 가치를 지닌 지역' 등으로 묘사하고 있다. 중동은 세계의 주요한 에너지 공급원이며 이 지역에서 나오는 막대한 이윤으로 인해 가치 있는 곳으로 평가받는다. 뿐만 아니라 중동지역의 통제권을 확보함으로써 다른 국가들의 행동에 일종의 거부권을 행사할 수도 있다. 따라서 중동은 지난 반세기 동안 미국의 세계전략에서 제1의 관심사였다. 미국과 이스라엘의 관계는 이러한 배경에서 형성되었다. 미국은 중동에서 그들의 이해관계를 대변할 확실한 근거지가 필요했고 이스라엘은 아랍 국가들에게 위협을 받고 있었기 때문에 본질적으로 양국의 관계는 공생관계에서 비롯되었다. 미국의 중동정책은 일방적인 친이스라엘 정책이라고 볼 수 있는데, 이는 미국이 팔레스타인에서 자행되는 이스라엘의 온갖 만행을 외면하는 것에서도 확인할 수 있다.

이 책은 제2차 인티파다와 관련하여 팔레스타인 지역에서 일어나고 있는 이스라엘-팔레스타인 갈등의 원인을 정치적·경제적·사회적·국제적 차원에서 다각도로 다루고 있다. 특히, 가장 핵심적인 내용은 1993년 세계 언론의 주목을 받으면서 미국의 중재로 시작된 오슬로 평화협상 과정에 대한 분석이다. 저자는 오슬로 평화협상이 진행된 당시의 정치·경제적 배경, 실제 오슬로 협상의 진행과정, 그리고 협상에 대한 이스라엘과 미국의 입장, 더 나아가 협상의 결과에 대해서 심층적으로 분석하고 있다.

1991년 마드리드 국제평화회의 이후 이스라엘은 6차례의 정권교체를 겪어야 했다. 이것은 단순히 이스라엘이 식민지적 현실 속에서 평화롭게 살 수 없었기 때문이지만, 그럼에도 불구하고 이스라엘은 그러한 현실에서 벗어날 수 없었다. 샤론 이전의 5명의 전임자들이 한결같이 실패한 이유는 팔레스타인 문제가 이스라엘의 평화와 안보에 걸림돌이 되었기 때문이다. 이스라엘과 팔레스타인 간의 갈등을 해결하기 위한 선결조건은 이스라엘이 식민통치를 중지하고 팔레스타인의 자치권을 인정하는 것이다. 이 원칙이 선행될 때에만 이스라엘의 안보가 보장될 것이며, 팔레스타인과의 역사적 화해에 도달할 것이다. 이러한 원칙이 지켜지지 않으면 팔레스타인인들의 저항은 계속될 것이고, 자유와 해방을 위한 팔레스타인인들의 투쟁은 결코 멈추지 않을 것이다.

이 책이 출판되기까지 도와주신 많은 분들에게 진심으로 감사드린다. 이 책을 번역할 기회를 제공하고 교정 및 편집작업을 담당한 도서출판 한울의 관계자분들에게 감사드린다.

감사의 글

이 책은 여러 동료와 친구들의 격려 덕분에 나올 수 있었다. '파리 평화와 전략연구에 관한 학제간 연구 센터(CIRPES, Le Centre Interdisciplinaire de Recherches sur la Paix et des Etudes Strate- giques)'의 알랭 조세(Alain Joxe)와 사이다 베다르(Saida Bedar)의 진지한 논평과 통찰력은 이 책이 초점을 잃지 않고, 필요한 분야를 분석하는데 많은 도움을 주었다. 헤브루 대학에서 자료연구를 맡아준 나의 친구이자 연구보조원인 나비 바쉬르(Nabih Bashir)는 방대한 자료들을 효율적으로 정리해 주었다. 팔레스타인·워싱턴에 관한 정책분석 센터의 최신자료들과 연구지원, 특히 히샴 샤라비(Hisham Sharabi), 헤이디 숍(Heidi Shoup)의 격려로 인해 이 책의 집필은 더욱 값진 도전이 되었다. 세계교회협의회(World Council of Churches)의 살피 에스키드지안(Salpy Eskidjian)과 드와인 엡스(Dwain Ebbs)에게도 깊이 감사드린다. 세실리아 조세(Cecilia Joxe), 프란시스코 게제(Francosi Geze), 베아트리체 카제르(Beatrice Cazer), 홀 가드너(Hall Gardner), 알라인 그레쉬(Alain Gresh), 파리다 살피티(Farida Salfiti), 하데르 슈케이라트(Khader Shkeirat), 암논 라즈(Amnon Raz), 무함마드 하사네인 헤이칼(Muhammad Hassanein Heykal), 그리고 나의 사랑하는 형 아즈미 비샤라(Azmi Bishara)를 비롯한 많은 분들에게도 감사드린다.

이 책의 최신판이 나오도록 격려해준 안네 로드포드(Anne Rodford)와 로버트 몰테노(Robert Molteno), 제드 출판사(Zed Books)의 여러 직원들에게도 감사드린다. 리차드 팔크(Richard Falk)는 성심껏 도와주었으며 그와의 서신왕래로 인해 이 작업은 끊임없는 지적 도전이 되었다.

특히, 파리 아메리칸 대학(American University of Paris)에 다니는 나의 제자들에게도 감사드린다. 그들의 열정과 호기심은 이 책을 단순명료하게 하는 데 도움을 주었다. 2000년 봄, 많은 시민들이 죽어나가고 부상당하며 투옥되는 와중에 이 책의 최신판을 준비하는 것은 쉬운 일이 아니었다. 그러나 나는 자유와 정의를 갈망하는 팔레스타인인들과 이스라엘인들에게 깊은 감화를 받았다.

추천사

이스라엘과 팔레스타인 간의 평화에 대한 전망은 최악의 상황이고, 도덕적·정치적 절박함 이상으로 평화를 추구하는 것은 절실해 보인다. 테러리스트들의 술책으로 야기된 일상의 시련에서 두 민족을 해방시키고 수십 년간 압제와 가혹한 박탈 속에 유폐된 팔레스타인인들을 자유롭게 해야 한다는 점에서 도덕적 절박함이 있다. 또한 이스라엘과 팔레스타인 간의 폭력은 언제라도 통제불능의 상태로 내달릴 수 있으며 그 지역을 심각한 혼란과 극렬한 민간투쟁, 수 년간 지속될 수 있는 지역전으로 몰고 갈 수도 있다는 점에서는 정치적 절박함이 있다.

해결책을 모색하는 것이 분명 급선무임에도 불구하고, 도덕성은 물론 합리성에도 어긋나 반목만이 켜켜이 쌓이는 것 같다. 미국정부는 9·11테러를 모든 형태의 반정부 정치폭력과 결부시킴으로써 전세계 국가에게 반미운동과 민족자결투쟁에 맞서서 폭력을 더욱 가속화하도록 했다. 그 어떤 지도자보다 아리엘 샤론은 이러한 구실을 열렬히 환영했고 야세르 아라파트를 이스라엘의 '오사마 빈 라덴'이라고 선언했다. 그 결과 팔레스타인 영토를 계속해서 지배하려는 이스라엘 강경파의 목표는 달성되는 듯 했다.

그렇다. 피로 얼룩진 성지 상공을 맴도는 먹구름을 뚫고 희망의 빛이 어렴풋이 비친다. 마침내 유럽은 좀더 적극적이며 균형 잡힌 태도를 보이고 중재적 외교세력으로서 신뢰를 얻으며 공개적으로 워싱턴 일당에 유감을 표명한다. 미국정부조차도, 적어도 국무부에서만큼은 이스라엘과 팔레스타인 간의 평화협정을 재개하는 것이 절대적 선결조건임을 인정하는 듯하다. 그러나 이는 중동지역의 안정을 꾀하고, 여러 나라에 흩어져 있는 과격분자들의 집단인 알카에다 조직에 맞서서 추진되는 미국의 주요작전에 대해 이슬람 세계의 지지를 얻어내기 위한 것이다. 콜린 파월의 제안에 따라 2002년 후반에 이스라엘과 팔레스타인 간의 분쟁에 관해 미국, 러시아, 유럽 연합, 유엔의 4자회담 소집이 유력하다. 이들에게 책임 있는 외교적 역할을 부여함으로써 비록 정세가 이스라엘과 팔레스타인 지도자들에게 유리하게 돌아간다 하더라도, 당사국들에게는 어느 정도 지지 기반을 마련해줄 것이다.

그러나 제반 여건과 양측 강경파의 막강한 영향력 그리고 미국, 특히 미의회 내 친이스라엘계의 편견을 고려해볼 때 아직 낙관하기는 힘들다. 보통의 팔레스타인인들이 끊임없는 억압과 위협 속에서 점점 더 절대빈곤 이하로 내몰리는 상황이 얼마나 절망적인가에 대한 이해는 전혀 없다. 오히려 이스라엘 정착촌(올해 34구역이 인정되었으며 샤론이 총리이다)과 서안지구에 공인된 '구역(canton)'을 만들어 점령된 팔레스타인 영토에서조차 통행과 이동을 제한할 이스라엘의 특별한 노력이 주목받고 있다.

이러한 배경 속에서 마르완 비샤라의 『팔레스타인과 이스라엘 : 평화인가 차별인가』의 최신판이 나온 것은 시기적절하다. 이

책은 현재 나와있는 그 어느 책보다 더 밀도 있게 읽어야 할 서적이며 정보는 물론 평화정착을 위한 과거의 노력이 실패한 것에 대해 해박하고 정확하며 현실적인 설명을 제공한다. 특히 오슬로 평화협정 실패에 대한 비샤라의 분석은 압권이며 우리 모두에게 평화협정이 재개되는 것을 반대하도록 경고하는데 이는 미첼 위원회(Mitchell Commission)를 비롯한 많은 영향력 있는 이들의 권고이기도 하다. 또한 이 책은 인종차별이 자행되는 점령지와 정착촌이라는 현상을 감수한 결과가 얼마나 끔찍한 것인지, 그러한 현실이 오랫동안 남아프리카의 흑인을 지배했던 범법적 인종주의 정권에 어떠한 파장을 몰고 왔는지를 여실히 보여준다.

비샤라는 이스라엘 권력의 양 진영에서 벗어나 이스라엘의 드골(de Gaulle)이나 적어도 이스라엘의 드 클레르크(de Klerk)[1]가 나올 가능성에 희망을 걸고 있다. 이들은 권위 있고 고매한 사람들로 점령지의 난제해결, 전면철수 및 정착촌철거는 물론 난민문제를 인도적으로 해결하며 예루살렘과 수자원을 공평하게 나눌 용기가 있는 사람들이다. 물론 비샤라 자신이 더 잘 알겠지만 그것은 실현성이 없으며 어쩌면 고도(Godot)를 기다리는 일일 수도 있을 것이다. 그러나 어떤 극적인 해결이 없다면, 기존의 험악한 상황은 더욱 악화될 것이며 양측의 미래는 암울할 뿐이다. 그는 이러한 상황을 이해한다면 평화를 위해 가혹한 상황에 맞서 투쟁해야 한다는 것을 시사하고 있다.

비샤라가 분명히 밝혔듯이, 역사적 관점에서 보면 팔레스타인은

---

1 남아프리카 공화국의 정치가. 1993년 인종차별정책을 철폐한 공로로 넬슨 만델라와 함께 노벨평화상을 받았다(역자 주).

이미 이스라엘에게 특권을 준 것이다. 그러나 공정한 해결책을 찾고 있는 현 시점에서는 그 누구도 이러한 가치를 인정하지 않는다.

1967년 초 팔레스타인 자치정부는 역사상 팔레스타인 영토의 약 78%를 차지하는 이스라엘을 유대 국가로 인정했고 나머지 22%의 영토에 대해서는 이스라엘의 유대인과 최소한 동수이거나 훨씬 더 많은 팔레스타인 인구의 열망을 충족시키고자 협상하기로 했다. 팔레스타인인들에게 정착촌과 정착민을 수용함은 물론 이 22%의 영토에 대한 통치권마저 이양하라고 요구한 것이다. 다음으로 팔레스타인인들은 시온주의자의 민족국가라는 틀 속에서 평화를 추구하는데 이는 세속적 다민족국가만을 적법한 국가로 여겼던 국가에 대한 현대적 개념과 상반된다는 점도 중요하다. 이것을 인정하는 것은 자주국가를 원하는 팔레스타인인들을 좌절시키는 것이며 이스라엘 내의 많은 팔레스타인 소수집단(약 1백 20만 명)에게 공개적으로 영원한 2류시민권을 부여하는 것이다. 팔레스타인인들이 수용할 만한 해결책을 찾기 위해서는 반드시 이 두 극단적인 상황에 대해 진지하게 고려해야 한다.

비샤라는 쟁점화된 모든 주요사안에 대해 국제법이 팔레스타인인들의 편에 있다는 점을 예리하게 간파하고 있다. 다시 말해 1967년에 점령한 영토에서 철수하는 것, 1948년에 추방당하거나 쫓겨났던 팔레스타인 난민들의 귀환권, 예루살렘 통치권, 전 영토는 물론 예루살렘의 사법권 내에 있는 정착촌의 지위문제 등이 그 예이다. 팔레스타인의 권리에 대한 평가는 인권위원회 같은 전문가집단을 비롯한 유엔 회원국간 그리고 이스라엘이나 미국의 정책 전망에 구속되지 않는 국제법 전문가들이 합의해야 할 문제이다.

오슬로 평화협정의 한 가지 특징은 국제법상의 타당성이 협상에서 고려되지 않았다는 것이고 누구도 이 점에 주목하지 않았다. 이스라엘과 미국은 1990년대에 이스라엘 정착촌 확장에 이의를 제기하는 것은 평화협정에 간섭하는 것이라 규정한 상황에서 이해당사자들이 '최종지위협상'을 위해 모였을 때 이스라엘 정착촌 문제를 안건으로 제기했다. 그러한 불법성에 관대했던 결과 정착촌은 확장되었고, 온건 팔레스타인인들은 혼란에 빠졌다. 이스라엘인들이 팔레스타인인들에게 민족자결권을 가진 독립국가를 주고자 했다면 왜 정착촌과 잘 짜여진 우회로에 그토록 막대한 투자를 했을까? 이 질문에 대해서는 아직 흡족할 만한 해답을 얻지 못하고 있다.

만약 국제법이 팔레스타인인들의 기본적인 요구를 지지하는 것은, 그것이 '팔레스타인인들의 당연한 권리'이기 때문이라고 가정한다면, 그 결과는 어떻게 될까? 이상 세계에서는 그러한 권리들이 충분히 존중되겠지만, 여기에서 평화를 위해 그러한 기본틀을 주장한다면 아마도 공정한 해법에 대한 미미한 희망마저 사라질 것이다. 최소한 출발점에서는 1967년 이전 영토에 대해 불공정하다는 주장은 버려야 할 것이고, 공정한 해결책을 찾는 데 있어 팔레스타인 국가는 원래 팔레스타인 영토의 22%를 차지하는 민족국가임을 기본명제로 해야 한다. 그러나 그 22% 안에는 정의와 실용주의라는 엄청난 명제들이 있기 때문에 미래의 외교적 노력들은 오슬로 협정과는 달리 처음부터 국제법을 고려해야 하며 이스라엘은 군사점령에 적용되는 제4차 제네바 협정을 준수할 의무가 있다. 실제적으로 이스라엘은 정착촌을 포기하고, 팔레스타인 민중의 권리를 존중하며, 예루살렘에서 자신의 입지를 최대화하고자 지리적

국경과 인구통계구성비를 인위적으로 바꾸지 않고, 팔레스타인 난민들의 과거와 현재의 권리에 대해 협상을 시작해야 한다.

이러한 공정성을 확약하는 것만이 두 민족에게 '평화'를 가져올 수 있다. 이 방안을 선택함에 있어 이스라엘에게 여러 위험이 따를 것이고 진정한 평화협정을 이끌어내기 위한 양쪽 극단주의자들의 진지한 노력이 얼마나 성공적일지는 아무도 모른다. 드 골이 알제리 전쟁 종식을 위해 노력할 때에 프랑스는 시민전쟁 일보직전까지 갔음을 상기해야 한다. 과정을 되돌리는 것은 결코 쉬운 일도 아니며 성공이 보장된 것도 아니다. 그렇다면 대안은 무엇인가? 비샤라의 주장처럼 팔레스타인인들에게는 '차별'이요 이스라엘에게는 '테러리즘'인 것이다. 그러한 운명이 엎드려 기다리고 있을진대, 녹색선[2] 양쪽에 있는 사람들은 물론이거니와 팔레스타인과 이스라엘 두 민족의 평화와 정의를 바라는 전 세계의 모든 사람들은 평화를 위해 위험을 무릅쓰겠다는 각오를 다지고, 예루살렘을 일신교신자들뿐만 아니라 전 세계 영적인 사람들의 최고의 성지순례지로서 부활시켜야만 한다.

리차드 팔크

산타 바바라, 캘리포니아

2 1949년 제1차 아랍-이스라엘 전쟁 이후 그어진 휴전선이다. 이 선을 경계로 동쪽인 서안지구(동예루살렘 포함)는 요르단이 관리하였고, 지중해연안의 가자 지구는 이집트가 관리하였다. 1967년 제3차 아랍-이스라엘 전쟁 이후 이스라엘이 이 지역을 점령했다(역자 주).

저자 서문

부시는 샤론을 위해 팔레스타인인들을 인질로 잡고 있다

이스라엘과 팔레스타인 간의 갈등을 해결하고자 2002년 6월 말에 공개된 미국의 계획은 팔레스타인과 이스라엘 두 민족을 또 다른 유혈의 장으로 몰아 넣었다. 부시 행정부는 사실상 미래에 대한 새로운 전망을 제시하기보다는 과거의 실수를 되풀이해왔다.

이스라엘의 간곡한 요청에 따라 부시는 자신의 책상 위에 놓인 두 가지 중요한 보고서를 묵살했다. 하나는 종합적인 아랍 세계의 발의를 설명하는 것으로 점령지 없는 평화로운 미래를 구상하고 있으며, 다른 하나는 유일하게 선거로 선출된 팔레스타인의 지도자인 야세르 아라파트가 보낸 문서로 2000년 12월 빌 클린턴 대통령이 추진한 계획들을 장래 협상의 기본틀로 수용하겠다는 것이었다.

이전의 많은 사람들처럼 부시는 쉽게 해결할 수 있는 문제에 대해

'창조적인' 방법을 생각해내려는 경향이 있다. 최종결과는 문제해결이 아니라 그 위기를 처리하는 방식이다. 애석하게도 이 분쟁에 대한 해결방안은 —이스라엘이 이웃 아랍 국가들과 평화를 유지하는 대가로 1967년에 점령한 영토, 즉 '평화를 위한 땅'에서 전면 철수하는 것— 이미 수십 년간 드러나 있었지만, 수십 년간 묵살되었다.

부시는 우리가 새로운 팔레스타인 지도부와 더불어 임시협정에 복귀하기를 원한다. 내가 워싱턴을 방문하여 배운 미국의 영악한 정책은 안전한 정책으로 팔레스타인인들을 쫓아냄으로써 아리엘 샤론과 상대하는 것을 회피하는 것이다. 아버지의 경험을 통해 부시는 이스라엘에 압력을 가하면 어떤 결과가 나타날지를 잘 알고 있다. 미국의 대통령은 야세르 아라파트를 믿을 수 없다고 주장하는 한편 중동도 믿을 수 없다고 밝혀왔다.

부시는 장차 언젠가는 팔레스타인 국가로 가는 기반을 다지고자 팔레스타인 지도부를 교체할 것을 요구할 것이다. 그러나 민주주의에서 지도부란 국민의 선택이다. 또 다른 대통령이 자유롭고 공개된 선거에서 선출되기 전까지는 그 누구도 팔레스타인인들에게 지도자를 강요할 권리는 없다. 팔레스타인 영토전역을 점령하고 있는 이스라엘 탱크와 이스라엘과 팔레스타인 감옥에 투옥되거나 은신처에 있는 많은 지도자들만 보더라도 얼마나 자유롭고 공개된 선거가 실시될 수 있을지 이해하기 힘들다.

차선책은 아라파트가 현재 팔레스타인에서 가장 인기 있는 그의 부관과 미래의 예비지도자를 지명하여 이스라엘과 협상하게 하는 것이다. 마르완 바르구티(Marwan Barghouti)는 선출된 의회의원이자 유능한 정치인인데 이스라엘 정치에 정통하며 히브리어를 유창하게 구사한다. 비록 그가 이스라엘의 감옥에 있다 하더라도 넬슨 만델라의 경우처럼 민족지도자가 자신을 체포한 사람과 평화협상에 나서는 것이 처음 있는 일은 아니다.

부시는 우리에게 말하기를 과도기는 3년이 걸릴 것이라 했다. 점진적 접근방법은 이해당사자들간에 신뢰를 구축하기 위한 방안이었다. 평화는 과정이라고들 한다. 그러나 문제—이스라엘이 팔레스타인 영토를 잔인하게 점령한 35년—를 거론하기는커녕 점진적 과정으로 인해 이스라엘의 통치가 강화되면 될수록 평화정착촌이 아닌 불법정착촌이 점점 더 많아질 것이다.

왜 부시는 빛을 보기 위해 또 다른 터널을 만들고 있을까? 궁극적으로 이 새로운 계획을 통해 부시 행정부는 이스라엘과 갈등을 일으킬 만한 심각한 책임이나 결정사항들에 대한 면죄부를 받을 것이다. '영구적인' 해결책이 차기행정부의 의제가 된다면 그 지역의 전략지도는 바뀔 것이고 더 악화될 수도 있다. 부시의 '악의 축' 정책은 이미 이라크, 이란 및 다른 국가들에 대한 위협적인 또 다른 확전인 것이다.

한편, 7년간의 애매모호한 오슬로 평화협정에 불확실한 3년을 추가한다면 협정은 늘어나고 평화는 더욱 줄어든다는 뜻이다. 이는 궁극적으로 이스라엘이 결정해야 하는 선택안에 대해 다시 한번 이스라엘 지도자들이 교묘하게 피할 수 있게 해 줄 것이다. 이스라엘은 영토를 원하는가 아니면 평화를 원하는가? 평화와 점령은 선과 악처럼 양립할 수 없는 것이다.

미국은 이러한 비양립성은 거론하지 않고, 팔레스타인인들이 '국가'라는 말을 들으면 무너지고 분쟁도 끝나리라는 잘못된 믿음 속에 현실을 회피하는 것만으로 만족하는 것 같다. 그러나 한 국가가 공정한 해결책에 대한 대안이 될 수는 없으며, 국가란 점령을 종식시키는 바람직한 정책의 정점이어야만 한다.

그 지역이 팔레스타인인들의 파괴적인 자살과 이스라엘의 살인이라는 나락으로 떨어짐에 따라, 우선 점령과 그 부산물인 분쟁이라는 암을 치료하는데 두 가지 선택안이 있다. 첫번째 선택안은 약제적 방법으로 암이 사라질 것이라는 희망 속에서 고통을 완화시키고 체온을 낮추고자 좀더 많은 처방전을 필요로 한다. 두번째는 외과수술적 방법으로 급격히 확산되는 갈등의 원인, 즉 불법정착촌을 제거하는 것이다. 이를 위해서는 국제법을 강경하게 이행해야 하는데 국제법은 무력으로 영토를 소유하고 정착하는 것을 용납하지 않는다. 처벌받지 않는 이스라엘의 문화를 살찌운다면 그 대안은 오로지 자살폭탄공격이라는 팔레스타인의 문화를 육성할 뿐이다.

한편, 좀더 종교원리주의와 비합리성을 증식시키고 있는 중동의 마녀의사들이 이스라엘과 팔레스타인에서 늘어나고 있다. 그들의 영토 내에서 적용되는 세속법만이 정글의 법칙—무력에 의한 지배—이라면 양 민족은 더욱 종교적 해석과 법을 적용하려 할 것이다. 종교적, 공동체적 갈등은 양 민족에게 장차 오랫동안 심각한 결과를 안겨줄 것이다.

그러나 부시가 성경에서 발췌한 마지막 인용구로 판단하면, 자국 내 기독교도의 권리라는 위험하고 광신적인 정치는 공화당의 외교정책을 통해 해외로 수출되고 있다는 우려를 낳고 있다. 사실, 2002년 6월 미국의 공화당은 이스라엘에 대해 수십 년간 유대인의 영향력이 두드러졌던 민주당이 지지한 것보다 4배나 더 높은 지지를 보였다.

반세기 전, 미국은 이스라엘과 팔레스타인 간의 갈등을 냉전의 맥락에서 바라보기 시작했다. 그러나 현재 부시 행정부는 해결되지 않은 똑같은 갈등을 테러리즘과 악에 대항하는 성전(聖戰)이라는 범주에서 이해하고 있다. 미국의 권리라는 새로운 지구신학은 성지에서 초기 식민주의라는 위험한 상황을 더욱 복잡하게 하고 있다. 중동, 유럽, 미국 및 그 밖의 다른 지역에서 이성의 목소리를 내지 않는다면, 그 지역의 고통받는 사람들은 줄어들지 않을 것이다. 오늘날 팔레스타인인들에 대한 침묵은 지난 세기 유대인들에 대한 침묵을 환기시켜줄 뿐이다.

차례

최종지위협상

차별정책

서론

계속되는 폭력에도 불구하고 이스라엘과 팔레스타인의 평화협상단은 2001년 5월 파리에서 한 세기 동안의 분쟁을 종식한다는 기본합의에 도달했다. 미국과 유엔의 대표자들은 팔레스타인 단장 디나(Dina)로부터 독립국가 팔레스타인의 민족자결권이 필요하다는 열성적인 탄원을 들었고, 이스라엘 협상단원 에밀리(Emily)에게서는 안전문제와 미래협력에 관한 제안을 받았다. 마침내 양측은 몇 가지 기본 원칙에 합의했다. 예루살렘은 개방도시이자 양국의 수도로 서예루살렘의 주권은 이스라엘에 있고, 동예루살렘의 주권은 팔레스타인에 있다. 신뢰와 협력을 구축하는 방안으로 자유무역, 국경개방 및 상호보완적 경제정책을 강조했다. 일부 대표자의 부모들은 이 결과를 못마땅히 여겼고 자녀들의 배반을 힐난하기까지 했으나 학생들 자신은 그 업적을 축하했다.

어쩌면 내가 가르치고 있는 파리 아메리칸 대학(American University of Paris) 학생들이 개최한 모의협상의 성공에 의미를 부여하는 것은 경솔한 일일 수도 있다. 그러나 중요한 것은 모든 협상은 정의에 기초해야 한다는 것을 학생들이 인식했기 때문에 협상이 성공했다는 점이다. 이 학생들은 이스라엘 설립 53년이 지나서야 이스라엘과 팔레스타인인들을 괴롭히고 있는 딜레마에 봉착했다. 팔레스타인·이스라엘 영토를 두고 투쟁하는 4백 50만 유대인들과 거의 4백 50만에 이르는 팔레스타인인들에게 어떤 처방을 내릴 수 있으며, 21세기에 처방전이 제시된다면 식민주의와 차별 그 어느 것이 확실한 선택이란 말인가? 학생대표단의 즉각적인 대답은 두 민족을 두 개의 주권독립국으로 분할하는 것이다. 우리의 모의협상에서 이스라엘측은 서안의 95%와 가자 전 지구를 팔레스타인의 영토로 인정했고 팔레스타인 난민들의 귀환권을 승인했다. 난민들은 주로 팔레스타인으로 귀환하겠지만, 양측은 최초 35만 명은 5년간에 걸쳐 이스라엘로 귀환한다는 것에 동의했다. 차후 협상은 계속해서 이루어질 것이다. 팔레스타인 대표단은 가자 지구에 대한 답례로 녹색선 상에 있는 이스라엘 정착촌 4블록을 병합하는 것을 받아들였고, 이스라엘측은 그 나머지 정착촌에서 철수한다는 것에 동의했다.

이것은 무리한 협상이 아니었다. 그러나 사실 중동은 국제적 기준을 적용한 범례는 결코 아니다. 교육자가 시대의 추이를 감당하기란 상당한 고역이며, 특히 무력사용과 분쟁해결에 관한 한 더욱 그러하며 나도 어려움을 느낀다. 중동은 외교실패, 국제법위반 및 불법점령과 테러가 가득한 연구할 만한 '판도라의 상자'이다. 이스라엘은 어떻게 국제법을 위반하고 보편적인 가치들을 손상시키는가에 대한 새로운 지침서를 펴냈다. 이에 반응하여 많은 팔레스타인인들은 약자들의 가장 강력한 무기라 할 수 있는 국제사회와 국제법을 포기하고 자살공격이라는 격렬한 방식을 채택한 것 같다.

우리의 모의훈련이 진행 중이던 2001년 5월경, 미국이 주도하는 국제 미첼 위원회(Mitchell Commission)는 자행되는 폭력의 근원을 조사한지 5개월 만인 4월 30일에 휴전과 이스라엘 정착촌의 즉각적인 폐쇄를 요구했으며 정착촌을 폭력확산의 주요인으로 보았다. 팔레스타인의 지도자 야세르 아라파트는 폭력확산을 막기 위해 미첼 위원회의 권고를 받아들였으며, 이스라엘의 독자적인 여론조사에 따르면 대부분의 이스라엘인들은 동조했으나 이스라엘 지도자들은 정착촌 활동중단을 계속해서 거부해왔다. 사실, 이스라엘 총리 아리엘 샤론은 정착촌확장에 실제 4억 달러를 제시했고 1년 안에 40개의 새로운 정착촌을 건설했다(≪뉴스위크(*Newsweek*)≫ 2002년 5월 23일). 내 강의를 듣지 않은 이스라엘의 지도자는 클라우슈이츠 독트린과 반대로 팔레스타인에서의 전쟁이 결코 외교가 아니라는 기본적인 수업을 받지 못했다. 점령지에서 샤론의 논리가 승리함에 따라 이스라엘과 팔레스타인 간의 딜레마는 위험하고 새로운 국면, 즉 인종차별이 시작되었고 이제 훨씬 더 많은 사람들이 헛되이 죽어갈 것이며 두 개의 독립국가로의 분리는 팔레스타인에게 고원한 이상이 되고 있다.

오슬로 협정의 유산

이러한 상황에서 탱크에 맞서는 어린이들에 대한 극적인 이미지와 자살폭탄 테러를 감행하는 유혈장면에서 벗어나 분쟁확산 이면에 있는 요인들을 이해하는 것이 무엇보다 중요하다. 이 책은 7년간의 평화조약이 어떻게 오슬로 협정으로 시작되었으며 정치적, 역사적 두 측면에서 점령문제가 어떻게 다루어졌는지를 분석한다. 오슬로 평화협정 실패에서 얻는 교훈은 현 난국을 이해하기 위해서는 물론 같은 실수를 되풀이하지 않기 위해서도 매우 중요하다. 이 점을 강의시간에 이론적으로 설명하는 것은 쉬운 일이지만 중동의 국민과 정치가는 수업에 들어오지 않는다. 그들은 비난 게임을 하기 때문이다. 오슬로 협정이 실패한 뒤 최소한 10개의 이스라엘-팔레스타인 간 평화발의안이나 계획들이 제출되었다. 하지만 이들 모두는 과거의 오류를 되풀이했다. 다시 말해 협상은 부분적인 조치나 상황에 따라 변경될 수 있는 것이었고, 단계적 시행안과 목표는 애매모호해지는 한편 강력한 이행장치의 부재로 조인된 협정과 국제법 위반도 계속해서 묵인되었다.

오슬로 협정은 무엇보다도 그 역사적 그리고 지정학에 입각한 전략적 차원에서 이해되어야 한다. 오슬로 협정은 이스라엘이 팔레스타인 문제를 해결이 아닌 완화를 위한 일련의 시도 끝에 이루어졌다. 이스라엘은 40년간의 인종청소, 대량학살 및 전쟁으로 끝내 바라던 결과를 얻지 못했다. 1987년 제1차 인티파다[3]는 이보다 10년 전 남아프리카의 유색인지정지구의 소웨토(Soweto) 폭동처럼 세계가 각성하는 계기가 되었고, 차별정책은 무기한 계속될 수 없

---

3 아랍어로 봉기, 반란, 각성 등의 의미를 가진 단어이다. 제1차 인티파다는 1987~1993년에 일어났고, 제2차 인티파다는 2000년 9월 28일 아리엘 샤론 리쿠드 당 당수가 신전 언덕(템플 마운트)을 방문하면서 동예루살렘을 이스라엘 영토에 병합시켜야 한다고 주장하자 팔레스타인인들이 이에 반발하여 시위를 벌이면서 발생했다. 인티파다는 팔레스타인 문제를 전세계적으로 알리는 결정적인 역할을 하였다(역자 주).

었다. 공식제재를 받는 야만적인 행위임에도 불구하고 소요는 6년간 지속되었고 점령지의 일상은 파괴되었다. 6년이 지나서야 비로소 이스라엘은 가능성의 문을 열었다. 그 가능성의 문은 냉전종식, 이라크 패배와 더불어 그 모습을 드러냈으며 팔레스타인과 교섭하고자 분열된 아랍 세계를 연결했다. 워싱턴의 도움으로 이스라엘은 서안과 가자 지구를 빈곤한 섬, 즉 반투스탄(흑인거주구역)으로 분할시키는 한편 팔레스타인의 경제, 영토 및 천연자원을 직접 통제했다.

이렇게 잇속만 차리는 이스라엘의 교묘한 술책을 '평화협정'이라 불렀다. 결국 그것은 차별임이 드러났다. 오슬로 협정은 세력균형에 근거한 것이지 국제적 적법성과 정당함에 근거한 것이 아니다. 수 년간 이스라엘은 문제해결을 위한 국제사회의 개입이나 어떤 국제회의의 결과도 거부하며, 결국 팔레스타인 해방기구(PLO, Palestine Liberation Organization)가 정치적, 재정적으로 파탄에 이르렀음을 납득시켰고 이를 통해 오슬로 협정에서 이스라엘이 우위에서서 직접적인 쌍방관계에 착수하려 했다.

사실상 약자이자 점령된 팔레스타인인들이 미국의 지원을 받고 있는 이스라엘과 정면으로 맞서야 하는 세력불균형은 그들간 쌍무협약이 실패한 주요한 원인이다. 이스라엘의 꿈은 오슬로 협정으로 실현되었고 이스라엘의 명령하에서 팔레스타인의 꿈은 악몽으로 뒤바뀌었다. 클린턴 행정부는 회담에서 양 세력의 불균형을 보완함으로써 공정한 중재를 하기는커녕 전략적으로 모든 사안에 대해 이스라엘을 지지했으며 다른 한편으로 국제사회의 역할을 가로막거나 묵살했다.

이 책을 개정함에 있어 필자는 2001년 중반 이후 극적인 여러 사건들을 비교·분석하고 특히 샤론의 선거, 세계무역 센터와 미국 방성 폭탄테러의 결과를 이론적으로 다룰 것이다. 이 사건들로 인해 미국은 우선순위를 바꾸었고 이스라엘은 팔레스타인 자치정부(PA)를 무너뜨리고 오슬로 협정을 종식시키고자 '테러와의 전쟁'을 냉소적으로 이용했다.

오슬로 협정의 붕괴

이스라엘 정부와 팔레스타인인들이 외교적으로는 그들의 목적을 달성할 수 없다는 사실을 깨달았을 때, 오슬로 협정은 붕괴되기 시작했다. 팔레스타인인들은 오슬로 협정을 자치독립과정으로 이해했고, 역사적 관례에 따라 1967년 점령된 영토에 이스라엘과 나란히 민족자결권을 가진 독립국가가 탄생될 것으로 기대했다. 반면에 이스라엘은 오슬로 협정을 이용하여 팔레스타인에 대한 직접적인 군사 통제에서 간접통치로 전환하고자 했고, 이를 위해서는 불법정착촌의 안전이 급선무라는 억지 속에 팔레스타인 자주독립체의 성격과 국경을 확정할 권리를 확보하고자 했다. 외교적 노력이 기대치에 못 미치자 이스라엘의 총리 에후드 바라크는 군대를 동원하여 질서를 회복하고 인티파다를 진압함으로써 팔레스타인의 이권을 박탈하고 점령으로부터 자유와 독립을 요구하며 거리로 쏟아져 나온 사람들의 의지를 꺾고자 했다.

'필독서' 미첼(Mitchell) 보고서의 결론에 의하면, 팔레스타인 자치 정부(PA)가 인티파다를 선동했다는 이스라엘의 주장을 뒷받침할 증거는 전혀 없다. 사실상, 미국이 주도하는 국제위원회의 설명에 따르면 인티파다는 대부분 맨손의 팔레스타인 주민들과 중무장한 이스라엘 방위대의 연속적인 충돌이었다. 이스라엘 방위대의 이들의 과도한 무력사용으로 60명의 팔레스타인 주민이 죽고 천명이 부상당했지만, 이에 비해 이스라엘 주민은 5명이 사망했을 뿐이다. 바라크는 팔레스타인인들이 자신의 굴욕적인 명령을 수용하지 않을 경우, 그 결과를 알고 있었다. 그는 완전한 합의가 이루어지지 않는다면 전면적인 충돌이 불가피하다고 했다. 정치적으로 범법적인 이러한 접근방식은 즉시 확산되었다. 이스라엘의 반응은 전형적이었고 정치적 경로를 통한 대안보다는 군사력에 좀더 승산이 있다고 판단했다.

무력으로 뜻하는 바를 이루지 못하자 이스라엘은 더욱 무력을 사용했다. 유감스럽게도, 이스라엘이 평화적 합의를 통해 군사적 승리에서 정치적 실익을 얻지 못했기 때문에 현재 이스라엘의 안전이 악화된 것이다. 이스라엘의 후임지도자들은 각각 전력을 다해 평화협정을 파기했다. 다시 말해 샤미르는 평화협정을 교묘하게 지연시켰고, 라빈은 평화협정을 최소화했으며 네탄야후는 평화협정의 근본을 훼손시켰고, 바라크는 이보다 더 심했다. 이들 이스라엘 지도자 중에서 단 한 명도 임기중에 평화협정을 시작하지 못했는데, 이는 점령과 정착촌이 유지되는 한 평화구축은 불가능했기 때문이다. 이츠하크 라빈과 시몬 페레스는 평화를 약속했다. 라빈은 암살되었고, 페레스는 낙선했다. 벤야민 네탄야후와 에후드 바라크는 '평화와 안전'을 약속했지만 그들 모두 선거에서 패했다.

이러한 모든 상황에도 불구하고, 워싱턴은 평화협정이란 단지 눈앞에 펼쳐지는 게임일 뿐이라고 완강하게 주장했다. 확산은 저지되었고, 고군분투한 끝에 오슬로 협정은 악화일로에서 벗어나는 듯 했다. 워싱턴은 신 팍스 아메리카나[4]가 태동할 때까지는 걸프전 이후 중동외교정책의 기본틀이 유지되기를 간절히 바랬다. 안정과 협상 테이블로의 복귀를 위해 미국의 특사 CIA(Central Intelligence Agency)의 국장 조지 테넷(George Tenet)은 미첼 위원회의 권고안을 이행하겠다는 계획을 공포했다. 이 과정에서 그는 팔레스타인과 이스라엘의 지위를 두 정치적 자주독립체에서 두 방위조직으로 축소함으로써 미첼 위원회의 정치색을 배제시켰다. 그러나 이 계획이 실패하자 부시 행정부는 퇴직한 안토니 진니 장군(General Anthony Zinni)을 파견했다. 그의 접근방식은 다시금 팔레스타인의 안전을 이스라엘의 안전에 종속시켰고 이후 국제 미첼 위원회와는 완전히 결별했다. 이후 타바(Taba)에서 몇 달간에 걸친 평화협정 재개가 실패하고, 특히 바라크가 이집트 휴양지의 협상에서 손을 떼자 샤론의 승리는 확실해졌고 협정종식은 발표하는 일만 남게 되었다.

샤론의 등장

2001년 샤론의 당선은 평화협정의 종식을 알리는 신호탄이었다.

4 미국 지배에 의한 평화(역자 주).

그는 1년도 안되어 이스라엘과 팔레스타인 간의 역사적인 화해노력에 역행했으며, 지역불안과 분쟁의 근원은 팔레스타인이 아니라 이스라엘이라는 피해갈 수 없는 사실을 더욱 분명히 했다.

동요되고 각성한 식민 이스라엘은 유권자들에게 장군 두 명을 후보로 내세웠는데 한 사람(샤론)은 1950년대 이래 전범으로 악명 높았고, 다른 한 사람(바라크)은 불만에 가득 찬 오만한 군인으로 F-16 전투기와 아파치 헬리콥터로 팔레스타인 마을을 폭격하는 책임을 맡았었다. 당시 외무장관 대리였던 슬로모 벤 아미(Shlomo Ben Ami)의 표현에 따르면, 이스라엘인들은 새로운 이스라엘형 밀로세비치를 선택했다. 사실 국제법에 따라 피로 얼룩진 이력의 소유자 샤론을 비인간적 범죄에 대해 기소할 만하며 여기에는 전쟁 중에 시민들을 계획적이며 고의로 학살한 죄도 들어 있다. 바라크가 캠프 데이비드 협정 이후 이스라엘인들을 향해 이스라엘에게는 어떠한 평화의 동반자도 없다고 선포했을 때, 샤론 장군은 적절한 대안으로 떠올랐다. 샤론의 당선이 아라파트의 영향이었다는 미국의 주장과는 반대로 샤론이 선거에서 승리한 본질적 요인은 이스라엘 정부가 오슬로에서 제시된 기회를 활용하지 못했고, 1967년 서안과 가자 지구를 점령한 이후 30년간 이스라엘 사회 내부의 강경화가 최고조에 이르렀기 때문이다.

이스라엘은 4반세기 동안 나라를 지배했던 강경 민족주의자와 종교광신자의 영향력하에서 서서히 그러나 꾸준히 우파쪽으로 기울었다. 라빈-페레스 정부의 불운했던 시기만이 유일한 예외였지만 제임스 베이커 미 국무장관이 1991년 경제제재로 이스라엘을 위협하자마자 다시 우파로 기울었다.

바라크가 취임했을 때, 아무도 그를 온건하다고 여기지 않았으며 이스라엘 의회 크네세트(Knesset)는 전임자의 재임기간 그 어느 때보다도 강경했다. 샤론이 공언한 전쟁주의와 오랜 피비린내 나는 이력에도 불구하고 서방의 이스라엘 우방국들은 분명히 모순된 샤론식 평화의 가능성을 계속해서 추진했다. 이것은 바람직하지 않은 대단히 위험한 발상이었다. 미국은 팔레스타인 점령지에서 철수를 단행할 인물로 인민주의자인 네탄야후나 정부 내 다른 강경파보다는 변질된 샤론과 꾸준히 거래했는데 이는 엉뚱한 방향으로 나아갔다. 샤론은 이스라엘의 불법정착촌과 평화는 공존할 수 있다고 생각한다. 실제로 그는 미국의 관계자들에게 정착촌은 평화에 도움이 된다고 말했다.

사실, 평화를 내세운 샤론의 전쟁은 점령지에서 이스라엘 정착민들이 확대되는 것을 보호하려는 '성전'이었지만 전 이스라엘인들의 안전은 한층 더 위협받게 되었다. 그는 팔레스타인 주민을 위협으로 굴복시킨 후에야 비로소 그들과 합의서에 서명하겠다고 분명히 밝혔다. 그는 망자들을 위한 평화를 추구하는 것이다. 팔레스타인인들에 맞서 이스라엘인들의 확산이 최악으로 치닫는 동안, 백악관에서 부시 대통령은 순진한 얼굴로 기자들에게 샤론은 '평화적인 사람'이라고 말했다. 그러나 샤론이 유일하게 외교적으로 기여한 것은 협상 테이블로의 복귀를 지연시킨 것뿐이었다. ≪하아레츠(*Haaretz*)≫의 유력한 외교부기자 알루프 벤(Aluf Ben)에 따르면, 처음으로 샤론의 '숫자주의(numerical doctrine)'가 등장한 것은 그가 팔레스타인인들에게 7일간의 평온을 요구했을 때였다. 그 후 시리아에 대한 6가지 요구사항과 테러리즘에 대항해 '100% 노력'

한다는 5대 원칙, 팔레스타인 자치정부 개혁을 위한 4대 필수요건과 외교협상을 시작하기 위한 2가지 조건 그리고 권력을 유지하려는 총리 1명 역시 그의 숫자주의를 드러내고 있다. 이 수를 모두 더하면 '외교발전 없음(Zero)'이라는 결과가 나온다(≪하아레츠≫ 2002년 5월 23일).

그 과정에서 샤론은 아랍 세계의 획기적 발의, 즉 점령지에서 철수하는 대가로 확실히 공인된 국경 안에서 중동 내 이스라엘의 안녕을 지역적으로 보장한다는 제안을 딱 잘라 거절했다. 베이루트에 모인 아랍 정상들은 전면적인 평화를 위해 단번에 전면철수한다는 사우디의 제안을 만장일치로 채택했다. 이는 국제여론을 반복한 것으로 평화협정의 기초인 유엔 안전결의안 242조를 이행한다는 것이었다. 이스라엘 국민의 5분의 3과 대부분의 세계가 아랍 세계의 제안을 지지했지만, 샤론은 그것이 평화를 가져온다 해도 지지하지 않았다. 샤론은 이스라엘의 철수개념을 거부하며 단 한 곳의 정착촌도 철거할 의사가 없는 것이다. 설상가상으로 아랍 세계의 발의에 대한 샤론의 반응은 팔레스타인 자치영토 침공을 명령하고 야세르 아라파트의 사령부를 봉쇄하는 것이었다. 이는 모든 과정을 반복하는 것이었다.

20년 전인 1981년, 사우디의 파드 국왕은 평화안을 제안했고, 그후 1982년 아랍 정상들은 페즈(Fez)와 모로코에서 이를 채택했는데, 이는 분쟁을 종식하는 평화의 서곡이었다. 이에 반응하여 그리고 아랍 세계의 제안에 부합하여 미국의 로날드 레이건 대통령은 정착촌 동결안이 들어있는 계획을 공포했다. 베긴-샤론 정부는 즉시 모든 제안을 거부했고 워싱턴에 사우디와 연합하지 말 것을 경고했다. 1982년 베긴은 샤론에게 팔레스타인 해방기구(PLO)를 쫓아 레바논을 침공하라는 암시를 주었다. 아라파트는 감금되었고 베이루트는 폭격당했다.

그러나 20년이 지난 지금 조지 W. 부시 행정부는 전임자들의 오류에서 배운 대로 예비 팔레스타인 국가라는 '환상'을 가지고 놀다가 그것을 샤론에게 떠넘김으로써 그 환상을 부정했다.

이스라엘은 레이건의 계획을 거부함은 물론 1969년 미국의 로저스 플랜(American Rogers Plan), 1977년 카터 전략, 1988년 슐츠 플랜, 1991년 베이커 전략까지 묵살했다.[5] 클린턴의 평화협정고문 로

---

5 **로저스 플랜**(1969): 로저스 미 국무장관이 발표한 중동평화계획으로 이스라엘 군대를 1967년 제3차 중동전쟁 이전의 국경으로 철수하는 것을 요구한 것이다. 하지만 이 계획은 이스라엘의 거부로 성사되지 못했다.

카터 전략(1977): 1977년 3월 카터 미 대통령은 중동문제를 해결하기 위해 중동평화안을 제안했다. 그 내용은 1969년 전쟁 이전 국경으로의 철수, 요르단 강 서안과 가자 지구에 팔레스타인 국가 창설, 이스라엘과 아랍 주변국 사이에 항구적 평화수립이다. 미국의 중재로 1977년 11월 19일 이집트 대통령 사다트는 이스라엘을 방문했고, 이스라엘의 총리 베긴도 이집트를 방문했다.

레이건 계획(1982): 1982년 9월 1일 레이건 미 대통령은 향후 5년간의 과도기간에 요르단 강 서안 및 가자 지구에 팔레스타인 자치지역을 인정할 것을 제시했다. 이스라엘 점령지역 내 이스라엘인들의 정착을 동결해 줄 것을 요구했으며, 팔레스타인 국가건립이나 이 지역에 대한 이스라엘의 주권을 인정하지 않았다. 또, 요르단과 연합한 팔레스타인 독자정부를 추천하고 유엔 안보리 종전안 제242조에 근거를 두고 분쟁을 해결할 것을 제안했다. 예루살렘은 협상으로 결정될 때까지 분할되지 않도록 했다.

슐츠 플랜(1988): 1988년 4월 슐츠 미 국무장관은 이스라엘이 3년간의 과도기간에 요르단·팔레스타인 대표들과 협상할 것을 제안했다. 이스라엘은 평화의 대가로 점령지역을 포기할 것을 규정한 유엔 결의안 242호와 338호에 입각해 문제를 해결할 것을 제시했다. 협상 시작 2주전 유엔의 보호 아래 미국과 소련, 영국, 프랑스, 중국이 참여하는 국제회의의 개최를 제안했다. 이 계획은 실패했으나 PLO는 처음으로 이스라엘의 생존권을 인정했다.

버트 말레이(Robert Malley)에 따르면, 바라크 역시 클린턴의 전략을 캠프 데이비드에서는 물론 그 후로도 계속해서 거부했다. 여러 정황에 비추어 압바 에반(Abba Eban)의 말을 인용하면, 이스라엘은 중동에서 평화롭게 살 수 있는 기회를 놓치고 말았다. 샤론은 자신의 전쟁과 자치영토침공을 1948년 이스라엘 독립전쟁의 연장선으로 여겼다. 이것은 이스라엘의 불안을 교묘하게 이용한 것이다. 다시 말해 이는 분명히 선택된 전쟁이었으며, 1982년 샤론의 레바논 침공과 크게 다를 바 없다. 샤론은 약속한 대로, 수 년간의 과정을 계속해서 원점으로 돌려 놓았고 팔레스타인이 제도건설에 바친 10년 세월을 파괴시켰다. 그는 자신의 고문 이츠하크 샤미르가 주장했던 '평화 없는 안전'을 이룩하고자 했다. 샤론은 단 1년 만에 이스라엘과 팔레스타인이 합의한 모든 것을 뒤집었고 국제사회가 경제적·정치적으로 팔레스타인에 투자한 많은 것들을 파괴했다.

2002년: 파괴로 황폐화되다

2002년 봄, 이스라엘 군은 수십 개의 팔레스타인 도시, 난민촌, 마을에 분노를 터뜨리며 팔레스타인에서 새로운 기록을 세웠다. 헤브론(Hebron)에서 라말라(Ramallah)와 베들레헴(Bethlehem)을 지나

베이커 전략(1991): 1991년 3월부터 베이커 미 국무장관은 7개월 동안 이스라엘과 주변 아랍국을 순방하면서 이해당사국들에게 최초로 중동평화 국제회담을 제의했다. 이 국제회담의 목적은 유엔 결의안 242호와 338호에 근거하여 이스라엘-아랍, 이스라엘-팔레스타인 간의 포괄적인 평화정착방안을 모색하기 위한 것이다.(역자 주)

제닌(Jenin)에 이르는 전 지역에서 군사적 야만행위와 파괴가 자행되었다. 언론은 인티파다와 이스라엘의 침략에 대해 이스라엘의 모습과 팔레스타인 희생자만을 한정해서 보도했다. 6월 말에는 2000년 9월 이후 사망자가 팔레스타인의 경우 1,650명과 이스라엘의 경우 550명을 넘어섰다. 수만 명의 부상자들 대다수가 팔레스타인인들이었고 이외에도 많은 사람들이 평생 불구자가 되었다.

이스라엘은 팔레스타인에서 어떠한 대량학살도 일어나지 않았다고 주장하며 군병력이 팔레스타인 자치정부의 하부조직을 파괴한 것도 부인하였다. 그러나 점령된 팔레스타인 영토에서 이스라엘의 범죄는 '정치초토화'였다. 즉, 선출된 팔레스타인 지도자들을 암살, 투옥 및 감금시켰고 여러 부처와 관공서에 야만행위를 함으로써 팔레스타인의 제도적·정치적 생활을 마비시킨 것이다. 이 기간 동안 이스라엘은 수천 명의 팔레스타인인들을 체포했고 다수의 지도자들을 암살했는데, 세속적 파타(Fatah)당 출신들이 대부분이었고 이 당의 지도자 마르완 바르구티 역시 체포되었다. 바르구티는 팔레스타인에서 가장 대중적 지지를 받는 정치인 중 한 사람으로 팔레스타인 의회의원이며 이스라엘과의 공존을 위해 전념해왔다. 그는 강제로 수면을 취하지 못한 상태에서 고문과 심문을 받았다.

이스라엘은 또한 팔레스타인의 경제를 완전히 파괴한 것(나는 이를 '경제초토화'라 한다), 팔레스타인 도시중심부 붕괴('도시초토화'), 정착촌 건설, 정착민을 정착촌과 연결하는 우회로 건설 등으로 팔레스타인의 풍광을 훼손한 책임도 있다. ≪뉴욕타임즈(*New York Times*)≫는 '정확히 말하면 삶 자체 그리고 미래의 팔레스타인 국가의 기반, 즉 도로, 학교, 전기, 고압선용 철탑, 송수관 및 전화선 등이 철저히 파괴되었다.'고 전했다(≪뉴욕타임즈≫ 2002년 4월 10일).

1년 동안, 이스라엘 총리 샤론은 오슬로 협정이 남긴 모든 것을 공중과 지상에서 폭격으로 파괴하며 팔레스타인의 여러 도시와 마을을 수 개월간 봉쇄했다. 팔레스타인의 경제기반은 현재 붕괴된 상태이고 부차적인 피해가 수십 억 달러에 이르며 이스라엘인들은 자살폭탄공격의 두려움에 사로잡혀 있다. 샤론의 2002년 3월 공격에는 약 5억 달러의 비용이 들었고 단번에 이 비용의 8배나 되는 손실이 팔레스타인 경제에 파급되었다. 2002년 5월, 오슬로 협정을 계획한 인물 가운데 테르제 라르센(Terje Larsen)은 노르웨이의 수도에서 다음과 같은 연설을 했다. '오슬로 협정은 붕괴되었다. 그 협정이 만들어낸 법령들도 파괴되었다.'

이스라엘의 정책 때문에 2000년 9월부터 2001년 말까지 팔레스타인 국민총생산(GNP)의 3분의 1이 감소했다. 이는 연간 15억 달러에 해당한다. 샤론의 자치영토 침략은 2002년 봄 몇 주 동안, 5억 달러 이상의 유형자산 손실과 수백 억 달러에 이르는 팔레스타인 국내 총생산(GDP)의 추가적 손실을 초래했다. 이 모든 것은 평화협정 7년간 25%의 GDP 감소 이외에 추가적인 피해였다. 이스라엘 군인들은 통계청, 대학교 및 팔레스타인에 있는 정부건물과 관련된 부속기관들을 비롯해 대부분의 관공서와 정보기관에 침입하여 컴퓨터시스템의 하드디스크를 훔쳤다.

그러나 이것은 놀랄 일도 아니었다. 20년도 더 전에, 팔레스타인의 역사가 왈리드 할리디(Walid Khalidi)가 1978년에 ≪포린 어페어즈(*Foreign Affairs*)≫에 쓴 논문의 결론에 따르면, 팔레스타인 국가에 있어 진정한 안전문제는 눈앞에 앉아 있는 맛있는 오리들을 이스라엘 군 준장들이 얼마나 오래 두고볼 것이냐에 달려 있다. 샤론의 대답은 길지 않다. 팔레스타인 난민 1만 2천여 명의 집이 있는 팔레스타인 북부 제닌(Jenin) 난민촌은 이스라엘의 또 다른 뻔뻔함을 보여 주는 좋은 예이다. 난민촌을 침략하는 동안 군대는 민간인들을 상대로 전쟁범죄를 저질렀는데 수백여 채의 가옥을 파괴하고 수백 명 이상의 팔레스타인인들을 살해하고 부상을 입혔으며 때로는 그들이 피흘려 죽도록 방치했다. 며칠 후, 이스라엘 군은 난민촌으로 되돌아와 더 많은 파괴를 자행했는데, 이는 그들의 공격은 끝나지 않는다는 것을 보여주기 위한 것이었다. 이스라엘 군은 이 침략을 비난하는 유엔 안전보장이사회의 결의안을 개의치 않았다. 샤론은 유엔 특별전문단이 난민촌에서 사건의 진상을 규명하는 것을 거부했지만 인권단체들은 난민촌에서 전쟁범죄가 자행되는 것을 입증했다. 베들레헴에서도 똑같은 일이 벌어졌다. 이스라엘은 나티비티 교회(Church of the Nativity)에 대한 봉쇄를 해제한 지 며칠 만에 도시로 재진입하여 군인들을 성지부근에 주둔시켰다. 팔레스타인의 다른 여러 도시와 난민촌에서도 이와 유사한 파괴와 야만행위가 자행되었고 유혈습격이 반복되었다.

서안봉쇄와 이스라엘의 안전

자치지구에 대한 야만적인 침략과 휘몰아치는 파괴에 이어, 2002년 5월 이스라엘 군대는 서안전역을 봉쇄하며 새로운 체제의 기틀을 닦았다. 이 신체제는 서안지구 점령과 팔레스타인 사회의 좀더 많은 경제적·사회적 희생을 바탕으로 이루어졌다. 이스라엘은 서안정착촌의 이스라엘 군사령부가 발행한 특별허가증이 없는 모든 팔레스타인인들의 마을간 통행을 금지했다. 팔레스타인인들이 이스라엘과 동예루살렘으로 이동하는 것도 금지했다. 이스라엘에서 서안으로는 물론 서안에 있는 팔레스타인 도시간 물자이동의 경우 'back to back' 방식에 따라 들어오는 트럭에서 물품을 내려 지역에서 온 트럭으로 옮겨 실어야 했다.

이러한 침략 후 체제를 실시한 총 8개 지역에서는 자치영토의 다른 구역을 8곳의 독립된 팔레스타인 분리지구(bantustan)로 지정했다. 인도주의적 물자만 가자 지구로 운송될 수 있었고 기부물자들은 경우에 따라 허가되었으며 사전에 조율되었다. 이스라엘 군은 국제법 특히, 제4차 제네바 협정 위반은 물론 오슬로 협정에서 규정한 팔레스타인 자치지역과 이스라엘 간 국경선을 이스라엘의 탱크 이동에 사용했다. 이스라엘 군은 일방적으로 팔레스타인인들을 일시적으로 포위하다가 소위 안전지대가 있는 도시중심부의 영원한 팔레스타인 분리지구로 전환시켰으며, 철조망을 치고 허가증 제도와 팔레스타인 물자와 주민 이동에 관한 통행규정을 만들었다. 테러와의 전쟁을 가장한 이스라엘의 팔레스타인 침략은 이스라엘 군사령부와 지도자들의 명령에 따른 것으로 이스라엘의 특권이 되었다. 이스라엘의 조치들은 국제원조를 가로막았고 산산조각난 삶을 다시금 일으켜 세우고 자치영토에서 그 제도를 개혁하려는 팔레스타인의 여러 시도들을 방해했다.

예상한 대로, 점령된 서안과 가자에서 이스라엘의 사실상 인종차별정책은 폭력을 더욱 조장했다. 시작부터 이러한 조치들은 대규모의 구조조정 또는 심지어 전면적인 생산중단을 초래했고 실업률－이미 도시에서 50% 이상, 난민촌에서는 70% 이상 증가함－을 증가시켰고 빈곤을 가중시켰다. 이미 50%가 넘는 가정이 하루에 2달러밖에 안 되는 돈으로 연명하고 있었다. 국제통화기금(IMF)과 세계은행에 따르면, 서안봉쇄는 팔레스타인 경제에 최악의 파괴적인 결과를 가져왔다. 아라파트는 서안봉쇄로 인한 실업률을 감소시키고자 그의 봉급관료들을 12만 명으로 늘렸다. 봉쇄로 인해 경제경쟁력은 위축되었고 생필품에 대한 아라파트 일당의 독점권은 강화되었다. 경기침체가 심화되면서 팔레스타인 사회 내부에는 절망감이 가중되고 강경화 바람이 불었으며 마찬가지로 팔레스타인군의 실제 병력은 기껏해야 건물과 감옥을 파괴하는 수준에 머물렀다.

개혁과 점령

미국이 주도하는 국제사회는 점령이라는 초미의 문제를 묵살함과 동시에, 팔레스타인 영토에서 자행된 이스라엘의 범죄를 인정하기는커녕 오히려 난국을 타개하기 위한 수단으로 팔레스타인 자치에 대한 정치개혁과 안전개혁의 필요성에 초점을 맞추었다.

말할 것도 없이, 개혁에 대한 팔레스타인인들의 견해는 미국인과 이스라엘인들과는 다르다. 팔레스타인 사회는 자유와 고용, 교육 및 보건을 향상시킬 수 있는 책임감 있는 정부를 출범시킬 개혁을 바라는 반면 이스라엘이 조종하는 미국식 접근법의 경우 점령된 팔레스타인에서 이스라엘 정착촌과 이스라엘의 이익을 우선시 하는 안전과 정치개혁이 이루어지기를 바란다. 팔레스타인의 생활수준 향상은 대단히 시급하지만 샤론의 팔레스타인 분리지구 정책하에서는 불가능하다. 이스라엘이 팔레스타인 정당을 테러리스트로 낙인찍는 한, 팔레스타인에 정치제도를 확립하는 것은 우스개소리일 뿐이다. 팔레스타인의 정치지도자들은 이스라엘과 팔레스타인 자치정부(PA)에 암살당하거나 투옥되었다. 많은 지도자들이 쫓기는 중이며 안전을 위해 은신해 있다.

이러한 상황에서 선거를 실시하는 것은 명색뿐인 민주적 절차이다. 더구나, 의회가 제 구실을 못하는 상황에서 국제위원회와 팔레스타인 시민사회운동가들이 권고한 헌법, 독립된 사법부 혹은 다른 민주적 제도들을 도입하는 것은 거의 불가능하다. 2년 동안 이스라엘은 입법부의원들의 소집을 막았으며 한편에서는 그들을 공격목표로 삼아 투옥시켰다.

역설적으로 샤론은 팔레스타인의 개혁을 내건 협상을 했지만, 다른 한편에서 그의 군대는 포위된 상황에서는 어떠한 정치적·경제적 개혁도 이루어질 수 없음을 분명히 했다. 사실, 샤론 정부는 개혁을 통해 점령지에서 안전체제를 좀더 민감하고 체계적으로 이스라엘의 명령을 수행하는 조직체로 전환시키고자 했다. 이스라엘인들은 오랫동안 팔레스타인 관료와 사업가들 사이에 부정부패와 족벌주의를 조장해왔거나 또는 이스라엘 사업가와 전임 방위관료들이 팔레스타인 관계자들과 암거래하는 것을 단지 묵인했다. 이 때문에 그러한 팔레스타인 귀빈들은 이스라엘에 더욱 적극적으로 협력했으며 팔레스타인 영토에서 이스라엘이 지배와 정착촌활동을 확대하는 것을 모르는 체했다.

샤론은 국제적 압력을 비껴가려 애쓰면서 동시에 팔레스타인 자치정부(PNA)를 불신임했으며 당선된 지도자 아라파트를 악마의 화신으로 만들었다. 이스라엘 역사가 아비 슬라임(Avi Shlaim)은 다음과 같이 말하였다.

> 사실상, 팔레스타인 자치정부(PA)는 온건파집단으로 아라파트와 연합하여 테러를 포기하고 발전지향적 정치노선을 택했다. PA는 정부로서 수십 억 달러의 연간예산으로 330만 명의 영토주민에게 기본적인 편의를 제공하고 있다. PA의 15만 근로자 중에는 단지 경찰과 안전요원만이 아니라 공무원, 학자, 복리후생 관리사, 의사 및 병원근로자들도 있다. 약 100만 명의 팔레스타인인들은 PA가 지급하는 임금으로 생계를 유지하고 있다. PA를 해체하면 혼란과 불안 및 지역폭동이 초래될 것이다. 이것은 이스라엘의 안전에 이롭지 못하며 오히려 샤론에게 서안재점령과 은근슬쩍 합병과정을 계속하여 주민의 일부를 이웃 아랍 국가로 '이주'시키는 구실을 제공할 것이다(2002년 4월 4일).

사실 정착민, 종교원리주의자 및 완고한 장군들로 이루어진 샤론의 막강한 안전내각의 숨겨진 진짜 의도는 과거의 평화협정을 파기하고 미래의 평화안을 막는 것인데 이는 팔레스타인 영토에서 불법정착촌확장에 방해가 되기 때문이다.

환상에서 악몽으로

만약 누군가 지난 세기 말에 팔레스타인 인구의 10%를 차지했던 유대인들에게 언젠가는 그들이 인구의 78% 이상을 차지할 것이며 예루살렘의 80%는 그 국가의 수도가 될 것이라고 말했다면, 유대인들은 그저 아름다운 꿈 정도로 여기고 잊어버렸을 것이다. 만약 나머지 90%의 팔레스타인인들에게 말하기를 장차 인구의 4분의 3이 난민이 된 후 영토의 4분의 3을 포기하고 조국의 10~18%의 땅에서 살도록 강요받고, 구멍 난 스위스 치즈처럼 200개의 불법정착촌이 군데군데 들어서고 이들 정착촌은 악명 높은 장군의 지휘하에 핵으로 무장한 이웃의 보호를 받는다고 했다면, 팔레스타인인들은 악몽을 들은 것이라고 생각했을 것이다. 그 악몽이 현실로 나타났을 때, 점점 더 많은 팔레스타인인들이 성서에 나오는 삼손처럼 이스라엘인들과 함께 자멸하고 싶어했다. 바라크 치하에서, 팔레스타인의 돌팔매질과 산발적인 저격에 대응해 이스라엘이 F-16 전투기와 아파치 무장 헬리콥터로 팔레스타인 도시를 공격하자 팔레스타인인들은 이스라엘 민간인들에 대한 자살폭탄공격에 의지했다.

분명히 알아야 할 것은 팔레스타인에서 이스라엘이 항상 폭력의 수위를 결정해왔다는 점이다. 결국 안전과 자유와 존엄을 이끌어낼 평화협정이 완전히 실패함으로써 팔레스타인인들은 이스라엘의 위력에 좌지우지된 것이다. 이스라엘과 미국을 동일시하는 국제사회의 무기력함, 유럽의 무관심 그리고 아랍의 불화는 팔레스타인을 최후 선택으로 내몰았고 점령에 항거하게 만들었다. 팔레스타인 자치정부(PA)는 진퇴양난에 빠졌다. 이스라엘은 바라크와 샤론의 무자비한 명령을 수행하고자 무력의 강도를 더욱 높였고 팔레스타인 투사들은 민중봉기와 저항으로 맞섰으며 급기야 자살폭탄 공격을 시작했고 결국 이스라엘과 팔레스타인 양측 모두 전면적인 불안에 휩싸이게 되었다.

이스라엘과 팔레스타인에서 정치와 안전의 극한 대치는 결코 협상기회를 증진시키지 못했다. 이스라엘이 비난하는 것과는 대조적으로, 팔레스타인 자치정부(PA)와 그 무리들은 인티파다를 조장하지 않았으며 인티파다의 장기화로 어떠한 이득도 얻지 못했다. 오히려 이와는 정반대이다. 일례로 그들은 관광산업에 30억 달러를 투자했지만 이스라엘이 인티파다에 대응함으로써 거의 전액을 손해보았다.

심지어 팔레스타인계 이스라엘 사회에도 정치적 압박이 가중되었다. 예를 들면, 필자의 친형 아지미(Azimi)는 팔레스타인 출신 지도자로 이스라엘 의회(Knesset)의 입법자인데 오슬로 협정 이후 이스라엘의 불의 속에 초기 희생자가 되었다. 그가 유엔 헌장에 따라 정착촌합법화에 반대하여 팔레스타인의 저항을 천명하자 이스라엘의 법무장관 엘리야킴 루빈스타인(Elyakim Rubinstein)은 그의 의회 면책특권을 박탈했는데 이는 분명 총리를 비롯해 정보부와 협의를 끝낸 뒤였고 그는 재판에 회부되었다.

이스라엘은 정착촌활동을 중지하고 조인된 합의사항을 이행하기는커녕 점령과 압제를 강화했으며 이에 팔레스타인인들은 더욱더 필사적이 되었다. 점령 치하의 삶이 불가능해질수록 더 많은 팔레스타인인들이 저항했으며 점령에 버티는 비용 역시 감당하기 버거

웠음이 분명하다. 따라서 돌팔매질로 실탄과 맞서야 하는 상황에서 자살폭탄공격을 주저할 이유는 전혀 없었다. 자살폭탄공격은 이스라엘인들을 공포와 불안에 떨게 했으며 또한 이스라엘 강경파에게 팔레스타인의 정치·경제·정부체제를 파괴할 구실을 제공했다.

저항과 자살폭탄공격

이러한 전쟁도발과 평화협정 실패에 맞서, 팔레스타인인들이 선택할 수 있는 것은 오직 한 가지였다. 즉, 점령자들에 저항하는 한편 두 민족의 화해를 위해 정치적 협상과 국제적 중재의 문을 열어 놓는 것이었다. 이스라엘 내부에서 여러 팔레스타인 조직이 불행한 자살폭탄공격을 시작도 하기 전에, 바라크는 그들이 점령지에서 하는 활동조차 테러로 간주했으며 그의 포학하고 과도한 대응은 샤론의 국가 테러주의의 선례가 되었다. 샤론의 이러한 대응방식은 9·11테러 이후 특히 미국과 이스라엘에서 '테러와의 전쟁'이라는 맥락 속에서 합법성을 얻는 것 같았다.

이스라엘의 침략과 점령에 대한 팔레스타인의 반응은 이민족의 점령에 항거하는 정당한 저항이었다. 그것이 자살폭탄공격을 동반하는 것도 아니요, 그러한 행위가 효과적인 전략도 아니다. 사실상 자살폭탄공격은 계속되는 점령과 팔레스타인인들에 대한 국제사회 방치의 직접적인 결과이다. 이스라엘은 형편없이 무장한 팔레스타인 투사들에 비해 막강한 군사적 우위에 있었고, 팔레스타인 투사들은 팔레스타인 군의 지원 없이 이스라엘 군과 싸웠다. 이러한 대립은 강도가 낮거나 '걸맞지 않는 싸움'이 되고 말았다. 역설적이겠지만, 이스라엘인들은 팔레스타인 마을에 폭탄을 투하하고 정치 지도자들을 암살함과 동시에 팔레스타인인들에게 이스라엘 총리 암살용의자들과 카린 A(Karine-A)호[6]의 무기밀매로 고발된 관리들을 인계할 것을 요구했다. 아라파트는 마침내 압력에 굴복했고, 서방의 안전감독하에 정당한 재판도 없이 그들을 투옥시켰다. 이스라엘의 침략은 계속되었고 많은 팔레스타인인들은 자신들에게 자기방어용무기를 밀매하는 카린-A호가 더 많았더라면 하는 생각을 했다. 요컨대, 처벌받지 않는 문화가 자살폭탄공격이라는 문화를 팔레스타인에 양성한 것이다.

2002년 봄, 이스라엘 군은 팔레스타인 도시와 난민촌을 계속 공격함과 동시에, 이스라엘 군이 아라파트 사령부와 팔레스타인 자치지역에 대한 포위를 해제할 수 있도록 팔레스타인 지도부가 이스라엘 민간인과 정착민 그리고 군인들을 보호해줄 것을 요구했다. 점령과 침략의 희생자들에게 점령자와 압제자를 보호하라고 요구한 것으로 이는 상식과 인간윤리에 어긋나는 논리이다. 그럼에도 불구하고 아라파트는 미국의 굴욕적인 조건을 수락했고, 이 역시 그가 '테러와의 전쟁'에서 100%의 노력으로 100%의 결과를 낳기

---

6 2002년 1월 6일 아리엘 샤론 이스라엘 총리는 에일라트항에서 남쪽으로 500㎞ 떨어진 홍해상에 있던 카린 A(Karine-A)호에서 8일 무기들을 압수하고 "야세르 아라파트 팔레스타인 자치정부 수반이 무기를 구입하라고 지시했고 전쟁으로 갈 수 있는 지역적 불안정을 선택했다"고 주장했다. 이에 대해 팔레스타인 자치정부는 이 배와 관련이 없다고 밝혔다. 미국의 고위관리도 이 배가 팔레스타인을 향했는지에 대한 증거가 없다고 말했다. 배에는 기관총, 지뢰, 박격포 등 50t의 무기가 실려 있었고 상당수가 이란제였다(역자 주).

까지는 또 다른 흥정거리에 지나지 않았다. 샤론은 팔레스타인인들이 자비를 구하며 무릎을 꿇을 때까지 그들과 어떠한 화해에도 관심이 없다. 그는 계속해서 팔레스타인인들과 그들의 지도자들을 모욕하고 투옥시켰으며 점령을 위해 아라파트와 팔레스타인 국민을 인질로 잡았다. 페레스가 샤론에게 한 말을 보면, 이스라엘은 그들에게 '불필요한 굴욕감'을 주었다.

이러한 대립과 전쟁논리를 지속하기 위해 이스라엘은 다가올 폭력에 대비한 '테러와의 전쟁'이라는 확실한 알리바이를 갖고 있었다. 이스라엘은 그 영토에서 벌어지는 식민전쟁을 민주주의와 테러 지상주의의 전쟁으로 규정하고 이를 미국의 '테러와의 전쟁'과 결부시켰다. 압제와 점령을 통해 이스라엘은 사실상 싸워야 할 적으로 자살폭탄공격자들을 만들어낸 것이다. 아리엘 샤론은 이스라엘의 안전을 약속했지만, 1년 뒤 그 결과는 전례 없는 이스라엘의 불안이었다. 그의 군사정책은 전쟁 억제, 방지와 병력 등 모든 면에서 실패했다. 이스라엘인들이 팔레스타인 지도자를 암살하고 F-16 전투기를 동원한 폭격과 팔레스타인 도시공격으로도 팔레스타인인들을 꺾을 수 없는 상황에 이르자 샤론은 무력이라는 편협한 논리로 폭력의 수위를 한층 높일 뿐이었다.

이 책은 주로 오슬로 협정의 경험에 대해 다루고 있는데 이 협정은 점령이 계속되는 상황에서 팔레스타인인들에게 이스라엘 점령자들과 화해할 것을 강요했다. 팔레스타인 해방기구(PLO)의 지도부는 오슬로에서 이를 수용했고 7가지 임시협정에 서명했으며 그 후로 이스라엘과 평화롭게 공존한다는 의도를 분명히 해왔다. 팔레스타인 자치정부(PA)는 이슬람 단체인 하마스(Hamas)를 진압하는데 전력을 기울였지만 1995년과 1996년에는 자살공격이 이어졌다. 이러한 자살공격은 이스라엘 종교원리주의자들이 29명의 팔레스타인 예배자들을 죽인 헤브론 학살에서 촉발되었다. 이스라엘 보도에 따르면, 하마스의 거의 모든 군무기가 제거되었다. 무슬림 극단주의자들은 투옥되었고 팔레스타인 자치정부(PA)는 이슬람주의자들의 조직적인 활동기반을 극도로 약화시켰다. 그러나, 이스라엘은 점령지를 팔레스타인인들에게 돌려주기는커녕 우회로로 정착망을 강화하여 팔레스타인 주민을 포위함으로써 서안의 불법통제를 더욱 강화했으며 이스라엘인들만이 새로 몰수한 땅에서 우회로를 이용할 수 있도록 하였다. 이 도로들은 사방에서 팔레스타인 영토를 관통하고 있었다. 7년 후, 이스라엘은 서안의 18%만을 되돌려 주었다.

아이러니하게도, 1994년 5월 초 남아프리카에서 인종차별정책이 철폐되던 주간에 이스라엘은 가자-제리코(Gaza-Jericho) 1차협정을 조인하면서 팔레스타인에 새로운 인종차별정책을 구축하기 시작했다. 남아프리카에서 협상이 시작된 직후 낡고 흉악한 분리방식과 백인들의 토지취득이 금지되었던 것과 달리, 이스라엘은 팔레스타인에서 이를 더욱 심화시켰다. 드 클레르크(F. W .de Klerk)의 백인정부는 넬슨 만델라의 아프리카 국민의회(ANC)와 3년간 협상하는 동안 토지취득을 중단했지만, 이와는 대조적으로 이스라엘의 이츠하크 라빈 정부는 서안에 정착촌제도를 허용했고 그 밖의 지역에서도 지속시켰다. 마치 오슬로 협정은 결코 승인된 적이 없는 듯했다.

남아프리카의 인종차별 정부는 흑인들을 그들의 농장에서 내쫓고 흑인원주민자치구에서 살도록 강요했으며 그 땅을 백인들에게 주었다. 노동당(Labor)이든 리쿠드당(Likud)이든, 정권을 계승한 이스라엘 정부는 역사상 팔레스타인 땅에서 이와 똑같은 인종청소를 실시했고 이스라엘 의회는 토지취득 금지, 이주, 인종주의 및 차별 정책을 법제화했다. 7년간의 평화협정 기간에 팔레스타인에서는 두 가지 법이 보편화되었다. 하나는 유대인을 위한 법이고 다른 하나는 팔레스타인인들을 위한 법이다. 이스라엘인들은 자유롭게 주위를 돌아다니고 건축하고 확장할 수 있었지만, 팔레스타인인들은 사방이 포위된 팔레스타인 분리지구에 갇혀 지냈다. 이스라엘인들은 토지이용권을 갖고 있었고 많은 토지를 몰수했지만, 팔레스타인인들의 토지이용권은 줄어들기만 했다. 말할 필요도 없이, 이스라엘은 영토 내 유대인 정착민들과 팔레스타인 주민을 확실히 분리시켰는데 유대인 정착민들은 이스라엘의 법과 보호하에서 살고 팔레스타인인들은 치욕적인 팔레스타인의 사법구조와 안전조직 속에서 살아간다. 남아프리카에서 흑인원주민자치구의 족장들에게 무의미한 통치칭호를 주는 것처럼, 이스라엘은 팔레스타인 자치정부(PNA)에게 결코 발휘할 수 없는 허울뿐인 통치권을 주고자 했다. 남아프리카에서 흑인원주민자치구를 지배하고 통제했던 것과 똑같이 이스라엘은 포위한 자치영토에 대해 결정적 권한과 감독권 및 통치권을 보유해 왔다. 이스라엘은 또한 토지, 물, 천연자원 및 서안과 가자 지구에서 주민들의 이동을 비롯해 팔레스타인 분리지구로 들어오고 나가는 물품의 유통을 통제한다. 또한, 남아프리카에서처럼 근로자들의 이동은 이스라엘 업체가 이동을 주장할 때만 허락된다.

한편, 오슬로 평화협정 기간에도 생활수준, 교육, 보건 및 고용 측면에서 유대인계 이스라엘인들과 팔레스타인인들 간에 불균형은 변함 없이 계속되었고 대부분 격차가 심해졌다. 이스라엘에서 팔레스타인인들의 취업은 점차 감소했고 가자 지구의 실업률은 40%에 이르렀는데 이는 남아프리카의 인종차별정책하에서와 똑같은 수치이며 생활수준은 25%나 저하되었다.

물론, 이스라엘이 이 정책에 박차를 가한 것은 물질적 이득만을 위한 것은 아니었다. 아프리카 태생의 백인들처럼, 여러 면에서 이스라엘인들은 불치의 포위의식에 사로잡혀 있음이 분명하다. 오슬로 협정이 시작되고 7년 동안, 팔레스타인인들은 모든 식민지의 국민들처럼 점령종식과 차별정책 철폐를 전제로 하는 평화를 주장했다. 그들은 또한 막연하고 개괄적인 오슬로 협정의 최종합의안을 거부했다. 이때부터 제2차 인티파다가 일어났다.

2000년 9월 인티파다가 격발했을 때, 이스라엘 군은 이를 다룰 치밀한 계획이 준비되어 있었다. 수 년간, 이스라엘은 군사적 수단에 의지하여 주민을 통제하고 오슬로 협정으로 야기될 수도 있는 내부폭력을 억제해왔다. 바라크 정부는 두 개의 각기 다른 활동영역으로 팔레스타인인들을 끌어들였다. 다시 말해, 서안과 가자 현지에서는 대대적인 처벌과 과도한 무력사용 및 정치암살을 단행하는 한편 국제적으로는 팔레스타인인들에 대한 허위정보전을 벌였는데 이는 서방세계의 절대적인 미디어 전쟁에서 승리하려는 의도였다. 이 때문에 바라크 정부는 가장 고귀한 '희생자'라는 호칭을 되찾을 수 있었다. 이것은 팔레스타인과 이스라엘의 싸움이 돌팔매질하는 다윗과 완전무장하여 막강한 골리앗의 싸움을 연상시킨다는 점에서 상당히 힘든 작업이었다. 그러나 이스라엘은 홈 구장에서 승리하고 국제여론전에서는 패하는 것을 원치 않았다. 이때부터 팔레스타인 지도부를 불신임하고 팔레스타인 원주민을 비인간화하는 작전이 시작되었다. 이스라엘 군은 6개월 동안 팔레스타인 어린이 100명을 살해했다. 그러나 군 상층부는 여전히 팔레스타인 테러 분자의 실체를 찾는데 혈안이 되어 있다.

이스라엘과 점령지를 분리하는 녹색선의 다른 한편에서도 같은 정책이 시행되었다. 2000년 10월 첫째 주에 이스라엘 방위대의 손에 이스라엘의 팔레스타인계 아랍 시민 13명이 죽고 수백 명이 부상당한 후에야 비로소 세계는 이스라엘 내부에도 백만 명의 팔레스타인인들이 있고 이들이 준(準)인종차별제도 속에서 2류시민으로 살고 있다는 사실에 주목했다. 1948년 유대 국가가 건설 된 이래, 국가가 비공식적으로 지원하는 신 차별정책이 이스라엘계 유대인과 팔레스타인인들을 분리해왔다. 수 년 동안, 이들 잊혀진 팔레스타인인들은 암적 존재로 여겨졌고 제5부대[7] 취급을 받았으며 이스라엘 측으로부터 엄청난 고통을 받아왔다.

유대 국가는 이스라엘의 팔레스타인 소수와 팔레스타인과의 관계성을 계속해서 침해했는데, 이것이 차별정책의 기본특징이다. 이스라엘계 팔레스타인인들이 국경 너머 그들의 형제와 연대감을 표명하자 정부는 즉각적으로 완충지대를 서안에서 이스라엘 중심부의 유력한 팔레스타인 지역인 갈릴리(Galilee)와 트라이앵글(Triangle)로 옮겼다. 평화유지를 위한 안전체제는 어떠한 희생을 치르더라

7 전시에 후방교란, 간첩행위 등으로 적국의 진격을 돕는 자(역자 주).

도 점령지에서 집행한 것과 똑같은 방식으로 이스라엘 내부에도 적용되었다. 이 책의 1장과 2장은 제2차 인티파다 발발과 점령 치하의 팔레스타인인들과 이스라엘에 있는 팔레스타인인들에 대한 과도한 무력사용에 대해 다루고 있다. 그러나, 인티파다의 본질을 이해하기 위해서는 악명 높은 아리엘 샤론 장군의 알 아크사(Al-Aqsa) 사원에 대한 자극적인 방문, 그 이면을 살펴야 한다.

외교과정에서 진퇴양난에 빠지자 평화에 대한 전망은 대단히 암울해졌다. 7년 동안 오슬로 협정은 계속해서 실패했고 애매모호한 협약들이 차례차례 대단한 볼거리를 제공했는데 결과적으로 그 협정을 지속시키고 점령된 자치영토에서 이스라엘의 지배를 강화시켜주는 셈이 되었다. 그러나 그러한 인내심 어린 외교과정은 완고하고 호전적이며 고압적인 외교를 하는 유일한 초강대국 미국을 통해서만 가능했다.

평화협정 실패의 주된 책임은 7년간 평화협정을 감독한 클린턴 행정부에 있다. 워싱턴은 평화협정 내내 약자인 평화협정 상대자 팔레스타인인들에 반해 우방국 이스라엘을 지지함으로써 팔레스타인인들이 이스라엘의 명령을 따르도록 조종하고 강요했다. 이 책의 3장과 4장에서는 외교과정에서의 막다른 골목과 그 실패에 있어서 미국의 역할에 대해 논의한다.

임시협정은 더 이상 이스라엘에게 득이 되지 않았고 신뢰와 안정을 쌓지도 못하자 이스라엘 정부는 팔레스타인 자치정부(PA)에게 더 많은 영토와 권력을 양도하기 전에 최종지위협상을 확실히 하고자 했다. 두 가지 사안이 최종회담의 지배적인 의제였다. 즉, 표면상으로는 예루살렘이 협상에서 가장 민감한 사안이었고, 내부적으로는 난민문제가 가장 복잡하고 어려운 해결과제였다. 팔레스타인 난민은 팔레스타인 국민의 대다수를 차지하고 있으며 370만 명 이상이 강제추방된 사람들이다. 그러나 이스라엘의 강력한 요청에 따라 협상 중에 그들의 참상을 다루는 것은 금기였다. 팔레스타인의 학자 에드워드 사이드(Edward Said)에 따르면, 서방세계 유권자의 92%가 유대인만을 위한 귀환법이 있고 이스라엘은 팔레스타인 사회의 붕괴를 토대로 건설되었다는 점을 여전히 모르는데도 불구하고 그러한 명색뿐인 평화협정이 서방세계에서 한마디 논평도 없이 지속될 수 있었던 것은 놀랄 일도 아니다.

캠프 데이비드에서 평화협정의 막이 내려졌을 때, 바라크는 이스라엘은 평화를 얻기 위해 최선을 다 했다고 주장했으나 팔레스타인인들은 이스라엘의 관대한 제안을 거부했다. 그 무엇도 진실을 외면할 수는 없었다. 로버트 말레이(Robert Malley)가 ≪뉴욕 리뷰 오브 북스(*New York Review of Books*)≫에 기고했듯이, 그 제안은 이스라엘식도 아니었고 관대한 것도 아니었다. 사실, 그것은 제안도 아니었다. 바라크는 직접 작전을 떠맡거나 미국대통령에게 충분한 작전권을 주지 않았기 때문에 클린턴은 모든 교섭에 노력을 기울였다. 마침내 최종지위협상에서 난민들의 참상이 캠프 데이비드의 의제로 채택되자, 이스라엘은 자신들의 철수에 대한 어떠한 윤리적·사법적·정치적 책임을 회피했고 어떠한 보상이나 귀환문제를 직접 떠맡기를 꺼려했다. 대신 2001년 1월 1일, 이스라엘 의회는 유대인 의원들이 지지하는 두 가지 새롭고 획기적인 결정사항을 내놓았다. 첫째는 팔레스타인인들의 귀환권을 맹렬히 반대하는 것이었고, 둘째는 국유지의 민영화를 승인한 것이었다. 그런데

이 땅은 법적으로는 점령지와 주변국에서 계속 고생하는 370만 팔레스타인 난민들의 땅이며 그들의 귀환권은 양도할 수 없는 당연한 권리임에도 불구하고 이스라엘 의회(Knesset)와 정부가 계속해서 묵살해왔던 것이다.

의회의 모든 낙관적인 시온주의자 의원들은 20세기 최대의 전리품에 새 힘을 얻은 것 같았고 시간이 흐르면서 그 탐욕스런 정복자들은 서로 전리품을 나누었고 그들로 인한 희생자들은 비참한 난민촌에 남겨졌다. 그러나 이것만이 전부가 아니었다. 캠프 데이비드 협정에서 예루살렘은 가장 민감한 사안이었다. 이스라엘은 예루살렘 특정지역에 대한 실질적 통치권을 팔레스타인인들에게 이양하는 것에 동의함으로써 예루살렘에 대한 금기를 깨뜨렸지만 1967년 팔레스타인 점령 이후 그 도시에 건설된 불법정착촌들의 합병을 강력히 주장했다. 또한 팔레스타인인들이 교환약정을 수용할 것을 주장했는데 이 약정은 동예루살렘에 대한 이스라엘의 타협안과 팔레스타인의 귀환권 포기를 맞바꾸자는 것이었다.

5장과 6장에서는 두 가지 핵심 사안을 다루었는데 이들은 이스라엘과 팔레스타인 두 민족의 역사적 화해를 위해 반드시 해결해야 하는 과제이다.

한편, 워싱턴은 팔레스타인의 불만을 차단하고 그들 지도력의 적법성을 획득하고자 팔레스타인 자치정부(PNA)에 거침없는 국제원조를 보장했으며 7년간 국제원조는 약 30억 달러에 이르렀다. 그러나 세계은행이 언급했듯이 팔레스타인인들의 경제여건은 결코 향상되지 않았다. 사실상, 경제는 극도로 악화되었는데 이는 이스라엘이 점령지에 새롭게 형성된 구역들을 강제로 봉쇄했기 때문이다. 전 세계는 외교적 축하분위기와 오슬로 협정의 성공에 도취되어 새로운 차별정책하에서 벌어지는 고통에는 거의 관심이 없었다. 반면에, 이스라엘은 여러 협정이 조인되고 아랍 세계가 보이코트를 해제한 후 어떠한 처벌도 없이 새로운 국제적 경제관계를 통해 막대한 이득을 보았다. 이는 용의주도하게 계획된 것으로 오슬로 협정에 앞서 그 영토에서 이스라엘의 식민관계를 이스라엘에 대한 팔레스타인의 종속관계로 전환시킨 결과였다.

이스라엘이 안전과 지속적인 식민화 그리고 서안과 가자의 정착촌에 강하게 집착했다는 점은 평화협정의 파국을 극명하게 보여주고 있다. 그들 영토는 궁극적으로 이스라엘이 병력을 철수할 때까지 영토보존성이 그대로 유지되어야 했다. 그러나 7장과 8장에서 보여주듯이 팔레스타인인들과의 물리적·인구통계학적 분리정책은 현지의 이스라엘 정착촌 및 경제확장과 깊이 관련되어 있으며 26년간의 점령을 차별정책으로 변형시켰다. 결과적으로 계속된 점령과 압제로 인해 이스라엘 사회는 급진화와 신학적 성향을 띄게 되었고 급진적 정착민들의 주문이나 영향력에 좌지우지되었다. 이스라엘의 세속적 진보주의자들에게 있어 종교적 열정을 가진 정착민들의 움직임은 민주주의에 위배되는 것이었다. 정착민지도부는 좌파를 투옥시킬 것을 요구했는데 우파가 좌파를 '오슬로의 범죄자들'이라 하고 파시스트들의 구호, 즉 '좌파는 참사의 원흉', '아랍은 참사의 원흉'이라는 경고를 하자 위협을 받았기 때문이다. 비록 피스 나우(Peace Now) 지도부와 자유 메레츠(Meretz) 지도자들이 점령지의 이스라엘 군복무를 거부하는 것은 '비민주적인 것'이라고 특별히 천명했다 하더라도 말이다. 2002년 4월, 400명 이상의 이스라엘인들은 점령지 군복무를 거부한다고 서명했고 35명은 수감되었다. 이것은 인티파다가 시작된 이래 최대의 진전이었다.

한편 정착촌운동과 정착민 이데올로기는 현대 이스라엘 국가정체성의 초석이 되었다. 정착촌 위주의 정치와 그들의 현 폭력양상은 민족적·종교적 분리차원을 넘어 엄격하게는 새로운 유대인 민족주의를 바탕으로 신 '이스라엘 주의'를 형성했다. 정착민과 그들의 우방은 그들 자신의 모습에 따라 이스라엘을 그려내고 있다. 즉, 영원히 분쟁에 휩싸인 신정국가이다. 샤론의 집권하에서 이러한 과정은 부시 행정부의 확실한 지원 속에 점차 돌이킬 수 없는 파괴적·자기만족적 예언이 되고 있다.

폭력

1

제2차 인티파다

협상이 시작되었을 때, 이스라엘 군은 14개 마을로 이루어진 북갈릴리의 바로 서쪽에 위치한 레바논의 좁고 긴 지역을 통제하고 있었다……. 총리는 그의 일기에 다음과 같이 적었다. '우리는 시리아의 철수 여부와 상관없이 서명을 해야 한다고 생각한다.' 그는 그와 같은 조치가 전반적으로 이스라엘의 정치적 위상을 높여줄 것이라고 생각했다……. 시리아를 당황하게 할 것이고…… 그것은 시리아를 더욱 압박할 것이며, 필요하다면 서안지구에 대한 조치를 취하기가 용이하게 될 것이라고 생각했다. 처음에 군부는 이에 동의하지 않았다. 그러나 국방부장관이기도 했던 총리는 자신의 생각을 밀어붙이기로 결정했다.

— 톰 세게브(Tom Segev), *The First Israelis*(1949) —

이것은 에후드 바라크의 재임기간이 아닌, 데이비드 벤 구리온이 재임했을 때의 얘기다. 독립한 지 50여 년이 되고 그동안에 5차례에 걸친 전쟁을 치렀으며, 팔레스타인과 10년간에 걸친 평화협정 과정 이후 이스라엘—이스라엘은 핵보유국이자 이 지역에서 가장 강력한 국가이며, 세계 20위 안에 드는 부유한 나라이다—은 건국초기에 그들이 강력하게 보여주었던 야망과 환상에 여전히 사로잡혀 있다. 이스라엘이 2000년 5월 남부 레바논에서 철수했을 때, 바라크는 50년 전 벤 구리온의 논리와 동일한 논리를 쫓았다. 즉, 그는 서안지구와 동예루살렘에서 이스라엘의 이권을 보장하기 위해서 이스라엘의 에너지를 동쪽에 집중하기로 했던 것이다.

그러나 지난 1940년대 후반 이후 세상이 변한 것을 알고 있는 바라크는 1948년과 1967년에 이스라엘이 감행했던 팔레스타인에 대한 인종청소를 감행할 수는 없다는 사실과 더 많은 땅을 점령할 수도 없다는 사실을 깨달았다. 또한 이스라엘은 대량축출, 점령 및 합병으로는 어떠한 문제도 해결할 수 없다는 것도 알게 되었다. 사실상, 이러한 방식들은 이스라엘의 지역 내 입지와 국제사회의 일원으로서 이스라엘의 입지를 더욱 복잡하게 만들었을 뿐이었다. 그 대신 이스라엘은 35년간의 점령기간 동안 정착촌과 군사적인 방법을 통해서 역사적인 팔레스타인 지역에 남아 있는 350만의 팔레스타인인들을 포위하고 그들을 지배하려고 노력해왔다. 그러나 이스라엘은 팔레스타인 영토와 팔레스타인인들에 대해서 그 이상의 통제권을 획득하는 데는 실패하고 말았다.

7년간에 걸친 오슬로 협정을 통해 서안과 가자 지구에 대한 이스라엘의 지배를 합법화하는 것 역시 실패했다. 이스라엘 우파지도자인 아리엘 샤론의 2000년 9월 28일 알 아크사(Al-Aqsa) 사원방문[8]을 계기로 발생한 팔레스타인인들의 대봉기는 팔레스타인에서

8 2000년 7월 팔레스타인 자치를 위한 최종지위협상을 진행해오던 중 9월 말 동예루살렘, 특히 신전 언덕(템플 마운트)의 주권문제로 양측간 유혈사태가 발

생활여건을 개선하고자 했던 지난 7년간에 걸친 과도기적 협상들이 실패했음을 여실히 드러내준다.

7년이라는 긴 세월 동안 팔레스타인 자치정부(PNA, Palestinian National Authority)는 이스라엘을 위해 추잡한 하수인 노릇을 했다. PNA는 오슬로 협정에서 위임통치기간으로 지정된 처음 5년의 과도기간중에 평화를 유지하기 위하여 이스라엘의 노동당정부나 리쿠드 당 정부와 협력하여 팔레스타인의 '테러리즘'과 이스라엘의 점령에 대한 어떠한 형태의 저항과도 싸웠다. PNA는 이슬람의 저명인사들과 활동가들을 억압하는 캠페인을 시작했으며, 반대파 지도자들과 언론인들에 대한 고문을 허용했고 오슬로 협상과정에 반대하는 정치세력들에게 굴욕적인 행위를 가하고 그들을 체포하도록 했는데, 여기에는 의회의원들이 포함되었다. PNA는 또한 비정부기구(NGO, Non-Governmental Organization)에 대해서도 적대적인 태도를 취했는데, 그 이유는 이들이 인권존중과 책임을 요구했기 때문이다. 팔레스타인 지도부는 외교적으로 '관대'하다는 평판을 얻기 위해 이스라엘측의 굴욕적인 안보조항들을 수용해야만 했다. 그러나 이스라엘은 정치적 인색함과 계속적인 공갈로 PNA를 궁지로 몰았다. PNA의 통치에 대한 민중의 저항이 거세지자 PNA

생했다. 바라크 이스라엘 총리의 신전 언덕에 대한 주권공유 제안은 이스라엘 언론에 알려지면서 이스라엘 국민들의 종교적·민족적 감정을 자극했다. 이러한 상황에서 2000년 9월 28일 아리엘 샤론 리쿠드 당 당수가 많은 이스라엘 군인의 호위를 받으며 성전 언덕을 방문하여 성전 언덕의 주권을 양보할 수 없으며, 동예루살렘을 이스라엘 영토에 병합시켜야 한다고 주장하자 팔레스타인인들은 이에 반발하여 격렬한 항의시위를 벌였다. 이 사건은 요르단 강 서안과 가자 지구 팔레스타인인들의 대규모 반이스라엘 시위로 번졌으며, 이로써 제2차 인티파다가 시작되었다(역자 주).

는 민중의 소망과 요구를 따를 것이냐, 아니면 '주인의 명령'에 따를 것이냐 둘 중 하나를 선택해야만 하는 입장에 처하게 되었다. 오랫동안 PNA는 자신들의 행동이 정당한 목적을 위한 수단이라고 방어해왔다. 그러나 PNA의 통치 첫 5년 동안 그들이 약속했던 행복한 결말은 결코 오지 않았다. 그 이후 2년간 결과는 마찬가지였다.

불가피하게도, 그 터널의 끝에서 환하게 비추어야 할 빛은 캠프 데이비드 II의 실패로 인해 희미해졌고, 결국 PNA는 물러날 수밖에 없었다. 팔레스타인인들은 자신들의 생각을 자유롭게 표현할 수 있게 되었다.

오슬로 협정은 해결이 아니라 골칫거리가 되었다. '정당하고 영구적이며 포괄적인 평화정착'이라는 그 협상의 공식적인 목표는 팔레스타인인들의 전적인 불만과 좌절을 야기한 '부당하고 일시적이며 편파적인 협정'으로 변질되었다. 더 이상의 과도기적인 혹은 일시적인 타협의 여지는 없었다. 오슬로 협정에 명시된 대로, 1967년 처음으로 이스라엘이 그 땅을 점령한 이래 점령지 대부분에서 철수해야 할 시점이었다.

알 아크사 사원에 대한 샤론의 도발적인 방문으로 야기된 외교적 교착상태와 과도한 무력사용은 점령지에서 새로운 폭발의 터전을 다졌다. 그러나 제2차 인티파다가 발생하게 된 책임을 져야 할 사람은 샤론이 아니라 바라크이다. 군을 명령하고 정부를 이끈 사람은 바라크이지 샤론이 아니었다. 바라크가 샤론에게 '국민통합'의 과정에서 그리고 이후의 '비상시국정부'에서 자신의 동반자가 되어달라고 반복해서 부탁했다는 사실은 놀라운 일이 아니다. 만일 그의 경쟁자인 벤야민 네탄야후에게 충성을 다하는 리쿠드 활동가들의 반대만 없었다면 바라크는 성공했을 것이다. 약 75%의 의회의 지지를 받으면서 그의 임기를 시작했음에도 불구하고 정권을 잡은 지 18개월 만에 바라크는 이스라엘 의회에서 30석 남짓한 의석을 가진 소수세력으로 전락하여 권좌에서 물러나야 했다.

총리로서 약속들을 이행하는 데 실패하자 바라크는 즉각적으로 그에게 가장 친숙한 수단인 무력사용으로 선회했다.

팔레스타인에 대한 이스라엘의 전쟁은 두 가지 요소의 영향을 받았다. 다시 말해 내부의 압력은 군사작전을 개시하도록 했고, 언론보도는 국제적 반응에 지대한 역할을 했다. 그래서 이스라엘은 팔레스타인과 군사전·언론전, 두 영역에서 싸웠다. 이스라엘 내부의 우파인민주의, 정착민으로부터의 위협, 중도파정당들의 흑색선전들은 이스라엘 정부로 하여금 필요하다면 밀로세비치 방식으로라도 '이스라엘 군(IDF)이 승리하도록' 압력을 가했다. 정착촌지도자들은 바라크가 대치국면과 자신의 궁극적인 실각에 대해 정착민의 개입은 물론이거니와 좀더 많은 무력을 사용하든지 아니면 위험한 확산을 하라고 권고했다. 무력에 관한 한 바라크를 격려할 필요는 없었다. 일반적으로, 그는 정치적인 문제들을 군사적인 방식으로 해결했기 때문이다. 그러나 대외적으로 그는 서방세계의 시각에 세르비아의 지도자인 밀로세비치처럼 비추어질 수는 없었다. 그렇게 되면 미국이 지금까지 해왔던 모든 노력이 수포로 돌아갈 것이기 때문이었다. 그는 세르비아가 보스니아와 코소보에서 했던 것과 동일한 실수를 하고 싶지 않았다. 왜냐하면, 그 실수들로 인해서 세르비아가 얻은 것은 고립과 징벌과 패배였기 때문이다.

결과적으로, 바라크는 이중정책을 취했다. 그는 강경파를 달래기 위한 노력으로 팔레스타인 마을들을 폭격하기 위하여 공군과 탱크를 이용하면서 팔레스타인과의 '불균형적인 전쟁'을 이끌었다. 그러나 대외적으로는 국제적인 비난이나 조치를 모면하기 위하여 '억압정책'을 취했다. 이스라엘 정부는 특별비상 언론운동을 이용했는데, 이것은 팔레스타인의 주장을 일축하고 이스라엘의 폭력행위를 정당화하기 위하여 언론의 힘을 신속하게 배치하는 방식이었다. 바라크는 팔레스타인의 면전에서 문을 꽝하고 닫았지만 반면에 팔레스타인은 여전히 이스라엘과 협약을 맺을 수 있을 것이라 확신하고 있었다. 이것은 제1차 인티파다 동안에 이츠하크 라빈이 추구한 '분쇄'작전이 아니라, 팔레스타인 민중들의 민족적 의지를 깨는 정책이었다. 점령지의 일간지 ≪하아레츠≫의 한 기자는 빈정대는 어조로 다음과 같이 썼다.

> 이스라엘의 억압정책은 지난 6주 동안에 다음과 같은 결과를 초래했다. 즉, 어제 아침까지 이스라엘 군에 의해 179명의 팔레스타인인들이 살해되었는데, 그 중의 48명은 17살도 채 안되는 어린아이들이었다. 약 8,000명이 부상당했으며, 그 중의 약 1,200명은 평생 불구자로 살아가야 할 것이다.[1)]

그 다음 6주간도 똑같은 양상이 벌어졌다. 그러나 팔레스타인인들은 이스라엘 군대의 폭력에 의해서만 고통을 겪은 것이 아니라, 식민지 정착민들에 의해서도 고통을 겪었다. 인권과 환경보호를 위한 팔레스타인 협회(LAW-Palestinian Society for the Protection of Human Rights and the Environment)는 이스라엘 정착민들이 팔레스타인인들에게 가한 수많은 공격에 관해 보고했는데, 때로는 이스라엘 군대가 지원을 하거나 아니면 군대가 지켜보는 가운데 이러한 공격이 이루어졌다. 이러한 공격에는 신체불구자로 만들기, 고문, 총살, 도로봉쇄 및 살인행위가 있었다. 사실, 인티파다가 개시되기 이전에 LAW는 이스라엘 정착민들의 팔레스타인인에 대한 공격에 대해 수많은 보고서를 발간하였다.

이삼 하마드(Issam Hamad)의 이야기는 이스라엘 정착민들의 공격이 어떤 것인지를 보여주는 대표적인 예라고 할 수 있다. 10월 8일 자신이 살고 있는 마을인 움 사파(Um Safa)로 가고 있던 할라미쉬(Halamish) 지역의 정착민들은 36세의 하마드를 유괴했다. 그의 시체가 송환되었을 때, 이삼의 얼굴은 불타 있었고 그의 두 손은 부러졌으며, 그의 등은 멍으로 얼룩져 있었다. 부검결과, 그의 사인은 날카로운 물건으로 머리를 가격당한 것으로 밝혀졌다. 다음날 라말라(Ramallah)에서 거행된 그의 장례식에서 장례행렬중이던 팔레스타인인들은 팔레스타인 경찰서에 이스라엘 군 2명이 '주재'하고 있다는 소식을 접하게 되었다. 그들은 그 경찰서를 습격했고, 이스라엘 군 2명을 잔인하게 살해했다. 그들이 많은 팔레스타인들을 잡아가고 암살하는 책임을 맡고 있는 이스라엘의 특수부대인 무스타리빈(Mustaribeen)의 부대원들이라고 팔레스타인들은 믿었던 것이다.[2)]

지상에서: 이스라엘의 지상전

오슬로 협정과정의 초기부터 이스라엘은 수많은 우발적인 계획을 세우고 실험했는데, ≪제인스 인텔리전스리뷰(*Jane's Intelligence Review*)≫에 따르면, 여기에는 서안과 가자 지구를 재점령하는 것을 골자로 하는 시나리오인 '가시들판' 계획이 포함되어 있었다. 캠프 데이비드 협상기간 동안에 군대는 '마술피리'라는 새로운 계획에 따라 훈련을 시작했는데, 그 계획에는 대규모 소요를 예상하여 대응전략을 짜놓은 것으로 저강도투쟁을 다루기 위해 전면적인 군사작전을 미리 준비하는 내용이 있었다. 게다가, 점령지역에 새로운 군사정부를 세우는 것을 포함하는 전면전에 대해서도, '머나먼 세계'라는 암호명하에서 검토되었다.[3)]

바라크는 팔레스타인을 독립시킬 생각이 전혀 없었기 때문에 일방적으로 독립을 선언한 이후에 발생할 팔레스타인인들의 대규모 소요를 예상하게 되자 적대감이 분출될 경우에 대비했다. 양측의 대립이 처음으로 감지되었을 때, 이스라엘 정부는 '밀물과 썰물 작전'을 꺼냈고, 이스라엘 군은 그 작전을 가열차게 수행했다. 최대한 통제권을 보장하고, 이스라엘측의 사상자, 특히 이스라엘 군의 사상자를 피하기 위해서 바라크는 다음과 같은 단계를 진행시켰다.

1. 현장주동자(선동가들, 이 경우 어린이들도 포함된다)를 저격할 수 있는 저격특수부대를 배치한다. 첫 3주 동안에 발생한 대부분의 사망자들은 그들에 의해 살해되었다.

2. 살상을 최대화하기 위하여 군에 M-16 대신에 M-24와 다른

신무기사용을 허용한다.

3. 18년간의 레바논 점령에 사용한 것과 유사한 탱크나 항공모함을 비롯한 가공할 무기의 사용. 이러한 조치에는 민간인과 정치지도자 양쪽 모두를 위협하거나 겁을 주기 위해서 암살이나 납치도 포함하고 있다.

4. 부분적으로 봉쇄지역을 정하거나 때로는 서안지구를 완전봉쇄한다. 그러나 이 경우에 대규모 기아사태를 야기하거나 단전이나 단수조치는 취하지 않는 선에서 봉쇄조치를 취했는데, 그 이유는 만일 그런 일이 발생할 경우에 전체 팔레스타인을 자극하거나 혹은 국제사회의 개입을 가져올 위험이 있었기 때문이다.

5. 인티파다를 조직화한 혐의가 있는 정치지도자 암살. 특히, 서안과 가자 지구에서 주로 활동하는 파테 당(Fateh Party)의 활동가들을 조직화하는 역할을 맡았던 정치지도자 암살. 이러한 활동은 주로 특수부대나 정확하고 신속한 공중습격을 통해서 이루어졌다.

6. 일정한 전략적 요충지를 점령함으로써 공격로를 확보하거나 혹은 서안지구의 대규모 지역에 대해 이스라엘로의 합병을 준비하는 것이다.

이스라엘이 취한 이러한 모든 조치들은 국가주도하의 테러리즘의 수준에 육박하는 것이었다. 이스라엘의 이러한 작전들은 레바논 남부에서 그들이 수행했던 작전들과 유사한 것이었다. 그의 전임자였던 네탄야후와는 달리 바라크에게는 정치적 수완이 없었고 군에 대한 관심이 가장 큰 몫을 차지했다. 그러나 바라크는 지도자로서의 성공을 측정할 방법을 다른 곳에서 찾았다. 어느 정도까지 이스라엘의 사상자를 줄일 수 있는 지를 측정하는 이스라엘 군의 '양적 지수'의 측면에서 '밀물과 썰물' 작전의 결과를 보면, 이 작전이 '매우 치밀하게' 짜여진 것이었음을 알 수 있다. 즉, 작전 첫 주에 단 한 명의 사망자가 발생했을 뿐이었는데, 이것은 1996년 9월 '서쪽 벽 터널' 작전으로 인한 충돌과정에서 같은 기간 동안에 16명이 사망한 것과 비교한다면, 대단히 성공적인 작전이었다.[4)]

이스라엘측의 억압으로 인해 팔레스타인측은 엄청난 사상자(수백 명이 죽고 수천 명이 부상당했다)를 감수하는 것 말고도 또 다른 부분에서 커다란 희생을 치러야만 했다. 봉쇄조치로 인해 팔레스타인 경제—오슬로 협정이 시작된 이후 7년간 계속해서 악화되고 있던—는 커다란 타격을 입었다. 이스라엘의 경제봉쇄가 시작된 첫 달에만도 팔레스타인측의 추산에 따르면, 적어도 미화 3억 4천 6백만 달러(유엔 추산에 따르면 2억 5천만 달러)의 손실을 입었다. 그리고 그 다음 달도 같은 수치의 손실을 입었다. 실업률은 하룻밤 사이에 3배로 뛰어 올랐고, 농부들은 매일 2백만 달러씩의 손해를 보았다. 기업 여건이 불안정성과 불확실성 및 폭력 때문에 악화됨에 따라 최신 벤처 산업이 엄청난 타격을 입었다.[5)]

팔레스타인이 이스라엘의 적수가 되지 못한다는 것은 명약관화한 사실이었고, 결과적으로 팔레스타인이 지상전에서 심하게 고전하리라는 것, 역시 추호도 의심의 여지가 없었다. 그러나 인티파다가 장기화되면 될수록, 불안정이라는 요인이 이스라엘의 정치, 경제에 침투함에 따라 전반적으로 이스라엘의 손실이 더 큰 것처럼 보였다. 이스라엘의 관광산업은 장기예약이 취소됨에 따라 심각한 타격을 받았으며, 주식시장은 고전을 면치 못했고 뉴욕 증시와 거래하고 있는 이스라엘 회사들은 막대한 손해를 보았다. 그럼에도 불구하고, 바라크와 이스라엘 은행장은 경제성장에 별다른 장애는 없을 것이라고 주장했다. 물론, 팔레스타인과 비교했을 때, 이스라엘은 경제적인 측면에서는 크게 걱정할 것이 없었다.

이스라엘이 팔레스타인의 인권과 시민권을 심각하게 위반한 결과, 유엔 인권위원회(UNHRC)는 2000년 10월 19일 이스라엘이 팔레스타인 시민들에게 '부적절하고 무차별적인 무력을 사용한 것'을 비난하는 결의안을 선택했다. '민간인들에게 철저하게 단계적으로 무력의 강도를 높여서 공격했다'라고 이스라엘을 비난하는 유엔 인권위원회의 특별보고자 기오르기오 기아코멜리(Giorgio Giacomelli)의 보고를 받은 뒤 유엔 인권위원회는 전범죄와 반인륜죄 혐의로 이스라엘을 기소했다.[9]

한 달 후에 유엔 인권위원회의 위원 메리 로빈슨(Mary Robinson)은 이스라엘이 점령지역에서 계속해서 '과도한 무력'을 사용하고 있다는 내용을 보고하고, 이스라엘의 점령과 불법정착촌에 대해 비난했으며, 팔레스타인인들의 고통에 대해 이스라엘의 책임을 추궁했다. 사실상 로빈슨 여사는 치명적 무기사용에 개입된 모든 사람들에게 법적인 책임을 물을 것과 이스라엘이 점령하고 있는 팔레스타인 지역에 국제사찰단을 상주시킬 것을 요구했다.[10]

---

9 이러한 결의안은 유엔 안전보장이사회 결의안(UNSCR) 제1322호(10월 7일)에서 2주내에 통과되었고, 총회 결의안으로 10월 20일에 통과되었는데, 양 결의안 모두 이스라엘의 '과도한 무력 사용'에 대해 비난했다. 유엔 인권위원회(UNHRC) 결의안은 '인권조사위원회'의 설립을 요구했다. 그리고 UNHRC의 메리 로빈슨은 이스라엘이 저지른 심각한 인권위반에 대해서 더 심도 있게 조사할 것을 요구했다.

그러나 이스라엘에게 압력을 가하려는 국제사회의 노력은 미국이 거부권을 행사함으로써 실패로 돌아갔다. 파리에서 이스라엘의 폭력을 중지시키기 위한 미미한 시도 끝에 샤름 엘 쉐이크(Sharm el-Sheikh)에서 클린턴 미 대통령과 무바라크 대통령, 아라파트 PLO 의장, 코피 아난 유엔 사무총장 및 외교정책에 관한 고위급위원 자비에르 솔라나(Javier Solana)가 한 자리에 모여 정상회담을 가졌으나 역시 이스라엘의 폭력행위를 중단시키는 데는 실패했다.

샤름 엘 쉐이크 외교각서는 클린턴 대통령에게 인티파다의 원인 규명위원회를 설치할 것을 요구했다. 이스라엘의 고위외교관들은 그러한 위원회를 구성하는 것이 이스라엘에게는 '편하기' 때문에 '걱정할 하등의 이유가 없다'고 했으며, 자신들이 팔레스타인을 위임통치하는 동안에 팔레스타인인들이 정치적 무기로 이용할 수 있는 여지는 많지 않을 것이라고 덧붙였다. 이스라엘은 국제무대에서 또 한번의 사면을 누렸다.[6)]

---

10 *Miftab*, 2000년, 11월 28일. UN의 특별보고자 기오르기오 기아코멜리(Giorgio Giacomelli)가 준비한 특별보고서에 따르면, 이스라엘 군대가 사용한 치명적 무기때문에 처음 2주간 사망자의 수가 85명에 달했는데, 이것은 제1차 인티파다(1987~88)에서 4개월 동안 사망한 숫자와 맞먹는 수치였다. 85명 사상자의 대부분은 정착민에 의해 조직된 준군사조직에 의해서 살해되거나 장거리에서 쏜 저격병의 총에 맞아 사망하였다. 그 보고서에 따르면 이스라엘 군대에 의해 3,700명에 달하는 팔레스타인인들이 부상당했으며 그 중의 40%가 18세 이하였다. 또한 그 보고서는 그러한 부상자의 40%가 머리를, 20%가 가슴을, 20%가 복부를 그리고 나머지 20%가 손발에 부상을 입었다는 사실에도 주목했다. 절반 가량은 실탄을 맞은 것이며, 그 나머지는 고무를 씌운 금속탄환과 최루가스(약 10%)에 맞은 것이었다. 더욱이 그 보고서는 '헬기나 해군함정'으로부터의 발포에 덧붙여서 '기관총, 탱크, 로켓 발사, 대전차용 미사일'을 포함한 과도한 무력사용에 대해서 상세하게 보고하고 있다.

국제전선: 이스라엘의 미디어 전쟁

국제전선에서 이스라엘은 언론에 당한 피해를 원상회복시켜야만 했다. 오늘날의 세계에서 카메라는 총 못지 않게 한 쪽이 일방적으로 막강한 전쟁의 결과에 영향을 미칠 수 있다. 바라크는 고무총을 들고 있는 다윗과 다름없는 약자 팔레스타인을 자연스레 지지하는 카메라의 효과를 상쇄해야만 했다. 이러한 측면을 너무나 잘 알고 있는 이스라엘은 신속한 미디어 배치군(Rapid Deployment Media Force)의 역할을 수행할 비상언론 캠페인을 시작했는데, 그것은 이스라엘이 물려받은 용맹한 이미지가 주는 '불리함'을 극복하고 그러한 이미지가 국제 라디오 방송이나 텔레비전 방송에서 반영되는 것을 막으려는 의도였다. 한편, 팔레스타인은 일반적으로 세계화시대의 새로운 무기인 언론을 이용하지 않고, 그들의 인티파다만을 최대한 수행했을 따름이다. 때때로 그들은 이스라엘의 점령에 대한 그들의 정당한 대의명분에 득이 되기보다는 해가 되는 행동을 하기도 했는데, 서안지구의 라말라 마을에서 두 명의 군인들에게 가한 유혈폭력은 그것을 보여주는 좋은 예이다.

이스라엘의 가장 큰 판매부수를 자랑하는 ≪예디오스 아흐라노트(*Yedioth Ahranot*)≫신문의 종군기자인 론 벤 이샤이(Ron Ben Yi-shai)가 표현한 바대로, 처음부터 이스라엘 군부는 탱크가 어린아이와 대면할 때, 탱크에는 '명분이 가고 있고' 어린아이가 '침략자'라는 것을 서방언론들에게 확신시킬 수 없기 때문에 그들은 대안적인 전략을 채택했다. 그래서 대의명분과 잔혹한 탄짐(Tanzim) 조직, 즉 이스라엘에 대한 증오로 탄생된 의회조직을 위해 죽도록 아이들을 전쟁터에 보낸 잔인하고 애정이 없으며, 겁많은 팔레스타인 부모들에 대한 이야기를 지어내어 유포시켰다.

서방언론을 혼란시키고 민간인과 아이들을 공격하는 이스라엘의 전쟁과 군대를 상대로 하는 일반 전쟁과의 차이를 흐리게 하기 위해서 바라크 정부는 점령당한 팔레스타인인들－테러와 침략에 의한 희생자－을 두 전선에서 비난하면서 적극적인 공세를 펼쳤다. 즉, 어른들의 전쟁에 나가서 싸우라고 '아이들을 부추기는' 가족이나 부모들, 주요한 정치정당인 파테(Fateh)의 급진적 군사기관으로 추정되는 탄짐이 지역안정과 미국의 국익을 해치고 있다고 선전하는 것이었다. 이 두 가지 요소는 단호하게 대처해야 할 새로운 적들이라는 것이었다. 가소롭게도, 바라크는 이스라엘의 도덕적 관심사인 '민주주의'와 평화에 반대하는 팔레스타인의 도덕적인 관심사가 결코 같은 것이 될 수는 없다는 태도를 취했다.

역설적이게도, 이러한 태도는 1940년대에 유대인들을 위임통치했던 영국군이 했던 것과 동일한 주장이었다. 프랑스의 언론인이자 작가인 찰스 엔더린(Charles Enderlin)은 팔레스타인과 이스라엘 사이의 비밀협상에 대한 그의 저서에서 1945년 영국의 위임통치군은 텔 아비브에서 시위를 하고 있던 유대인 시위대를 향해 발포했고 그 결과 6명이 사망했고 수십 명이 부상을 당했는데 그 중에는 8～16세 연령의 어린이들이 18명, 16～20세의 젊은 청소년들이 14명이었다고 썼다.[7] 이튿날, 영국의 언론은 유대인 부모들이 그들을 대신해서 죽도록 아이들을 내보냈다고 보도했다. 시온주의자 신문인 ≪다바르(*Davar*)≫는 영국군의 총에 맞은 한 아이를 치료하고 있는 두 의사의 사진을 찍었다. 한 의사가 다른 의사에게

도대체 그 군사들은 사격술이 얼마나 뛰어나기에 그처럼 먼 거리에서 이처럼 작은 생명체를 쏠 수 있었을까라는 내용의 이야기를 하고 있었다. 그 신문은 폐간되었다. 그 후 55년이 지난 오늘날 영국이 유대인들을 상대로 했던 것과 동일한 식민주의적이고 인종주의적인 언급과 반응을 이스라엘과 그 동맹국가들이 팔레스타인인들에게 그대로 반복하고 있는 것이다. 그것들에 대해서는 언급할 가치조차 없다.8)

그럼에도 불구하고, 이스라엘은 이 작전에 성공했다. 팔레스타인인들은 갑자기 아이들에 대한 자신들의 사랑을 변명해야만 했다. 프랑스의 코미디언에서부터 스웨덴의 여왕을 비롯해 서방국가의 지역 초등학교에 이르기까지 이스라엘의 선전은 성공해서 사람들은 어린아이들에게까지 무차별 발포를 했던 점령군을 비난하기는커녕 그들의 가족들이 당하는 고통에 대해서도 팔레스타인의 어머니들을 비난했다. 말할 필요도 없이 인티파다 과정에서 이스라엘의 점령에 저항하여 싸우는 동안 아이들보다는 더 많은 어른들이 사망했다. 누구라도 서안과 가자 지구의 포위된 난민수용소를 방문해보면 어린이들의 생활여건이 어떠한지, 부모들은 어린이들이 이스라엘 침략자들과 직면하는 것을 막을 길이 전혀 없다는 것을 알 수 있다. 간단히 말하면, 이스라엘의 군대가 아이들을 살상하고 있는 동안 이스라엘 정부는 그 죽음에 대한 책임을 자식의 죽음을 애도하고 있는 부모들에게 돌리고 있었다. 그리고 그것은 거의 성공했다. 이것은 인티파다에서 가장 아이러니한 사건 중 하나이다.

'탄짐'에 대해서 말하자면, 그 이야기는 더욱더 기괴하다. 탄짐에 대한 모든 이론은 이스라엘이 시몬 페레스나 요시 베일린(Yossi

Beilin) 그리고 아모스 오즈(Amos Oz)와 다른 '평화주의자'들을 동원해 언론에 대량폭격을 퍼부었음에도 불구하고 미디어 전쟁에서 패배하기 시작한 2000년 10월에 등장했다. 심지어 매들린 올브라이트 미 국무장관은 이스라엘의 '자제력'을 칭찬하고 '팔레스타인이 돌팔매질을 그만두어야 한다'고 요구하기까지 했다. 그러나 이러한 모든 노력에도 불구하고, 아버지의 무릎에 있는 12살의 소년 무함마드 두라(Muhammad Dura)를 살상하는 이스라엘 군대의 이미지를 지울 수는 없었다. 바라크는 갑자기 기자회견장에 나타나서 파테 당의 행동주의자들의 이름을 거론하면서 아라파트가 이스라엘에 대항한 그들의 폭력적인 활동에 제동을 걸어야한다고 요구했다. 그때부터 이스라엘과 세계의 언론들은 파테 당의 '무장군'을 '탄짐'이라고 부르기 시작했다.

사실 탄짐이라는 말은 팔레스타인들이 파테 당—서안과 가자 지구의 선거에서 승리한 아라파트가 이끄는 정당—을 지칭하는 말이다. 팔레스타인에서 모든 조직체 중에서 가장 큰 정당인 파타를 '조직'이라는 뜻의 아랍어인 '알 탄짐(Al-Tanzim)'이라고 부른다. 그러나 그 어원은 지금 중요하지도 않고 아무런 상관도 없다. 왜냐하면, 진실과는 아무런 연관이 없기 때문이다. 사실 이스라엘의 선전과 공격의 과정에서 가장 먼저 희생된 것은 바로 '진실'이었다. 비록 파테 당의 조직들 중 상당 부분이 무장을 하고 있다 해도 이스라엘의 발포대상이 되었던 젊은이들(약 100명 정도)이 모두 다 파테 당 출신들도 아니었고, 그들이 파테 당 출신이라고 주장한 것도 아니었다. 이스라엘을 공격했던 사람들이 누구였든지 간에, 이스라엘의 그처럼 과도한 대응을 정당화시킬 만큼 조직된 군대가 아니었던 것만은 확실하다. 그래서 이스라엘은 새로운 안보위협요소를 만들어내고 그것을 극화시킨 다음에 탄짐이라고 명명했던 것이다. 아이러니하게도, 포위당하고 굴욕을 당하고 있는 팔레스타인인들이 그 이야기를 믿기 시작했으며, 자신들이 이스라엘의 점령에 대해서 군사적인 대응을 하고 있다고 생각하게 되었다는 것이다. 기자의 질문에 한 아이는 자신이 탄짐에 소속되어 있다고 대답할 것이고, 그러한 대답이 팔레스타인의 안보에 미칠 파장은 전혀 깨닫지 못할 것이다.

인티파다가 발발할 때까지 그리고 이스라엘이 지역 파테 당 지도자들을 공격하고 암살할 때까지, 탄짐이라는 응집력있고 조직된 군대집단은 존재하지 않았다. 마르완 바르구티가 나에게 사석에서 확인해 준 것처럼 총격전을 벌인 대부분의 사람들은 이스라엘의 감옥에서 출감한 지 얼마 안된 자들이거나 자동차도둑 혹은 범법자들로 알려졌고, 그 나머지는 가족들이 이스라엘의 수중에서 혹은 이스라엘 점령군 치하에서 특히 B와 C의 지역에서 고통을 당했거나 계속해서 고통을 당하고 있기 때문에 무장투쟁을 전개하게 된 사람들이었다.[11] 그러나 이러한 팔레스타인 젊은이들은 조직체를 구성하고 있지 않으며, 어떠한 피라미드 형태의 조직도 총을 쏘라고 명령을 내린 적이 없었다.

인티파다가 시작되고 2주째로 접어들었을 때, 파테 당 지도자들

11 제2차 오슬로 협정에 상술되어 있는 것처럼, 지역 A는 팔레스타인이 보안상의 통제와 민간인들에 대한 통제권을 행사하는 지역이고 지역 B는 PNA가 민간인에 대한 통제권을 가지고 있고 이스라엘이 보안상의 통제권을 가지고 있는 지역이다. 반면에 지역 C는 이스라엘이 전적으로 군사적인 통제권과 민간인에 대한 통제권을 쥐고 있는 지역이다.

은 자신과 가족들의 생명에 위협을 느끼기 시작했다. 특히, 이스라엘이 마치 그들이 헤즈볼라 전사들이기라도 한 것처럼, 주공격목표로 삼기 시작한 뒤부터 그들의 공포감은 더욱더 커졌다. 이것은 이스라엘이 테러리스트로 공인한 무슬림 하마스(Hamas) 지도자들에 대한 암살을 정당화하는 것보다 훨씬 더 어려운 일이었다.

애석하게도, 주공격목표가 된 파테 당의 지도자들 상당수가 팔레스타인 사회에서 진보주의운동과 탈종교운동 등의 시민운동을 이끌어왔으며 때로는 PNA 내부의 부패척결운동의 최선두에 섰던 사람들이었다. 사실, 그들은 1993년 이후 팔레스타인에 온 부패한 지도자들에 대항한 서안과 가자 지구의 '지역' 진보세력이다. 그들은 오슬로 협정에 기회를 주자는 주장을 옹호하면서 하마스나 평화협정에 반대하는 다른 정치세력들과는 상반된 입장을 견지해왔다. 그러나 오슬로 협정이 이미 실패로 끝난 오늘의 시점에서 그들은 그 실패에 대한 책임추궁을 당하고 있다. 역설적이게도, 파테 당이 없었다면 평화협정이 그렇게 오랫동안 유지되지는 않았을 것이다. 비록 파테 당 지도부가 오슬로 협정의 안보조항을 이행했으나 그 이행에 정치적 측면이 결여되어 나타난 참상을 목격한 이후 오슬로 협정의 유효성에 대해서 전적인 확신을 할 수 없었을지라도 말이다.

말할 필요도 없이, 인티파다가 일어난 지 두 달째로 접어들 무렵에 그 지역의 파테 당 지도자들은 '평화적인' 인티파다의 중추세력이자 인티파다라는 강경노선 배후의 추진세력으로 부상했다. 인티파다를 통해서 주류 팔레스타인 정당의 이러한 중요한 지역세력은 더욱 강화되었다. 이것은 마치 이스라엘이 자기만족적인 예언을 깨닫게 된 것과 같았다. 라말라의 파테 당 대변인인 마르완 바르구티와 필적하는 발언들은 인티파다의 저항정신을 유지하는데 있어 매우 효과적이었다. 비록, 1987~1993년 동안에 있었던 제1차 인티파다 때처럼 대규모로 참가한 것은 아니었을 지라도, 제2차 인티파다에서 파테 당 내 조직화된 집단의 역할은 더욱더 중요하게 되었다. 이스라엘 병사들과의 직접적인 접촉이 없고, 인구밀도가 높은 도시지역이나 A지역의 난민 캠프처럼 정착민들과의 직접적인 접촉이 없는 상황에서는 소규모의 조직적인 저항단체가 이스라엘의 불법적인 정착촌건설과 점령을 교란시키는데 핵심적인 수단이 되었다.

이 지역의 파테 당 지도부가 지역적 안정을 해치는 새로운 위험요소라는 이스라엘의 선동은 걸맞지 않다. 잘 알려진 국방잡지에 등장한 이야기에 따르면, 예멘 해안지역에 정박하고 있던 미국의 U.S.S. Cole호에 대한 3명의 폭탄 테러 용의자 가운데 한 명이 탄짐의 일원이라는 것이다. 이러한 흑색선전은 바라크에게 미국의 비호하에서 팔레스타인 시위대를 진압하고 살상하여 그들과의 전쟁을 선포할 새로운 권리를 부여해주었다. 사실, 이스라엘 군대가 8명의 인명을 살상한 날인 2000년 11월 15일에 클린턴 대통령은 미 의회에 대해 미 국방보조금 가운데 450만 달러를 이스라엘에게 원조해 줄 것을 요청했다.

다음날, 일간지 ≪하아레츠≫에 게재된 이야기는 '총격전에 연루된 15명의 파테 당원들'이라는 표제하에 바라크의 답변인 '이스라엘 군은 이스라엘인을 해치는 그 누구라도 공격하겠다'라는 내용을 골자로 한 것이었는데, 이것만 봐도 이스라엘이 파테 당에 대한 이야기를 얼마나 잘 날조하고 있는가를 알 수 있다. 그 기사는 계속해서 세 개의 마을—쿠스라(Kusra), 탈피트(Talfit), 그리고 엘 무아시에르(El Mouasier)—에서 수행한 체포작전이 어떻게 진행되었는지에 대한 이스라엘 군사령관의 개괄적인 설명을 싣고 있었다. "모든 사건에서 파테의 행동대원들은 이스라엘 군이 그들의 집을 포위하자 단 한 번 싸워보지도 않고 모두 항복했다……. 에후드 바라크가 어제 수행된 이 작전을 지휘했다." 그러나 이 기사는 "어제의 일부 보도와는 달리, 체포된 인물들이 월요일 두 명의 병사와 한 명의 정착민이 사망한 총격전에는 연루되지 않았던 것으로 보인다"라는 글로 끝나고 있다. 같은 날, "공군이 베이트 잘라(Beit Jala), 툴카름(Tulkarm), 제리코(Jericho), 나블루스(Nablus), 그리고 헤브론(Hebron)의 가옥들을 공격했다……. 이러한 공격은 그 지역 전역에서 8명의 팔레스타인인들이 사망하고 수십 명이 부상당하는 격렬한 데모가 있었던 다음날에 진행되었다"라는 또 다른 내용의 보도가 있었다.

요약하면, 이스라엘 군은 언론—거의 이스라엘 정부를 선전하기 위해 징집되다시피한—과 공모하여 팔레스타인의 민간인과 정치활동가들에게 계속해서 부적절하고 일방적인 무력을 사용했다. 대부분의 경우, 점령지의 일간지 ≪하아레츠≫의 종군기자였던 아미라 하스(Amira Haas)만이 다른 기사를 보도하곤 했다. 그러한 예로 2000년 11월 7일에 쓴 그녀의 다음 기사를 들 수 있다. "가자 지구에서 이스라엘 군의 공격적인 행위로 네 명의 팔레스타인인들이 살해되었다. 최초의 군대보도는 파테 당 조직원에 대한 이야기였다. 그러나 라파(Rafah)에서 온 택시 운전사와 다른 목격자들의 이

야기는 그것과는 달랐다." 이러한 일은 인티파다 기간 내내 빈번하게 일어났다.[9)]

비록 인티파다가 시작된 3개월 동안 팔레스타인과의 모든 전투에서 이스라엘이 승리했지만, 이스라엘이 팔레스타인을 상대로 일으킨 전쟁에서는 지기 시작했다. 이것은 어느 정도 예견된 것이었다. 이스라엘은 팔레스타인의 봉기에 대항한 전쟁에서 적어도 국제적으로 승인을 받는 방식으로는 승리할 수 없으리라는 것을 이스라엘 군과 정보기관은 알고 있었다. 제2차 인티파다가 일어나기 전, 쉰 베트(Shin Bet) 전임대표 아미 아얄론(Ami Ayalon)은 서안과 가자 지구의 예샤 위원회(Yesha Council)의 공식 기관지인 ≪네쿠다(*Nekuda*)≫에서 "우리는 제1차 인티파다에서 패했다. 그리고 우리는 다음 번에도 패할 것이다"라고 말했다. 그는 나중에 이스라엘은 '인종차별'국가가 될 수 없을 것이라고 경고했다.[10)]

인티파다: 오슬로 협정 결렬

이스라엘의 지배를 용이하게 하려는 이스라엘과 미국의 노력, 즉 '법의 지배'라는 것은 인티파다에 의해 수포로 돌아갔다. PNA가 이스라엘의 점령에 저항하는 시위진압을 거부했을 때, 오슬로 협정의 모든 안보협의사항들은 그 지역에서의 안정을 가져오는데 무용지물이 되었다. 이스라엘은 PNA가 이스라엘의 하수인 혹은 설상가상으로 완충적 안전지대역할을 해주기를 바랬다. 그 같은 예는 남부 레바논에서 남부 레바논 군(SLA)이 이스라엘의 무기와 자금을 지원받아 이스라엘의 점령과 저항 사이에서 완충역할을 했던 것에서도 찾아볼 수 있다. 분명히, 그러한 책략이 한동안은 효과가 있겠지만 이스라엘 군인들을 팔레스타인 경찰들로 대치한다고 해서 점령지에 평화나 안정을 가져오지는 못할 것이다. 그 과정에서 팔레스타인인들은 인명의 손실을 엄청나게 겪어야만 했으며 그것을 치유하는데는 몇십 년이 걸릴 것이다. 제2차 인티파다로 인해 제1차 인티파다와 마찬가지로 수천 명에 달하는 팔레스타인인들이 평생 불구자가 되었다. 굴욕과 투옥, 부상 그리고 죽음을 겪지 않은 가족은 거의 없었다.

제2차 인티파다는 오슬로 협정이 성공할 것이라는 환상을 깨버렸다. 제2차 인티파다에서 평화에 가장 큰 장애물인 정착촌을 공격하자 새로운 정착촌건설은 중단되었고 정착촌 전체의 존립자체가 불확실하게 되었으며, 전체 우회로(이스라엘과 정착지를 연결하는 특별 도로)망은 교란되었다. 제2차 인티파다는 이스라엘의 모든 안전조치들과 상관없이 정착촌이 안전하지 못하다는 것과 정착촌에 안전하게 도달할 수 있는 안전한 통행로도 없다는 것을 보여주었다. 또한 제2차 인티파다는 평화를 위한 어떠한 시도도 우선은 서안지구에 산재하고 있는 정착촌의 규모를 축소시키는 것에서 시작되어야 한다는 점과 녹색선에 가까운 영토의 5%를 넘지 않는 선에서 정착촌의 규모를 정하는 것으로 그 규모를 제한해야 한다는 점을 강조했다. 이 5%도 2000년 12월 중순 클린턴이 제안한 대로 이스라엘의 권한 내에 있는 땅과 종국적으로는 교환되어질 수 있을 것이다.

비록 팔레스타인이 제2차 인티파다를 임시변통으로 일으키기는

했지만, 그들의 자발적인 행동이 아무 목적없이 진행된 것은 아니었다. 이번에는 이전의 소요와 시위와는 달리, 그 목적은 분명히 오슬로 협정의 수준을 넘어서 팔레스타인의 독립을 요구하는 것이고 이스라엘의 팔레스타인 점령을 종식시키는 것이었다. 그것은 또한 현실적인 것이기도 했다. 다른 대부분의 식민지종식의 과정에서와 마찬가지로, 불행히도 폭력은 불가피한 것으로 보인다. 이것은 제2차 인티파다에서도 마찬가지이다. 네이팜 탄에 맞은 벌거벗은 베트남 소녀의 사진, 엘살바도르의 강간당한 수녀들의 무덤 사진, 그리고 니카라과에서 살해당한 언론인의 사진들과 같은 공포스러운 사진들처럼 가자 지구에서 아버지의 무릎에서 죽어가던 무함마드 두라의 사진은 폭력의 부조리한 시대를 예고했다.

팔레스타인인들이 느꼈던 불만족은 차치하고라도, 제2차 인티파다 이전과 이후의 핵심적인 문제는 팔레스타인 자체의 문제라기보다는 이스라엘의 문제였다. 이스라엘은 점령지에 대한 군사지배를 끝낼 식민지종식의 준비가 되어 있지 않았다. 이스라엘은 가자 지구에서 텔 아비브를 빼내는 것이 아니라 텔 아비브에서 가자 지구를 빼내는 쪽을 선택했다.[12] 더욱더 중요한 점은 이스라엘은 그들의 정치문화에서 가자 지구를 빼낼 수 있는 능력이 없어 보인다는 것이다. 이스라엘에게 있어 팔레스타인은 다시 한번 이스라엘의 생존문제와 맞물려 있다는 것을 증명해보인 것으로 이스라엘과 팔레스타인의 갈등은 제로섬 게임으로 볼 수 있다. 팔레스타인이 얻으면 이스라엘은 그만큼 잃게 되는 것이고, 반대의 경우도 마찬

---

12 텔 아비브에서 활동하고 있는 가자인들의 수에 대한 라빈/바라크의 언급

가지이다. 그러한 상황에서 공존이란 지배관계를 의미하는 것이고, 어떠한 외교과정을 통해서도 안정과 평화를 얻을 수 없다. 이러한 맥락에서, 제2차 인티파다는 단지 무력으로 처리해야 할 안보문제가 아니고, 그것은 귀기울여야 할 정치적 메시지와 사람들의 고통에 대해 말하고 있다. 제2차 인티파다는 협상과정이 난관에 봉착했기 때문에 발발했지만 근본적인 원인은 이스라엘의 점령과 100여 년에 걸친 갈등을 종식시키고자 했던 오슬로 협정에서 기인한 것이었다.

이스라엘의 저명한 사회학자인 바루치 킴머링(Baruch Kimmerling)은 이스라엘인들에게 다음과 같이 설명하고 있다.

> 35년간의 점령과 착취와 절멸과 퇴락을 겪은 팔레스타인 민중들은 이스라엘의 점령에 반대하여 무력을 사용할 권리를 가지고 있다. 왜냐하면, 이스라엘의 점령이야말로 잔인한 무력행사 그 자체였기 때문이다. 수백만 명의 사람들에게 외래의 점령자들에 종속될 것을 강요할 수는 없다. 그렇게 생각하지 않는 사람이 있다면, 그는 단지 망상에 빠져 있는 것이다(≪하아레츠≫, 2001년 6월 6일).

아이러니하게도, 팔레스타인인들이 이스라엘과의 투쟁과정에서 자신이 다윗이고 이스라엘이 골리앗이라는 것을 증명하는 데 40년이 걸렸다. 그리고 이제 다윗은 잘못한 것이 없고 단지 자유를 되찾고자 한다는 것을 입증하는 데 또다시 많은 세월이 걸릴 것 같다.

2

이스라엘의 '내부의 적': 백만 명의 잊혀진 팔레스타인인들

만일 우리가 여러 개의 군대가 아니라 하나의 군대였다면, 우리가 만일 하나의 전략적 계획에 따라 행동했더라면, 일반적으로는 북갈릴리 지방과 예루살렘 그리고 그곳으로 통하는 도로, 라말라, 루다(Ludda), 및 남부 팔레스타인에서, 그리고 특히 네게브(Negev)에서 우리는 팔레스타인 사람들을 쫓아낼 수 있었을 것이다.

— 데이비드 벤 구리온 (IDF 기록보관소) —

아실 아슬리(Asil Assli)는 18세였다. 그는 갈릴리 지방의 팔레스타인 부모에게서 태어났기 때문에 아랍어와 히브리어를 구사할 수 있었다. 그는 이스라엘 신분증을 가지고 있었다. 그러나 이스라엘은 자신을 유대인들의 국가로 규정하고 있기 때문에, 이스라엘은 그와 같은 처지에 놓인 시민들의 국가는 아니었다. 아실은 영리했고, 그의 반에서 일등을 했으며, 과학분야에서 상을 탔지만 그가 장차 이스라엘의 과학분야에서 활동할 수는 없었는데, 그 이유는 이스라엘이 아랍 시민들을 차별대우하고 있기 때문이다. 마르 엘리아스(Mar Elias) 중등선교학교의 선생님들은 아실이 완벽한 학생이라고 평한다. 그러나 아실이 알라바(Arraba)라는 작은 마을의 젊은이들과 함께 녹색선 반대편에 있는 팔레스타인 동포들과 연대하여 시위를 하고 있을 때, 멀리서 아실을 발견한 이스라엘 병사들에게 아실의 그런 모든 것들은 아무런 상관이 없는 문제들이었다. 아실은 어머니가 멀리서 지켜보는 가운데 올리브 숲에서 살해되었다. 역설적이게도, 그 어린 아실은 '평화의 씨앗'이라는 글자와 올리브 가지가 인쇄되어 있는 티셔츠를 입고 있었다. 그 티셔츠는 그가 매년 참가해온 유대인과 아랍인 간의 대화를 위한 미국인 젊은이 캠프(American youth camp)에서 나누어준 것이었다. 이스라엘 군은 아실이 그들의 총에 맞아 부상당한 친구를 돕고 있는 것을 발견하고는 그에게 본때를 보여주기로 결심했다. 그들은 그의 어머니의 비명에 전혀 개의치 않고 그를 추격했다. 그를 잡자마자 M-16으로 때린 후에 냉혹하게도 직접 총부리를 겨누고 발사했다. 그들은 올리브 나무 사이에서 나와 아실의 부모에게 "이제 당신들은 그를 가져가도 좋다"라고 말했다. 아실은 이스라엘이 무함마드 두라가 아버지에게 기댄 채 이스라엘 병사의 총에 맞아 죽었을 때, 이에 대한 분노를 표출하기 위해서 달려나갔다. 그 사건이 있었던 주말에 마르 엘리아스(Mar Elias)는 그 '순교'를 기념하는 의식을 거행했는데, 적어도 13명의 사상자와 수천 명의 부상자가 순교자에 포함되었다. 아실의 아버지는 기자들에게 그래도 "유대인과 아랍인의 공존을 믿는다"고 말했다.[13]

2000년 10월: 이스라엘계 팔레스타인인들의 외로운 봉기

이것은 어느 정도 이스라엘이라는 국가에서 백만 명의 강력한 소수집단인 팔레스타인인들이 처한 딜레마라고 할 수 있다. 이들과 이스라엘의 관계는 2000년 10월의 탄압과 그들의 저항에 대한 정부의 엄격하고 인종주의적인 대응에 뒤이어 새로운 국면으로 접어들었다.[14] 사실상, 이스라엘이 단 며칠 사이에 13명을 살해하고 수백 명을 부상시키면서 팔레스타인 시민들과의 전쟁에 돌입했을 때, 즉각적으로 몇 년 동안 억압된 폭력에 분출되었다. 팔레스타인인들은 서안과 가자지구에서 자기 형제들의 죽음을 좌시할 수는 없었다.

이스라엘 내의 팔레스타인 소수집단을 대표하는 비공식전국단체인 고등 모니터링 위원회(The Higher Monitoring Committee)는 샤

13 이스라엘의 주류파는 이스라엘에 사는 팔레스타인 시민들을 '이스라엘계 아랍인' 혹은 '이스라엘의 아랍인'이라 부른다. 우파는 그들을 상황에 따라 '이스라엘 땅의 아랍인' 혹은 '아랍계 이스라엘인들'이라고 부르기를 좋아한다. 그러나 일반적으로 이것은 그들 자신과 다른 모든 팔레스타인인들을 차별하려는 의도이다. 따라서 '아랍'은 그 땅에 대한 권리를 언급할 수 있는 팔레스타인의 위치보다는 종족적 혹은 문화적 의미를 갖게 된다. 더욱 나쁜 것은 어떤 경우, 특히 초기에 관계(官界)에서는 팔레스타인인들을 다른 비아랍인들과 더불어 '소수민족의 아들들', 즉 기독교도, 무슬림, 드루즈 파라고 언급하였다. 다시 말해 소수민족으로서의 그들의 민족성을 완전히 무시한 것이다.

14 이스라엘내 팔레스타인계 아랍 소수파는 세 지역, 즉 북부의 갈릴리, 중부의 트라이앵글, 그리고 남부의 나캅(Naqab)에서는 다수파이다. 5,000명 이상의 팔레스타인 시민들이 각각 8개 도시, 47개의 촌락에 거주하고 있는데 그중 21개 지역의 팔레스타인 인구는 10,000명이 넘는다. 80,000명이 혼합도시에 살고 있다. 전체 이스라엘 인구의 약 17%를 구성하는 팔레스타인 인구 중 절반은 19세 미만이다(이스라엘 중앙통계국, 1997).

론이 알 아크사 사원을 방문한 후, 또 그 이전에 예루살렘 사원에서 6명의 팔레스타인인을 살해했던 것에 대한 항의로 이틀간 총파업에 돌입할 것을 요구했다. 가자 지구에서 12살의 무함마드 두라가 잔혹하게 살해당하는 모습이 텔레비전으로 방송되자 아랍 세계 전체가 전율을 느꼈고, 이들은 자신들의 분노를 표출하기 위해서 거리로 쏟아져 나왔다. 이에 대한 이스라엘의 가혹한 대응은 결코 즉흥적인 것이 아니었다. 바라크의 명령하에 보안기관은 이스라엘계 팔레스타인인들이 녹색선 너머에서 일방적인 팔레스타인 국가 선언에 감히 연대하는 경우에 대비한 계획을 이미 준비해놓고 있었던 것이다. 일단 평화적인 항의가 시작되자, 그 악명높은 경찰대장인 알리크 론(Alik Ron)의 지휘하에 그 계획은 실행되었고 10월 1일에 3명의 사망자와 10명의 부상자를 초래하였다. 치명적 무기를 부적절하게 사용한 것을 정당화하기 위하여 이스라엘의 각료와 논평가들은 그 평화시위를 '봉기'나 심지어 '반란'으로 표현했다.

역설적이게도, 이스라엘 내의 아랍인들의 항의에 이스라엘 군이 가혹하게 대응함으로써 팔레스타인 영토와 이스라엘의 영토를 가르는 녹색선의 의미가 무색하게 되었다. 그것은 또한 물리적으로 '팔레스타인인들'과 이스라엘 내의 팔레스타인인들을 분리시키고자 했던 바라크의 의도에 역행하는 것이기도 했다. 즉, '저편에는 그들, 이편에는 우리'라는 구별이 무색해졌기 때문이다. 이스라엘계 팔레스타인인들은 그들의 '국적과 종교적 상징'을 방어하면서 일어났을 때, 새로운 실체로서 당당히 중심부에 모습을 드러냈다. 이스라엘 정부는 그 상황을 평화적으로 그리고 민주적으로 용인되는 규범에 따라 진압하지 않고 점령지에서 사용했던 것과 동일하게 엄격한 진압방식을 택했고, 이로 인해 이스라엘에서 아무 문제 없이 살고 있는 팔레스타인인들과 점령지에서 살고 있는 팔레스타인인들 사이의 구분이 희미해졌다. 사실상, 팔레스타인 억류자를 대표하는 법률단체인 아랍의 비정부기구(NGO) 소속의 아달라(Adalah)라는 한 변호사는 나에게 사적으로 다음과 같이 말했다. 즉, 경찰은 트라이앵글과 갈릴리 내에 있는 아랍 지역은 서안지구의 A지역과 마찬가지로 다루어져야 할 것으로 생각하고 있다는 것이다.

이스라엘 전역에서 그들이 어디에 거주하든지 간에, 심지어 유대인과 아랍인이 공동으로 거주하는 지역에서조차 팔레스타인인들의 항의는 이스라엘의 유혈진압에 의해서 더욱더 가열되었다. 이것은 더 많은 살상을 불러왔는데, 그 중의 일부는 조직적인 살상이었으며, 아랍인들을 보호하기 위한 국가의 개입이 전혀 없는 상태에서 다수민족 이스라엘이 아랍 소수민족에게 자행한 인종공격이었다. 티베리아(Tiberia)에서 유대인들은 200년 된 사원을 공격해서 파괴했으며, 아랍인들에 대한 폭력행위는 2000년 10월 첫 주 내내 조금도 줄어들지 않았다. 상점과 주택 그리고 개인들이 공격을 당했고 유대인 폭도들은 심지어 아랍인들을 고용한 유대인 상인들까지 공격했다. 이웃 마을인 나트스라트 엘리트(Natsrat Elit)에서 온 수백 명의 유대인 폭도들이 나사렛을 공격해서 3명이 살해되고 10명이 부상을 입었는데, 이 과정에서 주민들에 대한 유대인 폭도들의 공격에 이스라엘 군까지 가세했다. 그 하루 전에는 횃불과 야구 방망이를 들고 다니는 또 다른 폭도들이 아랍의 지도자이자 의회 의원인 아즈미 비샤라(Azmi Bishara)의 집에 자정이 넘는 시간에 접근해서 경찰이 개입하기 전까지 창문과 문을 부수기 시작했다. 한 팔레스타인 지도자는 유대인 집, 유대인 교회 및 유대인 기업들이 공격을 당한 1938년 11월 크리스탈나츠(Kristalnacht)의 기억을 떠올렸다.

아랍인들에 대한 폭력이 걷잡을 수 없는 상황에 이르러서야 평화진영에서는 그 목소리를 내기 시작했다. '나사렛에서 오늘 일어나고 있는 것은 대량학살이다.' 여기에는 제정 러시아의 유대인들에게는 너무나 잘 알려진 모든 특징들이 나타나고 있는데, 특히 경찰과 인종주의자 공격자들과의 결탁이 그러하다. 아이러니하게도, 나트스라트 엘리트(Natsrat Elit), 즉 '북나사렛' 지방에서 가장 큰 공동체는 바로 러시아계 유대인이라는 사실이다. 일간지 ≪하아레츠≫는 이례적으로 사설에서 위험하게 상황이 악화되는 가운데 내재된 불리함에 대해 다음과 같이 경고했다. "아랍 지역과 교차지역에서 격렬한 소요사태와 전혀 정당성이 없는데도 잔인하게 진압하는 경찰의 부끄러운 모습과 유대인과 아랍인이 섞여 있는 지역에서 유대인 인종주의자들의 폭발, 이 모든 것들은 이미 악화된 유대인과 아랍인의 관계에 더욱더 암운을 드리우고 있다."[11)]

아랍 소수민족들은 폭력이 가속화되고 있는 것과 이스라엘이 전쟁논리로 회귀—점령하에 있는 팔레스타인인들만을 대적하는 것이 아니라 '이스라엘 내부'에 있는 소수 팔레스타인인들에게도 마찬가지로—하는 것에 대한 책임을 바라크에게 돌렸다. 바라크-벤 아미(Ben Ami) 정부가 취한 가혹한 조치들은 이스라엘 내의 준 파시스트적인 분위기를 더욱 고조시켰고, 이스라엘의 유대인들은 눈에 띄는 대로 아랍인들을 공격하기에 이르렀다.

이스라엘 정부는 민간인을 직접 공격한 다음 체포활동을 강화시켰고, 한 달 만에 체포된 사람의 수는 천 명을 헤아리게 되었다. 사실, 경찰은 아랍 병원들에게 모든 부상당한 팔레스타인인들의 명단을 공개하라고 요구했는데, 그 공개된 명단을 토대로 그들을 조사할 생각이었다. 이스라엘의 사법제도가 국민들이 아니라 이스라엘 정부쪽으로 기울어진 것이 명백해짐에 따라 법정은 경찰을 도왔다. 아이들조차도 재판이 끝날 때까지 구금시켰다. 대법원은 경찰과 정부의 인종주의적인 접근방식을 따라갔고 이스라엘에서 정의를 추구하는 것은 불가능해졌다. 게다가, 언론은 아랍과 그들의 대표들을 무책임하고 급진적이고 위험한 존재라고 불렀으며 줄곧 이스라엘 내 팔레스타인인들의 행동에 대해 선정적인 보도를 내보내면서 아랍과 그들의 대표들을 자극하는 데 핵심적인 역할을 수행했다. 한 이스라엘의 논평가는 '내란을 일으킬 수도 있는 시한폭탄이 째깍거리고 있다'고 경고했다.[12)]

아랍을 비난한 나훔 바르네아(Nahum Barnea), 단 마르갈리트(Dan Margalit), 에후드 야아리(Ehud Ya'ari) 및 암논 아브라모비츠(Amnon Abramovitch)를 포함하여 노동당은 그의 이러한 정서를 그대로 반영하는 모습을 보여주었다. 언론은 이스라엘 점령지의 팔레스타인인들에 대해서보다 이스라엘계 소수 아랍인들에 대해 더욱더 공격적인 모습을 보였다. 이스라엘 텔레비전 채널 1의 텔레비전 비평가인 야아리(Ya'ari)는 특히 주전론자로서 이스라엘의 여론에 막강한 영향력을 행사하는 언론인이다.

이스라엘 좌파와 '평화운동'이 시위에 대한 시민권을 행사하는 비무장 아랍 시민들을 살해하는 것에 대해 의견을 말하지 못하자 이스라엘 내부의 아랍인들과 유대인들 사이의 민족적인 양극화가 가속화되었다. 이스라엘 정부가 아랍인들을 공격하고 그들의 시위에 파시스트적인 방식으로 대응하는 것을 보면 좌파의 본질이 여실히 드러난다. 전반적으로 이스라엘이 아랍 시민을 처우하는 것에 대한 이스라엘 국민의 반응을 보면 서글픈 사실만이 강조된다. 즉, 노동당이 권력을 잡고 있는 동안에 소수 팔레스타인인들의 인권과 시민권을 침해하는 것에 맞설 수 있는 평화운동은 없을 것이고, 진정으로 요구되는 관용은 대다수 유대인의 인종주의적 공산주의에 묻혀버릴 것이다.

결과적으로, 지방자치단체, NGO 및 여러 정당으로 이루어진 고등 모니터링 위원회는 이스라엘의 관행으로부터 국제적인 보호를 요구하는 성명서를 발표했다. 고등 모니터링 위원회는 코피 아난 유엔 사무총장에게 유엔의 개입을 요구하는 서한을 보냈다. 그러나 점령 치하에 있는 팔레스타인인들과 달리 이스라엘의 팔레스타인 시민들은 똑같은 국제적인 관심을 불러일으킬 수 없었다. 반세기에 걸쳐 계속된 차별과 토지몰수는 국제적인 분노를 전혀 불러일으키지 못했다. 이스라엘계 아랍인들은 모든 문제들을 직접 떠맡아야 했다.

팔레스타인 소수민족들의 저항과 이스라엘의 과도한 대응에 대해 이스라엘의 비평가는 다음과 같이 간추려 말하고 있다.

> 최근에 이스라엘계 아랍인들의 폭력성에 대해 목청껏 비난하는 것은 아주 쉬운 일이다. 돌을 던지거나 가로등을 때려부수는 것은 정말로 비난받아 마땅한 행동이다. 주요도로망을 차단하는 것은 부적절한 행동이다. 이

스라엘 좌파와 우파의 유대인들은 충격을 받았지만 이는 단순한 충격이었다. 그러나 이 나라 인구의 5분의 1에 해당하는 시민들이 25년간 차별당하고 굴욕을 당했는데 누가 이들에게 또 다른 효과적인 방법을 가르쳐 줄 수 있겠는가? …… 그들이 처음에도 비폭력적인 수단을 시도하지 않았다고는 절대 말할 수 없다. 자신들의 조국이 전쟁을 하는 것도 아니고 애국가, 언어, 국경일도 자기 나라 것이 아니지만, 그들은 25년간 지나칠 정도로 국가에 충성하고 비굴하게 복종하며 모범을 보였다. 이 모든 것에도 불구하고 국가는 자신들의 방식대로 그들을 대했을 뿐이다. 이제 그들의 어린 세대들이 폭력에 의지하기 시작했고 국가는 그들을 응징하고 있다. 그들은 폭력 없이는 아무 것도 얻을 수 없다는 것을 알고 있다. 이제 그들은 점령지의 형제들이 오래 전에 그랬던 것처럼 이스라엘이라는 강력한 국가가 무력을 통해서는 아무 것도 성취할 수 없다는 것을 또한 증명하고 있다.[13)]

외무무장관 대리로도 재직했던 내무안보장관 슬로모 벤 아미는 직접 아랍의 불만을 처리하는 가혹한 조치들을 취했다. 일년 반이 넘는 기간 동안 단 한 번 이루어진 팔레스타인 소수민족과의 대화도 그는 이스라엘 장갑차의 위협적인 확성기를 통해서 진행했다. 팔레스타인인들은 이스라엘인들에게 끊임없이 토지를 몰수당했고 생활 전반에 걸쳐 노골적으로 차별대우를 받았다. 그들에게는 정부와 정치적 대화를 나눌 협력자도 없었다. 그러한 대화가 이루어지기는 커녕 이스라엘 경찰은 이스라엘 내 대다수 아랍인들을 대표하는 이스라엘 의회의 아랍계 의원 세 명, 즉 무함마드 바라카(Muhammad Baraka), 압둘 말리크 다함쉐(Abdul Malik Dahamsheh) 및 아즈미 비샤라(Azmi Bishara)를 소환하여 그들이 선동과 불법행위에 연루되었는지를 조사했다.

마침내 엄청난 압력을 받은 뒤, 폭력을 야기한 상황을 조사하기 위한 국가위원회가 결성되었다. 그러나 위원회의 조사범위는 10월의 사건에만 한정되었고 팔레스타인인들의 분노의 원인과 소외의 근원은 이스라엘의 시온주의와 인종차별주의에 묻혀 버리고 말았다. 초기 조사과정에서 위원회위원들은 이스라엘 보안대의 저격수들로부터 자신들의 상관들이 비무장한 민간인들에 대해 발포명령을 내렸다는 증언을 들었다. 더욱이 일간지 ≪하아레츠≫에 따르면, 아랍인들이 주로 비난하는 내용을 뒷받침해 주는 증거가 있다. 즉, "이스라엘 군은 어떠한 경고도 없이 신체적으로 해를 가하려는 시도 속에서 고무탄환과 실탄을 사용했다"는 것이다. 더 나아가 이스라엘 북부지역을 관할하는 경찰사령관인 알리크 론 소장이 직접 실탄사용을 지시했다는 사실도 밝혀졌다.

수십 년간의 인종차별

팔레스타인계 소수시민을 종속시키고 억압하기 위한 이스라엘의 전략은 지난 50년 동안 폭력, 강압, 위협 및 노골적인 테러 등의 다양한 형태로 나타났으며 점령지에서의 이스라엘 정책에 버금가는 수준이었다. 이런 식으로 팔레스타인인들은 아랍계 이스라엘인이 된 것이다. 즉, 당근은 거의 없고 많은 채찍만 있었다. 수 년간 아랍계 지방자치단체들은 유대인 지방자치단체들이 받는 정부보조금의 절반에도 못 미치는 보조금을 받았으며, 교육, 의료, 문화, 개발 및 다른 영역에서 예산배정상 차별을 받아왔고 결과적으로 세파르디(Sephardi)[15]나 러시아 이민자들과 비교했을 때, 2류, 3류, 심지어는 4류 시민으로 전락해버렸다. 그 결과 이스라엘에 사는 아랍계 어린이 두 명 중 한 명은 최저생활수준에도 못미치는 삶을 살고 있으며 2000년 12월 말에 정부가 발표한 통계에 따르면, 아랍계 이스라엘인이 전체 인구의 5분의 1을 차지함에도 불구하고 빈곤 속에 살아가는 모든 어린이들 가운데 절반이 아랍계 이스라엘 어린이들이다.14)

바라크 정권의 무역산업장관이었던 란 코헨(Ran Cohen)은 부서 예산 중 단지 0.5%만이 인구의 약 20%를 차지하는 아랍계 이스라엘인에게 배정되었다는 사실을 인정했고 무역산업부의 총 540명의 공무원 가운데 4명만이 아랍계였다. 거의 모든 정부부처와 국영기업의 아랍계에 대한 예산책정과 아랍계의 고용상황은 이와 마찬가지인데, 이는 인구비율의 극소수일 뿐이다. 심지어 이스라엘이 어떤 서비스를 제공하는 경우에도 그러한대 한 이스라엘 관리의 말 속에 잘 드러난다. "우리는 한손으로 준 것을 다른 손으로 빼앗는다."15) 설상가상으로 차별이 예산과 고용에만 국한되지 않는다는 것이다.

이스라엘은 서안과 가자 지구에서 식민화정책과 억압정책을 시행하기 수년 전부터, 1967년 전쟁 이후 동예루살렘에서의 토지몰수와 인종청소를 비롯해 이미 1948년에 차지하게 된 영토 내의 팔레스타인 소수민족에게 그러한 억압과 인구통제방식을 사용해왔

---

15 스페인, 포르투갈계 유대인(역자 주).

다. 이스라엘은 지난 50년 동안 지속적으로 이스라엘 내부의 팔레스타인인들이 생계를 의존하고 있는 그들 소유의 토지 3분의 2 이상을 몰수해왔다. 팔레스타인인들의 토지소유비율은 9%에서 2000년에는 3%로 떨어졌다. 그들은 주로 유대계 이스라엘인들이 경영하는 산업체나 영농기업체에서 노동자가 될 수 밖에 없었다. 마찬가지로, 이스라엘이 서안지구와 예루살렘의 팔레스타인 마을들을 포위하기 시작했을 때, 이러한 조치는 이스라엘 관할하에 있는 갈릴리(Galilee), 트라이앵글(Triangle) 및 네게브(Negev)의 마을들을 포위함으로써 거의 절반 정도 진행되었다. 사실, 서안과 가자 지구에 이스라엘 정착촌을 건설하는 배후에 놓인 논리는 '코에닝 문서(Koening Document: 70년대 갈릴리 지방 군사통치자의 이름을 따서 명명한 것이다)'에 나와 있는 논리와 동일한 것으로 대부분의 아랍계 이스라엘인들이 거주하는 갈릴리 지방을 유대인화시키기 위한 토대가 되었다. 포위와 봉쇄라는 시온주의자와 인종주의자 및 팽창주의자의 논리가 두 경우에 적용되는데, 특히 인종청소정책이 실패한 이후 점령 치하의 영토와 이스라엘이라는 국가에 통합된 영토 사이에는 어떠한 차이도 찾아볼 수 없었다.

시간이 지남에 따라, 이스라엘의 '평화주의자'들은 그들이 과거에 아랍인들을 대했던 방식을 재고하기 시작했다. 1990년대 초 고(故) 이츠하크 라빈은 이스라엘이 아랍 소수민들을 대했던 방식에 대해 '부끄러움'을 표현했고 바라크의 참모인 요시 수시크(Yossi Cucik)는 최근에 이스라엘의 아랍 시민들에게 '지난 세월 동안 차별해온 것'에 대해서 사과했다. 그는 이스라엘의 아랍계와 베두인들의 생활조건과 그들 마을의 사회간접시설이 '형편없는' 상태라고 묘사했다. 그러나 이러한 말들 가운데 그 어떤 것도 중요하지 않은 것처럼 보이는데, 그 이유는 이스라엘의 차별이 단순히 예산상의 문제나 시민권의 차원을 넘어서, 이스라엘이라는 국가의 식민적 본성, 특히 서안과 가자 지구의 점령문제와 깊이 연관되어 있기 때문이다. 이러한 맥락에서, 팔레스타인계 이스라엘인들은 2류 시민일 뿐만 아니라, 잠재적인 제5열, 심지어는 내부의 적으로 간주되고 있다.[16)]

제5열

이스라엘이라는 국가는 인구의 5분의 1을 잠재적인 제5열로 간주해왔다. 오늘날 팔레스타인인들이 이스라엘의 유대인 시민들과 공존하여 평화롭게 살 준비가 되어 있다는 것과 그들의 온건함을 충분히 증명해왔음에도 불구하고, 이스라엘은 팔레스타인 시민들을 내부의 적으로 보고 있는 것이 분명하다. 사실, 아랍계 이스라엘인들의 93%가 1999년의 선거에서 에후드 바라크를 지지했고, 1996년 선거에서는 94%가 시몬 페레스에게 표를 던졌으며, 두 민족지도부가 수용할 만한 어떠한 평화도 기꺼이 받아들일 준비가 되어 있었다. 더욱이 이스라엘 의회인 크네세트 내의 아랍계 의회 의원들은 제1차, 2차 오슬로 협정을 포함하여 많은 중대한 평화협정들을 통과시키는 데 없어서는 안되는 사람들이다. 그럼에도 불구하고 이스라엘 내의 아랍인들이 점령지에서 공격당하고 있는 그들의 동포들에게 연대를 보이자마자, 그들은 이스라엘의 중심부에 있는 와디 아라(Wadi Ara)지역을 '중동의 수데텐랜드(Middle Eastern Sudetenland)'로 바꿀 '체코슬로바키아의 체제전복적인 소수민족'과 동일시되었다.

사실 이스라엘은 아즈미 비샤라(Azmi Bishara) - 1999년 수상 후보였다 - 와 아실 아슬리(Asil Assli)를 따르는 팔레스타인인들에 의해 방해를 받는데, 이 두 사람은 이스라엘의 비민주적인 본질을 거부하고 팔레스타인인들의 기본권을 타협으로 매듭지으려 하지 않고 이스라엘 국적과 시민권을 진지하게 받아들였다. 이스라엘 관리들과 노동당지도자들은 오랫동안 아랍계가 '나뭇군으로 남아주기를,' 그래서 그들을 쉽게 통치할 수 있기를 바랬다. 사실상 이스라엘은 아랍계가 모두 떠나주기를, 그들의 공간, 기억 그리고 역사에서 사라져주기를 원했다. 지난 50년간 모든 팔레스타인인들을 이주시키려는 그들의 생각은 시온주의자 문학에서 강하게 나타나고 있다. 최근까지 이스라엘 국민의 3분의 1이 그들의 국가가 팔레스타인인들이 떠나도록 충동하기를 원했고 최종지위협상이라는 맥락에서 일부 이스라엘인들은 인구교환을 제안했다. 즉, 트라이앵글 지역 내에 인구밀도가 높은 팔레스타인 지역을 새로운 팔레스타인 독립체에게 양도하는 대가로 서안지구의 대규모 불법정착촌을 합병하는 것이었다.[17] 폭동이 일어난 직후 하이파 대학교(Haifa University)의 교수 암논 소페르(Amnon Sofer)는 이스라엘 관리들에게 인구문제를 해결하기 위해서 25만 명의 '아랍계 이스라엘인'을 한번에 내쫓을 수 있는 정착촌과 교환하는 조건으로 트라이앵글 지역 전체를 서안지구로 이전해야 한다고 제안했다.

거의 이스라엘 유대인의 3분의 1에 해당하는 사람들이 팔레스타인 시민들의 투표권말소를 지지했다. 팔레스타인인들은 협소한 시정의제를 다루는 것에 국한되거나 시온주의자 정당에 지지투표를 하는 저장고로서의 역할을 하는 것만이 용인되었다. 대다수 이스라엘인들은 팔레스타인인들이 자신들의 조국도 아닌 언덕 너머에 있는 팔레스타인 동포를 지배하고 있으며 매일 그들과 전투를 벌이고 있는 국가의 충성스러운 시민으로서 행동해주기를 기대하고 있다. 그러나 그들이 국가의 정책에 대해 정치적 견해를 표명할 때, 특히 점령과 관련하여 제2차 인티파다 기간에 보여주었던 것처럼, 70% 이상의 이스라엘 사람들이 그들을 배신자로 여겼으며, 74%의 이스라엘 사람들이 팔레스타인인들이 없다면 이스라엘은 훨씬 더 잘 살 수 있을 것이라고 생각했다.[18)]

그럼에도 불구하고 현재 분명한 것은 이스라엘이 팔레스타인을 한쪽으로 밀어붙이고 그들의 의지를 약화시키겠다는 목표를 항상 염두에 두고 있다는 점이다. 소수 팔레스타인인들은 이스라엘이 독립한 지 50년 동안 성숙해졌다. 그들을 소외시키고 비정치화하려는 정책은 오히려 정반대의 효과를 가져왔다. 즉, 팔레스타인인들은 오히려 정치적 주장을 분명히 하고 문화적 분리성향을 띠게 되었다. 이스라엘에는 별로 달갑지 않겠지만, 머리를 낮추고 유대인의 국가에서 자신의 운명을 받아들이라고 요구받은 팔레스타인인들은 오히려 이스라엘처럼 뻔뻔하고 자신만만한 태도를 보여주고 있다. 그들은 국민적·문화적 정체성의 보존과 평등성이 보장되는 자유민주주의 체제에서 살게 해줄 것을 요구했다. 훌륭하게도, 아랍계 소수시민들은 새롭고 강력한 지도력을 발휘하기 시작했고 이스라엘의 합법적인 미사여구와 공포의 차원을 넘어 민주주의와 정의에 대해 말할 수 있게 되었다. 그들은 이스라엘이라는 국가의 설립 그 자체에 대해 계속해서 문제를 제기하고 이스라엘인, 모든 이스라엘 국민이 공존하여 동등한 시민으로서 어깨를 맞대고 살아갈 수 있는 대안적인 다문화방식을 제안함으로써 전통적으로 지혜로운 해결책이자 가망성이 있다고 여기던 것들에 도전했다.

2001년 2월 6일에 실시된 최근의 선거에서 아랍계 소수시민은 노동당의 요구를 거부하고 팔레스타인 자치정부관리들의 충고를 무시했다. 대신에 그들은 그 선거를 보이코트하라는 민족민주의회(National Democratic Assembly)의 요구를 따랐다. 두 명의 강경파 장성 중 하나를 선택해야 하는 입장에 놓인 이스라엘 내 팔레스타인인들의 85% 이상이 투표를 하지 않는 쪽을 선택했다. 이것은 처음으로 아랍계 이스라엘 시민들이 노동당을 지지하지 않은 것이었다.

과연 미래는?

분명히 이스라엘은 점령세력으로 군림하고 모든 시민들을 위한 국가가 아닌 유대인들을 위한 국가를 고수하는 한 민주주의국가가 될 수 없다. 이스라엘은 팔레스타인인들이 의존과 강압 속에서 그림자 같은 존재로 사는 것만을 허용했다. 그들의 입장에서 제2차 인티파다 이후 이스라엘의 아랍 시민은 '유대인 국가'에서 통합되고 동화되는 문제를 보다 현실적으로 고려하게 되었는데, 그 이유는 유대인 국가가 지금까지 그들에게 준 것은 사회적 냉대와 종속,

문화적 흠집내기뿐이었기 때문이다. 그들 모두는 이스라엘에 통합되지 않고 평등하게 대우받으며, 궁극적으로는 이스라엘의 유대인과 아랍인이라는 새로운 이스라엘 국적을 가진 모든 시민들의 국가가 될 수 있는 제반 여건이 조성되기를 열망하고 있다.

이스라엘은 팔레스타인 문제를 분리하고 구획화하는데 실패했는데 이 문제는 전 국민의 논쟁거리이자 이스라엘이 당면하고 있는 생존이 걸린 도전으로 10월에 재등장했다. 그것은 국경선과 경계선의 한계를 뛰어넘는 것이다. 이스라엘 내부의 팔레스타인 소수집단은 이스라엘과 팔레스타인 간의 평등관계를 구축하는데 있어 핵심적인 요소가 되었다. 사실상, 이스라엘 점령지에 있는 팔레스타인인들의 운명과 이스라엘 내부의 팔레스타인인들의 운명이 오늘날만큼 상호의존적인 적은 없었다.

2015년경에는 인구통계학적 요인이 팔레스타인인들에게 유리하게 변화할 것으로 예상되고, 따라서 평등권과 자유민주주의적 규범에 대한 그들의 요구는 더욱 강해질 것이다. 2000년에 역사적인 팔레스타인 지방의 820만 명 인구 가운데 40%가 팔레스타인인인데, 2010~2015년경에는 그 비율이 50 대 50이 될 것으로 보인다. 동시에, 아랍계 이스라엘 시민의 비율은 이스라엘 전체 인구의 25%를 차지하게 될 것이고 소수민족의 장벽을 뛰어넘어 두 개의 민족주의시대를 열 수도 있을 것이다. ≪통계연감(*Statistical Yearbook*)≫에 따르면 1999년 한 해에만 89,286명의 유대인 유아들이 태어났고, 34,514명의 무슬림 유아들이 태어났다. 즉, 무슬림 유아의 출생율이 유대인 유아 출생율의 절반에 육박하고 있다. 게다가, 이스라엘에서 매년 17,200쌍의 무슬림들이 결혼하는 것에 비해서 29,300쌍의 유대인들이 결혼을 하는 것으로 나타나 무슬림 신혼부부의 비율이 유대인 신혼부부의 절반을 넘고 있다. 한편, 2001년에 10,195쌍이 이혼한 것으로 나타났고, 이 중에서 대다수에 해당하는 9,110쌍이 유대인 부부였다. 유대인 국가를 주창하는 사람들에게 이러한 현상은 상당히 걱정스러운 일이다. 민주적이고 개화된 이스라엘을 꿈꾸는 사람들에게는 지금이야말로 관용과 평등의 정신으로 팔레스타인인들과의 가교를 회복할 때인 것이다.[19]

잠정 단계

3

오슬로 외교협정의 난국

만일 우리가 아랍인들과 공존할 수 없고 정직한 협의에 도달하지 못한다면, 우리는 지난 2000년 고난의 세월 동안 아무 것도 얻은 것이 없고 우리에게 일어날 모든 일을 감수해야만 할 것이다.

— 알버트 아인슈타인(Albert Einstein),
차임 와이즈만에게 보낸 편지(Letter to Chaim Weizman), 1929년 11월 25일 —

모든 평화협정의 출발점은 이스라엘의 국가적 힘과 강대함에 있다.

— 에후드 바라크, 1999년 8월 13일 —

제2차 데이비드 캠프 회담에서 오슬로 협정의 막이 내려졌을 때, 이스라엘과 팔레스타인 간의 분쟁에는 새로운 장이 열리게 되었다. 앞의 1장과 2장에서 설명한 바와 같이, 지난 2000년 9월 말 이래로 이스라엘은 팔레스타인인들에게 과도하고 가혹하게 무력을 사용함으로써 평화협정에 심각한 손상을 입혔고 역설적이게도 이스라엘의 주요 성과물 중의 하나로 오랫동안 여겨져왔던 안보조약에도 타격을 입혔다.

에후드 바라크는 이스라엘 군대를 레바논에서 철수시킨 뒤, 팔레스타인인들에게 두 가지 대안을 제시했지만, 그것은 현실적인 선택안이 아니었다. 팔레스타인인들은 '적색선(red lines)'[16]을 수용하든가 —적색선은 대부분의 정착촌이 점령하고 있는 지역을 합병하도록 하는 것, 370만에 달하는 팔레스타인 난민들의 귀환권을 포기하는 것과 아울러 예루살렘에서 그들의 민족적·종교적 상징을 포기하는 것을 의미한다— 아니면 이스라엘 점령 치하에 남아 있는 것이었다. 그러한 굴욕적이고 터무니없는 제안을 통해서 이스라엘과 팔레스타인의 갈등을 종식시킬 수 있다고 바라크는 오만한 가설을 세웠지만 양측간의 갈등은 더욱 심화되었다.

당연히, 팔레스타인인들은 제3의 대안인 '단호함'을 선택했다. 팔레스타인인들은 에후드 바라크에게는 분명한 메시지를 전달하고 야세르 아라파트에게는 이스라엘이 자신들의 자유를 침해하는 것과 민족적·종교적 상징들을 위협하는 것, 즉 그들의 미래가 단속(斷續的)인 협정에 볼모로 잡히는 것을 더 이상 용납하지 않겠다는 것을 상기시켜주기 위해서 대중적 봉기를 잇달아 일으켰던 것이다. 만일 아라파트가 불공정한 최종협약에 서명하도록 압력을 받거나 워싱턴 혹은 어떤 다른 정치적인 힘에 의해서 궁지에 몰릴 경우, 그것은 환상에 불과하다는 것을 팔레스타인 민중들은 인티파다를 통해 분명히 보여주었다.

---

16 한계선(역자 주).

리쿠드 당 수뇌인 아리엘 샤론이 알 아크사 사원을 도발적으로 방문한 것과 그 이후 예루살렘의 하람 알 샤리프(Haram al-Sharif) 지역에서 6명의 팔레스타인을 살해한 사건에 반발하여 인티파다가 일어난 직후, 바라크는 샤론의 장점과 평화에 공헌했다는 점을 들어 그를 칭찬했다. '민족통일정부' 안에서 샤론의 리쿠드 당과 연대하려는 바라크의 노력에는 그의 전쟁도발 의도가 여실히 드러난다. 바라크는 이스라엘인들과 서구의 대중들에게 샤론과 리쿠드 당이 평화에 도움이 된다는 것을 확신시키기 위해 계속해서 노력했다. 그가 샤론과 리쿠드 당을 추천한 것은 이후 샤론의 선거운동에서 편리하게 활용되었다. 그가 리쿠드 당과 '리쿠드 당의 역사적인 업적들'에 대해 칭찬을 아끼지 않고 샤론이 평화에 공헌했음을 언급함으로써, 팔레스타인인들과 아랍계 시민들은 그 분쟁의 평화로운 결말에 대해 회의감을 느끼게 되었다. 가시적으로 전쟁이 발발하지 않은 상황이라해도, 그와 같은 통합정부는 전시내각에 지나지 않았다. 주류 이스라엘 비평가 중의 한 사람은 '바라크가 이미 리쿠드 당에 표를 던졌다'라는 소문이 이스라엘의 좌파에 돌고 있다고 표현하고 있다. 사실상, 바라크가 사임하고 새로운 선거를 요구했을 때조차도 그는 샤론의 리쿠드 당과의 연대를 통한 '민족통합'정부에 대한 생각을 계속 염두에 두고 있었다.[20)]

1987년 12월 제1차 인티파다가 직접적인 점령과 억압의 결과로 발생한 것이라면, 제2차 인티파다는 평화구축과 우호관계 정착이라는 명목으로 7년간 지속된 오슬로 협정의 계속되는 거짓과 기만 그리고 실망으로 인한 자연스러운 결과였다. 예루살렘과 팔레스타인 및 이스라엘 영토에서 발생한 폭력사태로 인해서 인티파다의 근원을 이해하기 위해서는 특히, 팔레스타인인들이 느끼는 불만족의 이면에 존재하는 근본원인을 이해하기 위해서는 이 비참하고 부당한 오슬로 협정을 비관적 시각으로 바라보아야 한다는 것을 다시 한번 인식하는 계기가 되었다.

평화협정: 불완전 외교

오슬로 평화협정은 이스라엘과 팔레스타인의 선린관계를 위해 걸프전 종식 직후 시작된 7년간에 걸친 외교적 정치적 노력을 가리킨다. 이와 관련하여 무엇보다도 7건의 다양한 협약이 체결되었고, 이스라엘과 팔레스타인 간의 분쟁해결을 중심의제로 다루면서 양측의 요구를 수용하려는 여러 국제적·경제적 정상회담이 개최되었다.

우선 이 평화협정의 근간이 되는 오슬로 원칙 선언 (Declaration of Principles－DOP)을 들 수 있다. 이것은 오슬로에서 협상을 거친 후 1993년 9월 13일 워싱턴 D.C에서 이스라엘과 팔레스타인 해방기구(PLO) 양측에 의해 조인되었다. DOP는 이스라엘이 PLO를 인정하는 것과 가자 지구와 제리코에서 이스라엘이 철수하는 문제를 비롯해 5년간의 과도기 동안에 다른 지역에서도 추가로 철수하는 내용을 담고 있었다. 이에 대한 대가로 PLO는 이스라엘을 인정하기로 했고 '테러리즘'을 진압할 것을 약속했다. 예루살렘, 물, 국경선, 정착촌, 난민문제와 미래의 팔레스타인의 독립체를 인정하는 것 등의 핵심사안들은 '최종지위'협상에서 다루기로 합의하였다.

1994년 카이로 협약(Cairo Agreement)에서는 이스라엘의 철수 범위를 제리코와 가자 지구의 60%로 제한했고 점령지 내부에서의 이동과 외부로의 이동에 대한 보안상의 책임을 이스라엘에게 전적으로 부여했으며, 철수를 끝낸 영토에 PNA '자치령'설립을 허용했다. 이 협정에서는 또한 1999년 5월까지 최종지위의 협상을 끝내도록 규정했다.

1995년 9월에 조인된 타바 협정(Taba Agreement, 제2차 오슬로 협정, Oslo II)은 서안지구를 A, B, C 세 지역으로 분할했다.

한편, 1997년 1월의 헤브론 의정서(Hebron Protocol)에는 헤브론에 이스라엘이 재주둔하는 것에 대한 세부사항이 '명시'되어 있다. 이 시기에 이스라엘이 팔레스타인인들에게 오랫동안 바래왔던 '기능적 자율성', 즉 팔레스타인인들이 직접 사회문제와 시정(市政)을 처리하는 방식이 자리를 잡았다. 전반적으로 전체 점령지 인구의 얼마 안되는 비율을 차지하는 지역인 혼잡한 도시나 난민촌에 거주하는 대부분의 팔레스타인인들은 지방자치를 하게 되었지만 점령지의 대다수는 이스라엘의 수중에 놓이게 되었다.

오랫동안 미루어온 와이 리버 각서(Wye River Memorandum)는 1998년 10월에, 이스라엘의 신임 총리 벤야민 네탄야후에 의해 서명되었는데, 이 각서는 최종지위의 협상에 앞서 이스라엘과 팔레스타인 사이에 진행되었던 일련의 과도기적인 협상들을 마무리짓기 위한 것이었다. 와이 리버 각서의 핵심적인 내용에는 서안지구의 추가된 13.1% 지역에 이스라엘 군대를 재배치한다는 것과 이스라엘의 안전을 위해서 팔레스타인이 부가적으로 져야 할 책임조항이 포함되었다.

1999년 에후드 바라크가 서명한 샤름 엘 쉐이크 협약(Sharm el-Sheikh agreement)은 와이 리버 협약에서 다루었던 조항들에 대해 재협상을 했으며, 안보문제와 관련해서는 그 내용이 더욱 강경해졌다. 이 협약은 재배치과정을 여러 단계로 세분화시켰을 뿐, 대부분의 다른 문제들은 전혀 다루지 않았다. 변화된 것은 없었고 수감자 석방도 전혀 이루어지지 않았으며 정착촌과 군사기지만을 제외한 나머지 영토를 팔레스타인에게 양도할 제3차 재배치의 최종기한도 정해지지 않았다. 대신에, 바라크는 협정들을 실행하는 것을 전면 중단했으며, 더 이상의 재배치에 대한 문제는 최종적 지위의 협상과 연결되어야 한다고 고집했다. 불운하게도, 습관적으로 클린턴 미행정부는 이를 지지했으며, 팔레스타인인들에게도 그렇게 하도록 강요했다.

아무 준비없이 이루어진 제2차 캠프 데이비드(Camp David II) 정상회담은 한 세기 동안 지속된 분쟁을 대통령의 꿈결같은 별장에서 단 며칠 만에 해결하려는 의도였다. 도처에서 실패를 알리는 신호들이 불거져 나왔지만, 클린턴과 바라크는 무의미한 전략이 빚어낼 실패의 결과에는 주의를 기울이지 않았다. 이스라엘이 제안한 '모 아니면 도'의 의미는 만일 바라크의 제안을 팔레스타인인들이 모두 거절한다면, 팔레스타인인들은 오슬로 협정에 명시된 상황의 진전은 기대할 수도 없고 더 이상의 재배치도 없이 여전히 비참한 상황에 놓인다는 것이었다. 그러한 최후통첩은 돌파구를 찾거나 폭발적 상황이 일어날 것을 예고하고 있었다.

짜집기한 오슬로 협정

오슬로 협정의 취약점과 그로 인해 야기되는 장애물들을 이해하기 위해 그 협정의 시작부터 살펴보기로 하겠다. 우선 DOP 협정서를 두 번 정도 간단하게 읽을 필요가 있다. 즉, 한 번은 협정내용을 원문 그대로 읽어내는 것이고, 그 다음에는 그 협정을 지역적·역사적 맥락에서 정치적으로 검토하면서 읽어보는 것이다. DOP 협정서는 표면에 드러나는 것보다 그 이면에 더 많은 것을 감추고 있다. 즉, DOP 협정은 모호하고 다양한 해석의 여지를 남기고 있다. 그러나 그 협약은 모든 논쟁사항을 합동연락위원회(Joint Liaison Committee)를 통해 해결할 것을 분명하게 명시해놓고 있는데, 이 합동위원회에서 이스라엘은 거부권을 행사할 수 있기 때문에 결국은 이스라엘에게 그들의 점령을 현상태로 유지할 수 있는 권한을 보장해 준 것이다. 이상하게도, 이스라엘이 27년간 팔레스타인 영토에 불법적으로 주둔하고 있는 것을 가장 합법적이고 정확하게 나타내는 '점령(occupation)'이라는 단어가 그 협정서에 전혀 등장하고 있지 않다. UNSC 결의안 242호를 오슬로 협정의 토대로 삼고 있다고 언급했음에도 불구하고 어느 부분에서도 점령을 인정하는 문구는 찾아볼 수 없다. 또한 불법정착촌에 대한 논의도 빠져 있는데, 예루살렘 점령이나 팔레스타인 난민들의 귀환권과 같은 다른 민감하고 핵심적인 문제들과 마찬가지로, 이스라엘은 이 문제에 대한 논의를 7년간 미루어오다가 결국에는 묵살하고 말았다.

DOP 협정서를 정치적으로 읽어보면 훨씬 더 심각한 문제들이 드러나는데 특히 주목할 만한 것은 이스라엘이 그 지역을 계속해서 총체적으로 지배한다는 점과 자신의 이해와 필요에 따라 오슬로 협정 과정 전체를 이스라엘이 조종하는 능력을 가지고 있음을 보여주고 있다는 점이다. 특히, 오슬로 협정은 단계별 협상과 각 국면에 대한 이행을 다루고 있기 때문에 더욱더 그러한 양상이 나타난다. 이 때문에, 이스라엘은 제한적인 협정의 속도와 분위기, 본질, 그리고 결론까지도 좌지우지할 수 있었다. 더욱이, 유엔과 같은 국제적으로 법적 권위나 제도적인 권위를 가진 단체의 개입이 전혀 없었기 때문에, 이스라엘이 오슬로 협정을 위반해도 아무런 제재를 가할 수 없고 강제적으로 국제적인 조정을 시행할 방도도 전혀 없었다.

오슬로 협정의 유일한 보증자인 미국은 이스라엘이 협정을 위반할 때마다 그것을 제지할 수 있었지만, 미국은 그것을 묵과하는 쪽을 선택했다. 미국은 말로는 이스라엘과 팔레스타인 양측간의 공명정대한 중계자라고 주장하지만, 실질적으로는 여전히 이스라엘과의 동맹관계를 유지하는 데 중점을 두고 있었던 것이다. 이스라엘은 첫날부터 더 많은 정착촌을 세우고 더 많은 정착민을 거주시켰으며, 정착촌들을 연결하는 더 많은 연결도로를 건설하여 '영토 보전과 영토의 지속성'을 손상시킴으로써 오슬로 협정을 위반했고 이로 인해 오슬로 협정 전체가 훼손되었다. 동일한 일이 동예루살렘에서 일어났지만, '정직하지 않은' 중계자인 미국은 자신의 동맹국 이스라엘을 위해서 이 모든 것을 전혀 문제삼지 않고 묵인해 주었던 것이다('4장 평화협정'에서 미국의 실제 역할 참조).

오슬로 DOP가 조인된 직후, 그 협정을 비정치화하는 작업이 시작되었다. 이스라엘은 그 협정이 텅 빈 껍데기에 지나지 않고 각각의 항목은 또 다른 합의를 거쳐야 하고 얼마든지 다르게 해석할 수 있고 심지어 상반된 해석까지도 가능하다는 사실을 충분히 활용할 수 있었다. 바라크 참모총장과 우지 다이얀(Uzi Dayan) 장군이 이끄는 이스라엘 군은 최대한 통제를 보장하기 위하여 다가올 잠정협정들을 군사화하는 과정을 시작했다. 이것은 잠정적인 타바 협정의 원칙을 강조하는 것이었는데, 이 타바 협정의 원칙에는 여러 가지 위험스러운 내용들이 있으며, 특히 서안과 가자 지구를 두 개의 지역으로 나누지 않고, 세 개의 지역－A, B, C－으로 나누는 내용이 포함되어 있었다. 따라서 오슬로 협정은 미미한 사건만으로도 그 실행이 중단될 수 있는 상태였고, 한편으로 팔레스타인인들에게 영토를 이양하는 일을 지연시키고 복잡하게 만들었다. 오슬로 협정은 또한 모든 경제적·정치적 문제에 대해 이스라엘에게 거부권을 부여해주었다. 이제 의회의 의원수를 정하는 것에서부터 판매세를 결정하는 데에 이르기까지, 팔레스타인인들이 주요한 조치를 취하는 과정에서 반드시 이스라엘의 승인을 받아야 했다. 악명 높은 미국의 CIA를 이스라엘과 팔레스타인 양측의 중재자로 임명한 사실은 장기적인 안정 대신에 단기적인 정치적 해결과정에서 안보적 측면의 중요성을 강조한 것이었다. 그 과정에서 62개의 새로운 군사기지가 그 영토 내에 미국의 자본으로 건설되었는데 이로써 이스라엘의 지리적인 지속성이 보장되고 팔레스타인인들의 이주의 자유가 불가능하게 되었다.[21)]

평화협정이 개시된 지 3년간 이스라엘은 그 나라의 3%도 안되는 지역에서 이동을 했다. 대신 극빈한 난민촌 주변의 인구가 과밀한 7개 섬은 내륙지역을 빼앗겼고, 이스라엘이 통치하는 지역으로 둘러싸이게 되었다. 그 영토의 팔레스타인인들이 선출한 PNA는 고립된 팔레스타인 거주지역내에서만 '통치해야' 했다. 이스라엘은 서안지구의 나머지 97%와 가자 지구의 40%에 대한 점령을 지속함으로써, 이스라엘의 정착촌정책과 예루살렘의 유대화를 용이하게 추진할 수 있었고, 이러한 상황은 라빈-페레스 총리가 재임한 기간에도 계속되었다.

이 때문에, 협상의 모든 참여자들은 모든 규약에서 이스라엘이 포기해야 하는 조항들을 모호하고 불명확하게 규정하는 것에 동의했으며, 특히, 와이 리버와 샤름 엘 쉐이크 규약은 더욱더 그러한 모습을 보여주었다. 그러나 팔레스타인의 의무에 관해서는 최종핵심사항까지 세세하게 규정했다. 와이 리버 각서의 거의 3분의 2는 안보문제에 관한 세부사항인 반면, 이스라엘의 재배치문제와 최종지위문제 등과 같은 핵심사안들은 나머지 3분의 1에서 일반적인 차원에서만 다루어지고 있으며 그 간극을 좁힐 기회마저 이스라엘에게 주고 있다. 포로석방이나 이스라엘이 이동해야 하는 특정지역이 빠진 문제들은 네탄야후 정부와 미국의 공모로 적당히 넘어가고 있다. 이로 인해서, 이스라엘은 일방적으로 이동지역을 정했고, 정치범 대신 일반 범죄자들을 석방시킬 수 있었다. 최종 샤름 엘 쉐이크 조약에서 바라크 정부는 심지어 네탄야후 정부가 상정한 긴급안보조항의 3분의 2 정도가 일정한 안보요구사항과 세부사항에 미달한다는 평가를 내렸다. 따라서 '온건한' 바라크는 미국의 축복과 찬사 속에 안보조항을 재검토했다.

그 이후, 정상회담이 열리고 협정이 맺어질 때마다 흥분에 휩싸이곤 했지만, 협정은 지켜지지 않았고 이미 효력을 상실한 조약을 실행하기 위해서는 더 많은 조약이 체결되어야만 했기 때문에 상황은 갈수록 악화되었다. 소위 외교노선의 '성공'이라는 것이 사회경제적 상황이나 정치적 현실을 반영하지 못한 것이다. 7년 동안, 외교집약적인 평화협정은 또 다른 애매모호한 내용으로 대치하며 지속되었을 뿐이다. 한편, 이스라엘에 유리한 쪽으로 그 조항들을 실행함으로써, 점령지와 자치영토의 상황에 정치·경제적인 측면에서 부정적인 영향을 주었으며, 사실상 생활의 질과 수준을 악화시켰다. 오슬로 협정의 외교연출이 국제언론에 긍정적으로 보도되었다 하더라도 그것은 사기극이었다. 결국, 오슬로 협정의 가면은 벗겨졌고 평화협정 옹호자들에게는 실망스러운 일이지만, 오슬로 협정의 추악한 얼굴이 만천하에 드러나고 말았다. 미국인들은 마술쇼를 하면서 더 이상 모자에서 비둘기들을 꺼낼 수 없었는데, 다시 말해 마술로 오슬로 협정의 매듭을 풀 수가 없었다. 오슬로 평화협정 배후에 있던 마술은 이스라엘 탱크와 저격병, 그리고 죽은 팔레스타인 아이들의 영상들이 거리와 스크린을 메우는 가운데 서서히 그 힘을 잃어갔다.

건설적 모호성은 계획된 사기극이다

아무 환상 없이 오슬로 협정을 바라본 사람들은 그 협정이 난관에 봉착할 것이라는 것을 충분히 예견할 수 있었다. 오슬로 협정은 팔레스타인인들에게 합법적이고 근본적인 민족적 권리를 보장하지 않았기 때문에, 애초부터 막다른 골목이 예상된 협정이었다. 그럼에도 불구하고, 오슬로 협정은 다음과 같은 세 가지 이유로 인해 지속될 수 있었다.

첫째, 오슬로 협정은 팔레스타인의 최소요구와 이스라엘의 최대 요구가 만나는 가느다란 경계선에 의지하고 있었다. 협정이 시작될 당시를 환기해 보면, 걸프전이 종결되고 동구의 블록이 붕괴된 직후였으며, PLO는 파산하여 붕괴 일보 직전이었던 반면, 이스라엘은 워싱턴에서 팔레스타인 대표단과 끝이 환히 보이는 협상을 벌이고 있었다. PLO는 협정에 참여하고, '합법적인' 협상자임을 인정받고자 이스라엘을 무조건적으로 인정했고 이스라엘의 정착촌 정책을 묵인해 주었으며 PLO 규약과 무장투쟁 및 한시적으로 난민문제조차 포기했다. 그러나 이 모든 것을 포기하는 대가로 PLO가 얻은 것은 가자 지구와 서안지구 일부에 대한 약속이었다. 일단 오슬로 협정이 개시되자, 팔레스타인 지도부는 숨을 죽이고 있었지만, 이스라엘측은 승승장구했다. 그 이후로 두 민족간에는 그 어떤 공통된 부분도 찾을 수 없게 되었다.

둘째, 시간이 흐를수록 오슬로 협정은 더욱 작위적으로 존속되었고 해답도 내놓지 못했으며 지역당사자들의 만족이나 발전보다는 오히려 외부의 강압과 압력에 더욱 의존하는 방향으로 나아갔다. 미국의 외교적 영향력과 국제원조 '덕분에', 오슬로 협정은 무기한 지속되었고 철저하게 실패했다. 팔레스타인인들은 앞서 맺은 협약이 실행되기도 전에 새로운 협약에 대해 협상하도록 강요받았다. 따라서 그들은 잠정협약들을 이행하지도 못한 채 헤브론 (Hebron) 조약과 와이 리버 (Wye River) 각서에 서명해야 했다. 그 후 팔레스타인인들은 네탄야후가 와이 리버 각서를 이행하기도 전에 그 각서에 대해 에후드 바라크와 재협상을 해야만 했다. 워싱턴의 교묘한 외교적 영향력하에서 잠정협정의 똑같은 부분들을 협상, 재협상 그리고 실행하지 않는 기괴한 과정을 반복하였고, 결국 협정은 인구통제체계와 이스라엘의 영토확장과정으로 전락하고 말았다. 한편, 미국의 역할에 절대적으로 의존하게 된 팔레스타인은 클린턴 행정부의 거짓약속과 허위보장에 만족해야 했다.

셋째, 오슬로 협정은 최종단계에서 잠정국면의 실패를 보상할 것이라는 기대 속에 유지되었다. 잠정국면에서 '건설적인 모호성'으로 표현된 외교전문용어는 '기만적인 모호성'이었음이 입증되었다. 팔레스타인인들이 모든 제안을 수용하고 그것을 토대로 최종지위협상에 이르면 그들의 모든 권리를 요구할 수 있다고 믿도록 교묘하게 속였던 것이다. '공평한 조건의 타협'이라고 잘못 기술된 오슬로 협정은 팔레스타인인들의 '동의'하에 팔레스타인 영토를 강탈함은 물론, 다른 한편으로 본래 팔레스타인인들의 것을 그들에게 '후하게' 주겠다는 약속이었다. 시간이 지날수록 예루살렘이 포위되고 서안지구가 정착촌과 우회도로들에 의해 분리됨에 따라 최종지위협상의 요구사항들은 오슬로 협정의 범위에서 사라지는 듯 했다.

이스라엘의 지도력 위기가 외교를 잠식하고 있다

지난 7년간 이스라엘의 정치지도자가 이츠하크 라빈(Yitzhak Rabin)에서 시몬 페레스(Shimon Peres), 벤야민 네탄야후(Binyamin

Netanyahu), 에후드 바라크(Ehud Barak), 아리엘 샤론(Ariel Sharon)으로 바뀌면서 외교정책의 불안이 가중되었고 협약들은 그 힘을 잃었다. 그러나 바라크의 사임과 샤론의 승리가 시사하듯, 이스라엘 지도력의 위기는 이스라엘의 정치체계와 문화 속 깊이 내재되어 있다. 평화의 기간에는 맥빠지는 접근방식으로 타협에 임하고 혼란의 시기에는 강경한 태도로 협상을 함으로써 팔레스타인인들과 평화구축을 위해 역사적 결단을 내리고 필요하다면 국내의 비판과 반대에 분연히 맞설 수 있는 이스라엘 판 드 골(de Gaulle)이나 드 클레르크(de Klerk) 없이는 평화정착이 불가능하게 만들었다.

처음부터, 오슬로 협정에 열의를 보인 페레스는 불가피하게 라빈을 협정과정에 끌어들였다. 그러나 스페인계 유대인(Sephardic Jew)인 원리주의자 젊은이가 라빈을 암살하자 페레스의 열의는 식었고 자신의 정치적 입지를 강화하게 되었다. 라빈 암살과 그 암살 배경은 이스라엘에 있는 판도라의 상자를 열고 말았다. 공교롭게도, 라빈 암살을 조장한 정치진영은 1년 후 선거에서 승리했다. 라빈 암살은 결코 개인적인 행동이 아니었다. 그것은 체제의 심각한 위기와 전반적으로 깊고 위험한 양극화현상을 반영한 것이었다. 오슬로 협정을 무기력하게 만든 것은 1993년과 1995년 사이에 이스라엘을 휩쓸었던 증오와 선동적 분위기 외에도 지난 20년간 진행된 이스라엘군의 급진화 역시 한몫을 했다. 이갈 아미르(Yigal Amir)로 하여금 라빈을 암살하도록 부추긴 이스라엘 정보부는 보안업무상 원리주의 운동을 위해 활동하는 이중조직이었다. 1967년 이래, 이스라엘 사회에 만연한 극단적 요인들에 의해 이스라엘 군은 급진적 성향을 띠게 되었다. 라빈에 대한 '음모'가 어느 정도까지 깊숙이 진행되었는지는 규명되지 않았지만, 그에 대한 암살이 단지 한 극단주의자의 우발적인 행위가 아닌 것만은 분명하다.

페레스는 라빈 암살에 대한 대중적 분노를 이용하여 자신의 '파트너' 야세르 아라파트와의 협상을 진전시키는데 필요한 최종조치를 취하기는커녕 여느 때와 마찬가지로 기회주의적 행동을 취했다. 그는 팔레스타인인들에게 강경책을 취했고, 라빈에 반대하는 시가행진을 조직하고 라빈을 반역자라고 불렀던 민족종교당(NRP, National Religious Party)을 달래어 연정협상을 벌였다. 한편, 신임총리 페레스는 라빈의 장례식에 요르단의 후세인 국왕과 이집트의 무바라크 대통령까지 초청했지만, 라빈이 아라파트 의장과 악수를 했기 때문에 죽었음에도 불구하고 팔레스타인 지도자는 초청하지 않았다. 라빈의 죽음보다도 이러한 부정적인 행위가 오슬로 협정의 종말을 가져왔다고 생각한다. 그 이후, 오슬로 협정은 자유낙하하기 시작했다.

페레스는 곧 팔레스타인과 레바논 양 지역에서 폭력을 행사했고, 결국 레바론에서 카나(Qana) 대량학살을 일으켰다. 군부의 압력하에, 그는 또한 팔레스타인의 안전통제하에 있던 팔레스타인 급진 이슬람주의자를 암살하라는 명령을 내렸다. 하지만 당시 하마스의 활동은 이미 기세가 꺾여 있었다. 테러리즘에 대항한다는 미명하에 페레스는 부적절한 시기에 폭력을 확대했고 결국 이슬람 조직 하마스의 활동을 가속화시키는 결과를 가져왔다. 이것은 폭력의 악순환을 초래했다. 즉, 자살공격으로 인한 이스라엘 민간인의 죽음, 이스라엘의 봉쇄조치와 폭력, 팔레스타인 민간인들에 대한 다른 형태의 전면적인 보복조치가 반복되었다. 점령 치하에서 과격단체가 벌이는 단편적인 '테러리즘'과 이스라엘이 남부 레바논과 팔레스타인에서 국가적 지원하에 벌이는 대규모 테러리즘은 결코 윤리적으로 동등하게 평가될 수는 없다.

자연스럽게, 전 협정과정에 불안을 느낀 이스라엘인들은 강경파이며 인민주의자인 네탄야후를 선택했다. 이스라엘 대중들의 안정에 대한 새로운 요구의 압박 속에 그는 궁극적으로 오슬로 협정 전체를 파기할 목적으로 전임자들이 서명한 협약들의 이행을 연기했다. 한편, 워싱턴은 오슬로 협정을 유지하고자 네탄야후에게 영토의 13%에 해당하는 지역으로부터 군대의 추가 재배치를 요구하는 와이 리버 조약에 서명할 것을 강요했다. 무엇보다도 이 때문에 네탄야후는 1999년에 권좌에서 물러나게 되었다. 네탄야후 재임기간에 팔레스타인의 저항에 대한 추가적인 억압조치와 인권유린을 강제로 수용해야 했던 팔레스타인인들은 네탄야후의 후임자에게 다시 한번 속아야 했다. 권력을 잡은 에후드 바라크는 좀더 큰 안전보장을 요구할 뿐이었다. 설상가상으로, 바라크의 주장에 따르면, 비록 오슬로 협정이 유엔 안전보장이사회 결의안 242호를 바탕으로 이루어졌다 해도, 팔레스타인인들이 주장하고 결의안에 명시된 것과 같이, 242호의 실행은 이스라엘이 1967년 6월 4일의 국경선까지 철수할 것을 강제하지 않는다는 것이었다. 그 이유는 이스라엘과 서안지구 사이에는 국제적으로 승인된 국경선이 없다는 것이다. 바라크는 또한 최종지위 기본협정이 도출되기 전에는 추가 철수는 없을 것이라 했다.[22] 그러나 그것이 전부가 아니었다.

캠프 데이비드 협정

바라크가 임기 일년을 마쳤을 때, 이스라엘의 상황은 악화되고 있었고 그가 구축했던 연정은 붕괴되고 있었다. 이스라엘 국민의 77%는 바라크가 취임한 이후 자신들의 처지가 개선되지 않았다고 말했다. 한편, 바라크가 선거에서 결정적인 승리를 거둔 것에 토대를 둔 연정은 붕괴되고 말았다. 이에 바라크는 '시민혁명'을 부추기며 그에 대해 말뿐인 호의를 보였다. 바라크는 종교의식에 얽매이지 않는 혼인 허용과 같은 진보적인 헌법에 관한 논쟁을 통해 우파가 종교진영과 세속진영으로 분리되기를 바랬다. 또한 이 헌법으로 인해 세속진영을 자신의 정부로 끌어들일 수 있을 것이라고 기대했다.

그러나 바라크의 정치적 술책 중 그 어느 것도 효력을 발휘하지 못했다. 이스라엘의 위기는 오슬로 협정에 대한 접근방식에 깊숙이 뿌리 박혀 있었다. 평화협정이 마비되자 이스라엘은 정치적으로 무력해진 것 같았다. 한편, 아무 진전이 없는 가운데 팔레스타인인들은 점령지에 자신들의 국가를 천명하고 이를 실현시키고자 했다. 이스라엘은 팔레스타인이 일방적으로 국가를 선포하는 경우에는 합병과 폭력으로 보복하겠다고 위협했다. 바라크는 협약들을 실행하기 위한 더 이상의 조치도 취하지 않았고, 반면에 클린턴은 당시 뉴욕주 상원의원에 출마하고 있던 그의 아내 힐러리, 그리고 차기 대통령후보인 부통령 앨 고어와 함께 중동에서 또 다른 외교적 '승리'를 거둘 수 있기를 갈망하고 있었다. 갑자기 모든 외교 스타들이 정상회담에 참석하고자 줄을 서고 있었지만, 안타깝게도 팔레스타인인들은 열외였다. 캠프 데이비드 정상회담에 돌입한 것이다.

캠프 데이비드 정상회담은 오슬로 협정 전 과정을 통틀어 가장 기만적인 국면이었다. 바라크가 캠프 데이비드로 간 목적은 팔레스타인인들이 최후통첩과 이스라엘에게 유리한 협약을 수용하도록 하거나 이스라엘 국민과 국제여론에 팔레스타인 지도부가 평화를 위한 준비가 되지 않았다는 것을 보여주기 위한 것이었다. 캠프 데이비드에서 바라크는 클린턴 대통령과 대부분이 유대인과 시온주의자인 클린턴의 고문들로부터 전폭적인 지지를 받았다. 협상할 것에 대한 어떠한 국제적 혹은 법적 근거도 없었다. 팔레스타인인들이 가진 것은 미국의 '호의'가 전부였는데, 이 역시 정확하게 표현하자면 계속되는 조작과 이스라엘을 대신하여 취하는 기만적인 조치에 지나지 않았다. 팔레스타인인들은 '미국이 중재하는 불공정한 제안'을 받아들여야만 하는 상황에 몰려 있었는데, 그 제안은 이스라엘이 막후에서 제시했으나 팔레스타인 지도부가 거부한 것이었다. 팔레스타인인들이 그 제안들을 거부할 때마다 미국인들은 그것을 새롭게 포장했지만 본질적인 내용은 전혀 변하지 않았다. 팔레스타인인들은 서안지구 전체가 아니라 일부 지역만을 얻고 (역사적으로 팔레스타인 땅의 단지 22%에 해당한다), 반면에 이스라엘은 국경선을 통과하는 모든 이동에 대한 안전통제권을 보유하게 될 전망이었다(즉, 팔레스타인인들은 이스라엘의 허가 없이는 자기 나라에 들어가거나 떠날 수도 없게 되는 것이었다). 팔레스타인인들은 370만 명에 이르는 난민문제와 관련하여 이스라엘의 제안을 수용해야만 했다. 난민문제에는 보상문제와 그들이 난민으로 살고 있는 나라에서의 거주문제 및 서방으로의 이주 등이 포함되어 있었으나 이스라엘은 수천 명의 노인들을 제외한 그 누구에게도 귀환권을 부여하지 않았다. 마침내, 팔레스타인인들에게는 아랍의 동예루살렘에 대한 명목상의 관할권과 알 아크사 사원 지역에 대한 통제권만이 주어졌다.[23)]

클린턴 행정부는 이스라엘을 대신하여 아라파트에게 최후통첩을 함으로써 그를 압박하고자 했다. 다시 말해, 팔레스타인이 예루살렘과 난민문제 및 정착촌문제를 포기한다면 신흥 소독립국가로 인정하겠다는 것과 7월 그 주 주말에 열리게 될 오키나와 G-7 정상회담에서 경제원조를 보장하는 교섭을 하겠다고 약속했다. 이를 통해 타당한 조약이 성사되면 예루살렘 문제를 몇 년 뒤로 연기하는 것이 미국의 속셈이었다. 아라파트는 미국과 이스라엘의 '제안'을 거부했으며 그가 바라크와 '타협'하는 것을 거부한 것에 대해 비난받았다. 캠프 데이비드 협상기간에 백악관 국가안보위원회 소속으로 평화협정을 책임지고 있는 미국측 관리인 로버트 말레트(Robert Mallet)는 우리를 만났을 때, 오슬로 협정을 유지하고자 미국과 이스라엘이 내놓은 제안에 대해 팔레스타인인들의 반응이 냉담하다고 비난했다. 팔레스타인인들은 시장의 물물교환방식이 아닌 국제적 적법성이 협상의 기본이라고 믿었다.

클린턴은 일본에서 돌아오자마자 바라크와 마찬가지로 아라파트는 '융통성'이 없는 사람이라고 비난했으며 고립과 원조중단은 물론 그 이상의 조치를 취하겠다며 아라파트와 팔레스타인인들을 위협했다. 팔레스타인인들은 이스라엘을 위해 이미 갖은 노력을 다 했지만, 이스라엘의 욕구를 만족시키기에는 역부족이었고 팔레스타인인들의 권리에 대한 그들의 탐욕은 더욱 커지는 것 같았다. 이는 이스라엘과 팔레스타인 간의 갈등을 더욱 복잡하게 왜곡시켰으며 항구적인 해결책이 될 수는 없었다. 이러한 상황에서 양자간 갈등은 종식되지 않을 것이고 팔레스타인인들의 요구도 멈추지 않을 것이었다. 캠프 데이비드 정상회담은 실패했고 상황은 더욱 악화되기 시작했다.

캠프 데이비드에서 결정적인 순간이 되자, 이스라엘은 결코 포기할 수 없는 4가지 사안을 내놓았다. 즉, 1967년 당시의 국경선으로 회귀 불가, 정착촌해체 불가, 예루살렘 반환 불가, 예루살렘에 대한 팔레스타인의 통치권 허용 불가라는 내용이었다. 이스라엘의 '절대 불가' 입장을 분명히 밝힌 것은 바라크였지만, 그것은 유대인 국가 정치계의 생각을 반영한 것이었다. 통제를 지속한다는 것, 상호의존적인 구조 속에서 팔레스타인의 독립을 허용하는 것, 즉 팔레스타인은 이스라엘의 속국이라는 것에 대해 이스라엘 국민들이 합의하고 있음을 입증한 것이었다.

바라크는 캠프 데이비드 협상 이후 자신의 정부의 외교활동을 '성공적인 것'으로 평가했다. 바라크는 '평화협정'을 지키기 위해서가 아니라 자신을 구하기 위해서 캠프 데이비드에 갔던 것이다. 그 결과 '이스라엘은 팔레스타인 영토를 계속 보유하게 되었으며 국제사회의 지지도 얻어냈다. 아마도, 성공적인 군사령관 바라크는 작전을 마음대로 확대하고 자신의 '적수'를 궁지에 빠뜨릴 것으로 보인다. 바라크의 군사전략은 성공했고 오슬로의 정치과정은 실패했으며 폭력이 뒤를 이었다.[24]

막판 협상, 2001년 1월

그 다음 몇 달간에 걸쳐 팔레스타인과 이스라엘 간의 막후협상은 계속되었고 결국 2001년 1월 이집트의 휴양도시 타바에서 캠프 데이비드 협상에서 미루어놓았던 사안부터 직접적인 공식협상을 하게 되었다. 협상은 클린턴 대통령이 그들에게 제시한 절충안을 바탕으로 했다. 절충안은 클린턴이 캠프 데이비드 협상 때 제시한 전술보다는 더 현실성이 있었는데, 특히 가자 지구와 대부분의 점령지에 '주권을 가진 실질적인 팔레스타인 국가' 설립의 중요성을 인정한 점이 주목할 만하다. 또한 클린턴은 "예루살렘은 국제적으로 공인된 이스라엘과 팔레스타인 양 국가의 수도로 보아야 한다"고 제안했다. 그는 동예루살렘 통치권의 분할을 권고했는데 유대계는 이스라엘인이 되고 아랍계는 팔레스타인인이 되어 '분열되지 않은' '개방도시'로 만들자는 것이었다. 또한 그는 난민들이 팔레스타인 국가로 되돌아갈 것을 제안했다. 이러한 권고안을 보면 팔레스타인인들이 캠프 데이비드에서 클린턴에게 '아니오'라고 말한 것은 올바른 것이었고 미국의 작전과 이스라엘의 타협안에는 많은 여지가 있었던 것이다. 그럼에도 불구하고, 클린턴은 퇴임하기 단지 13일 전, 이스라엘 선거가 채 한 달도 남지 않은 시점에서 그의 제안을 내놓았다.

PLO 지도부는 클린턴이 팔레스타인인들의 이스라엘 내 고향으로 돌아갈 귀향권을 무시한 것과 동예루살렘(팔레스타인) 주변지역에 있는 이스라엘 정착촌을 포함하여 주요 이스라엘 정착촌들이 이스라엘과 합병해야 한다고 주장한 것은 대부분의 팔레스타인인들에게는 수용할 수 없는 것이라고 생각하였다. 팔레스타인 국가가 "이스라엘의 안보요구사항과 인구통계학적 현실을 수용해야 한다"고 주장하는 것은 사실상, 군사적으로 강화된 정착촌을 사이에 둔 채 앞으로 세워질 팔레스타인 국가를 서안지구에 세 개의 팔레스타인 분리지구로 분할하겠다는 의미였다(책 앞의 지도 참조).

팔레스타인은 클린턴의 제안을 거절하여 외교적 고립을 자처할 위험을 감수할 수는 없었다. 그들은 엄밀하게 조건부 수용을 선택했다. 반면, 바라크는 선거기간에 온건한 이미지로 보여지는 위험을 감수할 수는 없었기에 그 역시 아주 조건적으로 반응했다. 협상을 통해 이스라엘이 점령지로부터 좀더 광범위하게 철수하게 되었지만, 이스라엘의 안전조건 역시 좀더 철저해졌다. 협상은 팔레스타인 영토와 통치권 사이에 기본적인 이스라엘의 상호관계를 규정했다. 즉 이스라엘이 영토를 덜 양도하면, 그만큼 팔레스타인의 통치권은 더 많이 허용되는 것이고, 팔레스타인인들에게 영토를 더 많이 양도하면 할수록 통치권은 덜 허용되는 것이었다. 다시 말해, 이스라엘은 가자 지구에서 팔레스타인인들에게 완전한 통치권을 부여할 준비가 되어 있었지만 서안지구의 90%에 대한 자치권 확대에 불과했고 궁극적으로는 그것은 남아프리카의 흑인원주민자치구 같은 통치권의 특징을 지니는 것이었다. 그렇지 않다면, 팔레스타인인들은 서안지구의 반에 해당하는 반쪽 짜리 국가를 기대할 수밖에 없는 것이었다.

그럼에도 불구하고, 타바 협정은 이스라엘의 입장을 약화시켰지만 그 영향은 미미했고 시기적으로 너무 늦었다. 클린턴은 퇴장했고, 바라크는 선거에서 졌으며 샤론의 승리가 거의 확실했다. 팔레스타인인들은 이스라엘과 미국의 선거에 얽매이지 않고 무기한 모험을 하는 쪽을 선택했다. 바라크는 오슬로 협정과 함께 물러났고 이는 팔레스타인과 이스라엘 간 갈등의 새로운 장을 여는 서곡이었다.

샤론의 승리

샤론이 60%의 지지를 얻으며 선거에서 승리한 것은 팔레스타인과 이스라엘 간의 이견을 좁혀줄 만한 의미 있는 제안을 전혀 기대할 수 없다는 것을 의미했다. 그가 당선된 이후 몇 달간 팔레스타인과 타협을 모색하려는 모든 시도들이 중단되었다. 5월에 미국이 주도하는 국제위원회는 5개월간에 걸친 검토와 양측을 협상 테이블로 돌아오게 하려는 노력 끝에 이스라엘과 팔레스타인 양측이 적대관계를 중단할 것을 권고했고, 이스라엘에게는 소위 '자연스런 성장'이라는 것을 비롯해 정착촌정책을 전면동결할 것을 권고했다.

이 권고안은 이보다 몇 주 앞서 양측의 협상재개를 위해 시작된 이집트-요르단 평화발의에서도 강조되었다. 팔레스타인 지도자 야세르 아라파트는 두 가지 권고안을 모두 받아들였다. 이스라엘의 일간지 ≪예디오트 아흐로노트(*Yediot Ahronot*)≫에 따르면 이스라엘 국민 대다수도 권고안을 받아들였다. 그러나 그들의 수장이자 총리인 아리엘 샤론은 받아들이지 않았다. 그는 정착촌활동 중단을 거부했고, 오히려 정착촌정책의 확대를 위해 4억 달러를 추가로 지원하겠다는 제안을 했다.

팔레스타인인들의 봉기에 대해 샤론은 이스라엘의 화력을 더 많이 사용하고 봉쇄를 더욱 강화하라는 명령으로 대응했다. 이스라엘의 주요 일간지인 ≪하아레츠≫의 보도에 따르면, 팔레스타인 지역에 봉쇄조치를 단행한 이후 '폭력사건의 발생빈도는 전혀 감소하지 않았고, 정반대로' 폭력이 더욱 만연하게 되었으며 좀더 심각한 양상을 띠게 되었다. 사실 '집단적인 처벌은 안보상의 목적이라는 구실로도 용납되기 힘든 것이다'라고 ≪하아레츠≫는 보도하고 있다.

이스라엘의 총리 샤론은 팔레스타인에서 전쟁은 클라우제비츠(Clausewitz) 독트린과는 정반대로 '전쟁은 결코 외교가 아니다'라는 기본적인 교훈도 놓치고 있다. 샤론 정부는 1967년의 국경선대로 역사적인 타협을 끌어낼 능력이 없거나 혹은 그럴 의지가 없기 때문에 지금까지 이스라엘의 득이 되는 것도 없이 공존과 평화의 기회를 손상시키는 동일한 폭력의 논리만을 반복하고 있다.

독립 후 50년간, 이스라엘은 중동지역 국가공동체의 일원이 될 수 있는 기회를 계속해서 거부했다. 주변 모든 아랍 국가들이 역사상 팔레스타인 영토의 78%에 대해 그 권한을 인정해주겠다는 것도 마다하고, 샤론은 이스라엘이 독립전쟁을 하는 중이라고 주장했다. 팔레스타인의 '이웃' 국가들과의 화해과정을 통해 시온주의가 완전히 승리할 수도 있었던 것이다. 그러나 무자비한 이스라엘은 그 지역을 불안과 폭력의 또 다른 순환고리 속으로 몰아넣고 말았다.

4

평화협정에서 미국의 실제 역할

이스라엘에 대한 미국의 원조는 역사상 전례 없는 막대한 규모이자 사실상 무조건적이었으며, 이스라엘은 이를 기반으로 워싱턴이 지역평화를 위해 제안한 발의안들을 거부하며 미국이 공급한 무기들을 마음껏 사용할 수 있었다.

— 조지 렌초우스키(George Lenczowski), 『미국의 대통령과 중동(*American presidents and the middle east*)』
(Duke University Press, Durham, 1990, p.282.) —

안와르 사다트(Anwar Sadat)가 캠프 데이비드로 갔을 때, 미국 팀에는 단 한 명의 시온주의자 유대인인 주 이스라엘 미국대사 사무엘 루이스(Samuel Lewis)가 있었다. 그러나 아라파트가 캠프 데이비드에 갔을 때 미국 팀은 클린턴 대통령을 제외한 전원이 시온주의자 유대인들로 구성되어 있었다. 이전에 시리아인들이 그랬던 것처럼, 팔레스타인인들은 민주당원이나 공화당원을 만난 것이 아니라 리쿠드 당과 노동당을 지지하는 미국 관리들을 만났던 것이다.

— 아랍 비평가 —

9년 전 걸프전 종식 직후 아랍인과 이스라엘인 사이에 미국이 후원하는 '평화협정'이 발효된 이래, 평화협정은 중동지역의 일상생활을 지배하는 요인이 되었다. 평화협정 초기에 중동지역의 평화를 위한 국제회의가 1991년 마드리드에서 열렸다. 이 국제회의의 의도는 냉전 종식 후에 일어나는 침략에는 적극 대응하겠다는 새로운 국제적 의지와 동서간의 적대감 때문에 오랫동안 실현되지 못했던 국제적 합법성의 원칙은 동등하게 적용된다는 것을 보여주는 것이었다. 이러한 결의는 쿠웨이트를 침공한 이라크를 처벌하는 차원에서 더 나아가 중동지역 내 모든 형태의 점령과 갈등—특히 아랍 영토에 대한 이스라엘의 점령—을 끝내고 평화와 안정을 이룩할 것이라고 했다. 그러나, 승리를 거둔 워싱턴은 상호 지역관계를 미국의 우선 순위와 이스라엘의 이해에 유리한 쪽으로 변형시켰다. 팔레스타인의 경제가 의존적이고 불안정한데 반해 이스라엘의 경제적 주도권과 군사적 우위는 미국이 지원하는 공식협약 속에서 더욱 굳건해졌다.[17]

평화협정에 대한 미국의 정책은 다양한 형태로 나타났다 하더라도 그 정책은 시종일관 변화가 없었다. 중동지역의 급변하는 기류와 보조를 맞추고자, 미국은 협상의 다양한 위기국면에서 자신의

---

17 한때 다른 '약속의 땅'에서 대규모 인종청소를 자행하며 '신 이스라엘'이라 불렸던 미국은 자국이 베트남에서 실패했던 1967년에 제3세계에서 아랍 군대를 진압하는 데 성공했던 산업화된 이스라엘의 식민지적 행동을 같이 했다. 전체적으로 미국의 중동외교는 안보조치, 군사작전 및 권력관계에서 구축된 것이다. 걸프 지역에서 미국은 전쟁, 견제, 봉쇄, 위협, 전복 및 예방적 군사행동을 통해서 서방의 에너지 공급에 대해 우위를 확보했다. 근동지역에서 미국은 모든 아랍 이웃국가들에 대한 이스라엘의 우위를 확보해 주었고 '우호적이지 않은' 아랍의 민족주의 정권에 대한 전쟁시도를 지지했다.

역할을 변화시켰다. 미국은 단순보조자로서 관련당사자들을 주선하다가 급기야 '당당한 당사자'가 되어 협상안을 작성하고 나머지 당사자들에게는 제2의 당사자가 될 것을 강요한다. 결국, 정치·외교상의 주체로서 협상안을 계획하고 양측에는 보증서를 발급했다. 곧이어, 미국은 판사와 배심원 그리고 검사의 역할까지 모두 도맡았다.

오슬로 협정 실패에 대한 책임은 일차적으로 미국에게 있는데 그 이유는 이스라엘에 대한 유화정책과 국제적 합법성을 무시한 처사로 인해 평화협정이 실패할 수밖에 없었기 때문이다. 안보문제를 강조한 미국의 접근방식이 실패의 결정적 요인이었던 것이다. 불공정한 오슬로 평화협정에 대한 저항이 일어나자, 이스라엘은 팔레스타인 시위대를 진압하고 팔레스타인 거주지를 공격하기 위해서 미국제 헬리콥터와 무장 헬기, 탱크 및 무장차량들을 사용했다. 미국의 국무장관 매들린 올브라이트(Madeleine Albright)는 '자제'를 촉구하면서도 바라크가 '평화를 위해 헌신하고 있다'고 치하한 반면, 아라파트에게는 '돌팔매질과 폭력을 중지할 것'을 요구했다. 애석하게도, 미국은 아무런 교훈도 배우지 못한 것이었다.

미국의 본심, 미국의 목표

1993년 9월 13일 백악관 잔디 위에서 오슬로 협정에 서명한 이후 미국의 외교적 노력에는 다음의 4가지 특징이 나타난다. 첫째, 미국과 이스라엘의 이데올로기적 전략관계이고 둘째, 미국 내 정치적 압력을 들 수 있는데 특히 이스라엘의 로비 활동으로 비롯된 것으로 대통령과 의회의원의 정치경력을 부각시키거나 손상 혹은 가로막는 것으로 유명하다. 셋째, 터키와의 공조로 동부 지중해에 미국이 주도하는 무역지대와 안보협력체계를 구축하는데 중점을 두었고 넷째, 분쟁해결 과정에 국제사회와 미국 내 사법기관 및 UN을 확실히 배제했다는 점이다.

이 4가지 지침 모두 이스라엘을 염두에 둔 것이었다. 따라서 협정의 지속성을 보장하기 위해 협상기간 내내 다음 6가지 원칙들이 존중되어야만 했다.

1. 이스라엘 내부의 안전과 정치적·경제적 안정을 보장하고 라빈, 페레스 및 바라크 정부에 대해 전폭적이고 무조건적인 지원을 하며 네탄야후와 샤론 정부의 합법성을 인정해준다. 심지어 샤론 정부가 협정에 적대감을 드러냈을 때조차도 합법성은 인정되었다.

2. 안보문제에 대한 이스라엘의 주장을 무조건적으로 수용하는데 이는 이스라엘이 그 누구보다도 자국의 안보문제를 잘 알고 있다는 논리로 정당화된다.

3. 관련 지역의 다른 모든 국가들에 대한 이스라엘의 군사력의 우위를 유지한다.

4. 팔레스타인의 이스라엘에 대한 종속관계가 유지되도록 이스라엘과 팔레스타인 사이의 군사적·법적 불균형을 영속시킨다.

5. '무례하고 감사할 줄 모르는' 팔레스타인인들과 대조적으로 도덕적 우위에 있다는 '민주적이고 관대한' 시오니스트 국가인 이스라엘에 유리하도록 이스라엘과 팔레스타인 사이의 도덕적 불균

형을 드러낸다.

6. 협정에서 모든 조치와 발의는 협상 테이블에 내놓기 전에 우선적으로 이스라엘과 조율하는 것을 보장한다.

이러한 맥락에서 보면, 팔레스타인인들이 이미 캠프 데이비드에서 파악한 것과 마찬가지로 미국은 그 지역에서 '정직한 중개인'이나 '평화 중재인'은 결코 아니었다. 미국의 접근방식은 강압적이었으며 그 시각은 제국주의자의 관점이었다. 미국이 동맹국인 이스라엘을 적극 지지한다는 것은 클린턴의 협상단이 주로 시오니스트 유대인들(이스라엘의 좌파와 우파를 대표해서 활동하는 유대인들)로 구성되었다는 점에서도 드러났고, 이 협상단은 이스라엘의 제안을 마치 '미국의 중재안'인 것처럼 —아라파트가 클린턴에게 바라크 정부로부터 비밀창구를 통해 바로 이 제안들을 받았다고 말했음에도 불구하고— 팔레스타인인들에게 반복적으로 제시했다. 팔레스타인인들이 그 제안을 거부하자 워싱턴은 팔레스타인인들이 국제적 합법성의 정신과 국제법을 준수하지 않는다고 불평했다.

대조적으로, 미국은 이스라엘에게 만일 이스라엘이 평화를 위해서 필요한 '위험'을 감수해야 한다면 이스라엘을 지지할 것을 서약했으며, 그 '위험'이 대단히 크다 해도 이스라엘의 입장을 지지할 것이라고 약속했다. 애석하게도, 위험은 항상 '큰' 것이었고, 이스라엘만이 그 위험을 평가할 수 있었다. 다시 말해, 이스라엘이 협정을 이행하지 않거나 오슬로 평화협정의 토대가 되는 UN 결의안 특히 평화를 위해 영토교환을 요구하는 UN 결의안 제242호를 위반한다 할지라도 이스라엘은 모든 압력으로부터 이미 면죄부를 받아둔 상태였다.

이 상황은 자유화와 민영화 및 시장개방정책의 기반이 된 경제회담으로 보완되었다. 이러한 근동 팍스 아메리카나(Near East Pax-Americana) 정책의 기조 속에서 워싱턴은 군사적·경제적 원조를 좀 더 후하게 이스라엘에게 제공했으며, 내재적으로 불안정하고 부당한 '평화협정'에 대한 반발을 무마하기 위해서 팔레스타인 자치정부(Palestine National Authority)를 보호하고자 보조금을 지원했다.

클린턴 행정부는 중재활동을 유지하기 위해서 수많은 기만적 방법을 동원했으며, 이는 결국 미국외교의 두드러진 특징이 되어버렸다. 쉽게 표현하면, 클린턴 행정부는 계속해서 팔레스타인인들에게 거짓말을 해왔으며, 관련 외교용어들의 의미가 바뀌거나 축소될 때, 특히 이스라엘이 UN 결의안을 무시하거나 노골적으로 위반하면 미국은 팔레스타인인들의 입장을 십분 이해하고 그들의 좌절감이나 우려에 깊이 동정하는 태도를 보이며 팔레스타인 지도부를 속여왔다.

미국은 팔레스타인과 이스라엘 양측이 서명하도록 작성된 협정서 초안에 보증서, 즉 '확인증'을 첨부할 것을 요구했다. 정착촌과 예루살렘과 관련한 보증은 미국 행정부의 기만적 행위를 극명하게 드러낸 것이다. 양측 당사자들의 의심을 잠재우기 위해서 그들에게 건네준 보증서들은 평화협정을 그대로 유지하려는 수단에 불과한 것이었다. 처음에는 부시 행정부, 나중에는 클린턴 행정부 역시 보증서를 수용하지 않은 사람들에게는 관계를 단절시키거나 소외시키겠다고 위협했다. 그러나 미국은 자신의 말을 잘 듣는 국가들에 대해서는 보조금, 차관, 무기 및 미국대통령과의 공식접견 등을 비롯해 여러 혜택을 주었다. 이것이 바로 잘 알려진 '당근과 채찍' 정책이었다. 사실, 미 국가안보위원회 위원의 진술에 따르면, 클린턴 대통령은 재임기간에 다른 외국의 지도자들보다도 아라파트 의장을 더 많이 만났다. 클린턴은 아라파트와 친해졌고, 오슬로 평화협정에 대해 더욱 열의를 갖게 되었다. 그러나 그가 추구한 친이스라엘 정책은 평화의 후퇴를 초래했다('6장 예루살렘'과 '8장 서안정착촌: 실질적인 인종차별정책' 참조).

고압적인 외교정책

이스라엘에게는 '당근'을, 팔레스타인에게는 주로 '채찍'을 사용하는 워싱턴의 '평화'에 대한 접근방식은 평화를 안보의 궁극적 원천으로 보는 것이 아니라, 평화를 보장해 주는 것이 안전과 군사적 수단이라는 정반대의 논리에 기초하고 있다. 미국은 33년간의 점령 이후에 최종협정을 체결하고자 철수를 이용하는 것 대신에 부분적인 철수에 영향을 주기 위해서 평화협정을 요구하는 이스라엘의 입장을 선택했다. 7년 동안 미국은 안전체제, 쌍방의 안전협정, 체계적인 안전협력 및 사전안전조치의 중요성을 강조했다.

오슬로 협정과 그로 인해 파생된 여러 협약—카이로, 타바, 헤브론, 와이 리버 또는 샤름 엘 쉐이크에서 체결한 협약들—을 이용하여 CIA는 육상의 안전을 도맡게 되었고 미국은 오슬로 협정조항들을 이행하는 일에 관여하게 되었다.[18] CIA는 격주로 팔레스타인과 이스라엘 안전대표자들과 양자 혹은 삼자회담을 개최했다. 이것은 오슬로 협정에 반대하는 사람들의 하부조직에 대해 팔레스타인이 취한 사전안전조치와 법률적 협력을 감독하는 것 외에 추가적으로 행한 조치였다. 사실상, CIA 요원들은 팔레스타인 안전본부가 있는 가자지구에서 권력구조의 한 부분이 되었다. 더 나아가, 9개의 팔레스타인 안전기구들은 오슬로 협정기간에 이스라엘과 대등한 관계를 유지하며, 예산과 조직을 운영하였다.

잠정협정 직후에 벌어진 최종지위협상은 이스라엘에게 유리하게 진행되었다. 워싱턴은 미국의 납세자들이 약 170억 달러를 부담해야하는 군사원조계획을 놓고 이스라엘 관리들과 협의하기 시작했다. 이 계획은 이스라엘을 시리아, 팔레스타인과의 평화협정에 서명하게 함은 물론 골란(Golan)과 서안지구에서 철수시킬 수 있는 유인책이었다. 워싱턴은 이스라엘에 전략방위협정 체결을 제안했는데, 이것은 제2차세계대전 후에 미국이 나토(NATO) 국가들, 일본 및 남한과 체결한 바 있는 협정이었다.[19]

18 미국이 안보협정을 강조한 것은 이스라엘의 총리였던 에쉬콜, 메이어 및 라빈에게 평화협정을 체결하지 말고 미국이 감독할 수 있는 엄격한 안보조치를 요청했던 헨리 키신저 시절로 거슬러 올라갈 수 있다.

19 바라크 정부는 자체적으로 이스라엘 보호를 미국에게 전담시키는 일방적 협정을 요청했지만 그것을 군사작전에만 국한시키지 않았다. 바라크는 미국과 이스라엘의 전략적 관계를 향상시킴으로써 장기적으로 이웃 아랍 국가들에 대한 우월성을 확보할 수 있는 안보보장과 군사적 지원을 얻는 쪽을 선택했다(알루프 벤, ≪하아레츠≫, 2000. 4. 7).

미국, 불법정착촌을 허용하다

지난 30년간, 점령지 내의 정착촌에 대한 미국의 입장이 바뀌면서 평화협정은 큰 타격을 입었다. 1960년대 말, 미국은 제4차 제네바 협정을 점령지에 적용한다는 공식입장을 견지했다. 1980년대에 로널드 레이건 대통령은 정착촌은 불법이 아니라고 공개적으로 언급했고, 이는 미국이 보다 유연한 입장으로 선회했음을 알리는 신호였다. 그 이후에도 미국은 여전히 정착촌은 '평화의 장애물'이라며 반대했다. 1990년대 걸프전 이후 조지 부시 대통령이 평화회담을 재개하려고 했을 때 미국의 정책은 다시 한번 경직되었다. 미국무장관 제임스 베이커는 자신이 이스라엘을 방문할 때마다 이스라엘의 이츠하크 샤미르 총리가 새로운 정착촌을 발표하는 것에 분노를 터뜨렸다.

1991년 10월 18일 미국이 팔레스타인인들에게 보낸 확약서한에는 다음과 같이 기술되어 있다.

> 미국은 협상으로 해결해야 하는 사안에 대해 어느 한 쪽이 일방적인 조치를 취해서는 안 된다고 오랫동안 믿어왔다. 이러한 관점에서 미국은 1967년에 점령된 영토에서 정착촌활동을 하는 것을 반대해왔고 앞으로도 반대할 것이다. 그 이유는 정착촌활동이 평화에 장애가 되기 때문이다……. 따라서, 우리는 이스라엘이 동예루살렘을 합병하거나 이스라엘의 자치영역을 확대하는 것을 인정하지 않으며, 이해당사자들이 지역긴장을 악화시키고 협상을 어렵게 하거나 혹은 최종결과를 선취하려는 일방적인 행동을 삼가할 것을 촉구한다.

8년 후인 1999년 9월 4일자로 당시 미 국무장관 매들린 올브라이트가 보낸 또 다른 확약서한에는 다음과 같은 내용이 있다.

> 넷째, 우리는 정착촌활동에 대한 당신들의 우려를 잘 알고 있다. 클린턴 대통령이 과거에 보냈던 확약편지처럼, 미국은 정착촌활동이 팔레스타인과 이스라엘 간의 평화구축에 얼마나 파괴적인 요인인가를 알고 있다.

두 번의 확약서한을 보내는 사이, 이스라엘의 정착촌건설은 몇 배로 증가했으며, 때로는 미국의 원조금을 정착촌건설에 간접적으로 이용했다. 더욱이, 1999년 올브라이트 국무장관이 보낸 두 번째 확약서한을 살펴보면, 미국은 바라크 정부가 예루살렘의 팔레스타인 지역이며 이스라엘인들이 하르 호마(Har Homa)라고 개명한 '아부 그나임(Abu Ghnaim)'에서 정착촌건설의 첫 단계를 이미 끝냈다는 사실을 잘 알고 있었음에도 불구하고 예루살렘에 대해 전혀 언급하지 않았다.

대조적으로, 1967년 전쟁이 이스라엘의 동예루살렘 점령으로 종결된 지 2년만인 1969년 7월에 UN 안정보장이사회의 미국대표 요스트(Yost)는 동예루살렘에 있는 모든 정착촌에 반대하며 제4차 제네바 협정은 동예루살렘에 적용되어야 하고 동예루살렘은 해결책을 찾을 때까지 원래대로 보존되어야 한다고 주장했다. 그는 워싱턴은 동예루살렘의 어떠한 변화도 받아들여서는 안 된다고 주장했다. 32년 후, 클린턴 행정부는 이 영토를 점령지문제로 다루려하지 않았다. 점령지는 단지 '논란이 되는' 영토가 되어버렸다. 예루살렘 문제는 클린턴의 재임기간에 가장 왜곡되었으며 국제적 적법성과 정의에 크게 모순되었다. 사실, 클린턴 행정부가 대사관을 텔아비브에서 예루살렘으로 이전하기로 결정하자 이스라엘은 아랍인 주인에게서 몰수한 땅을 미국에 기부했다. 팔레스타인의 역사학자 왈리드 할리디(Walid Khalidi)에 따르면 현재 원래 아랍인 소유의 땅은 그 주인의 90%가 미국인이다.

클린턴 행정부는 '평화의 장애물'로 간주하던 정착촌문제를 모르는 척했고 정착촌을 단순히 '득이 되지 않는' 사안으로 여겼는데, 이는 미국이 '평화'를 위해 노력하는 와중에도 이스라엘의 정착촌정책이 계속 진행되었기 때문이다. 1993년 3월 중동지역 국무보좌관인 에드워드 드제레지안(Edward Djerejian)은 의회증언에서 '기존의 정착촌에서 건설활동 — 필자는 '확장'이라는 단어 대신에 '어떤 활동이 분명히 계속되고 있다'는 표현을 쓰겠다 — 이 허용되고 있다'라고 진술했다. 더욱 중요한 것은 오슬로 협정이 조인된 뒤인 1994년 10월 4일 중동지역 국무보좌관인 로버트 펠레트레우(Robert Pelle- treau)가 의회에서 다음과 같이 진술했다는 것이다.

1. 오슬로 협정 이후, 정착촌확대는 더 이상 '평화의 장애물'이 아니라 단지 '평화협정을 복잡하게 만드는 요인'일 뿐이다.

2. 정착촌확대는 원칙선언(Declaration of Principles)과 모순되지 않는다.

3. 민간자본에 의한 정착촌건설은 미국이 조인한 어떠한 협정에도 위배되지 않는다.

4. 미국은 예루살렘에서의 정착촌확대를 최종지위협상을 결정하는 데 있어 편파적이고 일방적인 행동으로 간주하지 않는다.

1년 후, 워싱턴에서 활동하는 이스라엘 로비스트 출신으로 미 행정부에 진출하여 주 이스라엘 미국대사로 임명된 마틴 인디크(Martin Indyk)는 미 상원 외교관계위원회에서 정착촌문제가 평화과정을 복잡하게 할 수도 있겠지만, 테러리즘과 같은 다른 문제들이 훨씬 더 상황을 복잡하게 만들고 있다고 설명했다. 따라서, 미국은 정착촌문제보다는 그러한 위험요소들에 대해 외교적 노력을 집중시켜야 한다고 주장했다. 그리고 1997년, 국무장관 매들린 올브라이트는 단순히 정착촌건설 문제의 '종결'을 요구했다. 그러나 이러한 입장은 너무나 명분이 없는 것이어서 미국이 어떤 본질적인 문제에 찬성하지 않는다는 것을 효과적으로 떨쳐낼 수 없었다. 1999년 4월 국무부는 대변인을 통해서 이스라엘이 정착촌문제와 관련하여 미국과의 협정을 위반했다는 것을 인정했으나, 그 사실을 중요하게 다루지는 않았다.[25)]

점령지에서 이스라엘의 정착촌증가에 미국이 기여함으로써 미국은 이스라엘만큼이나 그 상황에 대한 책임이 있다. 여러 나라가 국제법을 위반하는 데 일조하고 민족차별과 인종분리정책을 실시하도록 도와준 것이 바로 국제법위반인 것이다. 미국은 UN 결의안 446호를 지지해왔는데 이 결의안은 특별히 이스라엘이 무조건적으로 정착촌에서 철수할 것을 요구하고 있으며, UN 결의안 465호는 그 어느 나라도 이스라엘의 식민화운동을 지지해서는 안 된다고 규정하고 있다. 한편, 미 의회는 행정부에 미국이 1992년 이스라엘에 제공한 100억 달러의 차관에 대한 연간 20억 달러의 상환금 중 이스라엘이 정착촌에 사용한 금액을 공제해줄 것을 요구했다. 그러나 다른 한편으로, 미국이 이스라엘에게 제공하는 30억 달러가 훨씬 넘는 연간보조금이 이스라엘의 정착촌정책과 정착촌을 지키는 군사기지를 만드는 데 보조금으로 들어가고 있다. 평화협정에 대한 미국의 특별조정관 데니스 로스(Dennis Ross)는 미 행정부가 모든 경비를 회복할 방안을 모색할 것이라고 이스라엘 정부에 약속했다. 데니스 로스는 1999년 2월 당시 이스라엘의 정착촌정책이 오슬로 협정을 가장 심각하게 위협하고 있다고 규정한 사람이었다. 그러나 그의 선언은 전임자들의 선언과 마찬가지로 미국정부의 어떠한 조치도 이끌어내지 못했다.26)

미국의 역할에 대한 팔레스타인과 이스라엘의 인식

사다트[20] 대통령과 마찬가지로 아라파트는 분쟁해결은 미국의 손에 달려 있다고 생각했다. 사다트는 분쟁을 해결하고 이집트의 영토를 회복하는 문제가 99% 정도 워싱턴의 손에 달려 있다고 생각했는데, 이것은 1978년 9월 제1차 캠프 데이비드 협상에서 워싱턴이 이집트에 거래를 강요하고자 이용한 잘못된 인식이었다. 2000년 7월 제2차 캠프 데이비드 협상에서는 이 방법을 팔레스타

20 이집트의 군인이자 정치가이다. 나세르와 함께 자유장교단을 결성하고, 1952년 이집트 혁명에 참가했다. 1970년 9월 대통령 나세르가 병으로 사망하자 그뒤를 이어 10월 제3대 대통령에 취임하였다. 1977년 11월 19~20일 이스라엘을 방문했다. 이로 인하여 1978년 이스라엘의 수상 베긴과 함께 노벨 평화상을 받았으며, 이어 1979년 3월 이스라엘과의 평화조약에 조인했다. 1981년 10월 6일 카이로 근교 나스루에서 개최된 아랍-이스라엘 전쟁 8주년 기념식장에 참석했다가 이슬람 극단주의자들의 총격을 받고 사망했다(역자 주).

인인들에게 적용했다. 아라파트는 협상과 지상전에서 이스라엘의 폭력으로부터 자신을 구해줄 수 있는 정치가는 클린턴뿐이라는 그릇된 믿음을 갖고 있었다. 이는 미국의 성공적인 외교를 보장하고 미국과 아라파트의 관계를 개선하기 위해 더 많은 것을 양보해야 함을 의미했다. 아라파트는 정기적으로 백악관을 방문했으며, 클린턴은 오슬로 협정이 교착 상태에 빠질 때마다 아라파트에게 의지할 수 있었다. 아라파트의 양보는 협상유지에 절대요소가 되었고, 워싱턴은 평화산업을 유지하는데 필수적인 윤활유역할을 하게 되었다.[27)]

또 다른 차원에서, 팔레스타인인들은 아랍계 시민들과 마찬가지로 정치인들이 표방하는 제도적 배경을 따지기보다는 그들 개개인과 친분을 쌓았다. 이 때문에, 팔레스타인인들은 시몬 페레스나 이츠하크 라빈 같은 사람들을 신뢰했으며 바라크의 말을 믿었던 것이다. 1970년대 후반에 고(故) 안와르 사다트(Anwar Sadat)가 헨리 키신저(Henry Kissinger) 미 국무장관을 믿었던 것처럼, 팔레스타인인들도 클린턴을 믿었으며 그의 업적에 매료되었다. 이러한 '사적인' 접근방식은 미국과 이스라엘이 팔레스타인인들에게서 많은 타협안을 이끌어 내는 초석이 되었다. 팔레스타인인들은 라빈을 신뢰했지만 그는 암살당했고 페레스와 바라크를 믿었으나 그들은 패배했으며 나중에는 클린턴을 믿었으나 이용만 당했고 클린턴은 그 행위를 멈추지 않았다.

이스라엘은 미국이 협상에 너무 깊숙이 개입하는 것을 경계했다. 미국이 명백하게 이스라엘 쪽으로 기울어져 있음에도 불구하고, 이스라엘의 지도자들은 자국의 이익과 초강대국의 우선 순위와 시각을 혼동하지 않으려는 신중한 자세를 견지했는데 때때로 그들이 양립할 수 없었기 때문이다. 이스라엘은 미국이 너무 깊숙이 개입하면 경미한 압력이라 하더라도 자신에게 압력을 행사할 것이라고 생각했다. 캠프 데이비드 협정 기간에 베긴(Begin) 정부가 이러한 압력을 받았고, —베긴 정부의 각료였던 모세 다이안(Moshe Dayan)과 에제르 와이즈만(Ezer Weizeman)이 확인해 준 바 있음— 또한 샤미르 정부와 네탄야후 정부 시절에도 미국의 개입으로 그러한 결과를 초래했었다.

게다가, 전임자 라빈처럼 바라크도 워싱턴을 개입시키되 미국이 자신의 대안적 의제를 강요하지 못하게 하는 것이 얼마나 중요한지 잘 알고 있었다. 로저스 계획(Rogers plan)과 카터의 국제회의, 레이건 계획(Reagan plan), 마드리드 국제회의, 즉 와이 리버 타협안이 이런 식으로 처리되었던 것이다. 후자의 경우, 네탄야후 총리는 팔레스타인이 요구하고 이스라엘이 제안한 것의 절반에 해당하는 13.1% 범위에서 이스라엘을 재배치하라는 미국의 타협안을 거부했다. 애초에 바라크는 미국이 보조적인 역할만 해주기를 바랐지만 일단 워싱턴이 개입하겠다는 입장을 굽히지 않자, 협상의 힘든 고비를 넘기고 나서 미국의 모든 조치는 사전에 이스라엘과 협의한다는 조건으로 내걸고 미국의 개입을 수락했다.

팔레스타인인들에 대한 협박

미국은 팔레스타인인들이 굴욕적인 협상을 하도록 압력을 가하며 모든 수단을 거듭 사용했다. 예를 들어, 미국은 아라파트와 고(故) 하페즈 알 아사드(Hafez al-Assad) 대통령과의 사이가 좋지 않았던 점을 활용하고자 시리아라는 카드를 사용했다. 1999년 초, 시리아와 이스라엘의 협상은 시리아의 외무장관 파루크 앗 샤라(Farouq As-Shara)와 이스라엘 총리 에후드 바라크가 워싱턴에서 만나 철수조건, 안전협정 및 관계정상화를 논의함으로써 비약적으로 진전되었다. 팔레스타인인들은 이스라엘과 시리아의 관계가 급진전되고 특히 앗 샤라 외무장관이 백악관 잔디밭에서 시리아와 레바논 영토로부터 이스라엘의 전면철수를 전제로 시리아와 협상이 타결되면 이스라엘은 그 지역과의 관계 정상화를 할 수 있을 것이라고 연설하자 궁지에 몰리는 느낌을 받았다. 게다가, 앗 샤라가 팔레스타인인들의 슬픔이나 점령지로부터 이스라엘의 철수에 대해서는 일절 언급하지 않았기 때문에 팔레스타인인들의 우려는 더욱 커졌다. 그래서 팔레스타인인들은 협상 테이블로 돌아가 이전에는 거부했던 사안들을 수용할 수밖에 없었다. 즉, 팔레스타인인들은 이스라엘이 일방적으로 제2차 배치의 3단계에 대해 자세하게 규정한 네탄야후의 정부안을 수용하고 말았다. 1999년 12월, 팔레스타인인들이 바라크 정부가 정착촌문제를 해결할 때까지는 모든 협상을 동결한다고 발표함과 때를 맞추어, 올브라이트 미 국무장관은 갑자기 '자신이 시리아를 방문한 결과 정세가 낙관적이다'라고 발표했다. 이것은 단순히 팔레스타인인들이 정착촌문제를 수용하도록 압박하기 위한 또 다른 술책이었다.

미국, 특히 미 의회는 국내문제를 팔레스타인에게 압력을 가하는 수단으로 이용했다. 클린턴 행정부는 급진적인 의회를 구성할 수 있도록 아라파트가 더 많은 협상에서 양보하고 문제를 일으키지 말아달라고 요구했다. 비록 PLO가 팔레스타인 민중의 합법적인 대표기관이고 평화협정의 당사자라 해도, 워싱턴 주재 PLO 사무실은 6개월마다 의회의 승인을 얻어 조건적으로 기능을 계속하고 있다. 팔레스타인인들이 안전문제에 관해 미국의 지침을 잘 따랐다는 강력한 추천을 백악관으로부터 얻어낸 후에야 비로소 미 의회는 워싱턴과 PLO의 정상적인 외교관계 유지를 허락했다.

이러한 상황은 1999년 말에 미국대사관을 예루살렘으로 이전하겠다는 의회의 위협에서도 나타났다. 팔레스타인인들이 평화협정을 유지하고자 계속 굴욕적인 타협을 한 대가는 협정이행이 아닌 협정이행의 연기였다. 미국은 캠프 데이비드 협상중에도 대사관 이전문제를 공공연히 위협의 수단으로 이용했다. 더 나아가, 모든 주요 원조계획안은 이스라엘 로비의 영향력이 막강한 미 의회의 인준을 받아야 하는데, 이 역시 미국은 이스라엘이 보여준 것처럼 오슬로 협정에 대해 성실과 진실한 자세로 임한다는 확실한 증거를 내보이라는 압력수단으로 이용했다.

실패: 클린턴에서 부시까지

평화협정의 특징은 미국이 중동지역에서 포괄적인 안전지향정책을 취한다는 점에 있다. 더 나아가, 국가적 차원이든 개인적 차원이든, 정착촌과 이스라엘에 있는 이스라엘인의 안전이 이후 모든 협상의 중심축으로 작용했고, 그들의 안전은 팔레스타인인들의 희생과 미래의 팔레스타인 국가의 주권을 놓고 타협하는 위험을 감수한 결과로 얻어진 것이었다. 사실상, 미국의 정책은 평화협정을 평화협약이 아닌 계속되는, 영구적일 수도 있는 휴전상태로 변질시켰다. 2000년 9월 28일에 휴전상황이 붕괴되자, 워싱턴은 스스로가 비난받아야 함에도 불구하고 오히려 팔레스타인인들을 비난했다. 동등한 국가로서 팔레스타인과 이스라엘의 안전과 공존은 물론 최소한 팔레스타인의 민족적 권리를 보장하는 평화협상중재자의 기회를 미국은 계속해서 상실해왔다.

클린턴 행정부는 지난 50년간 미국을 통치했던 정권 중에서 가장 친이스라엘 정부였다. 사실, 국제적 합법성에 대한 공약이 결여된 점과 불법정착촌, 예루살렘 및 난민문제에 대한 전통적이고 공식적인 미국의 입장에서 보았을 때, 클린턴 행정부는 최악의 정권이었다. 클린턴 행정부는 팔레스타인인들에게 확약을 했음에도 불구하고 그와는 반대로, 서안지구의 정착촌문제와 동 예루살렘의 합병문제를 파괴적이거나 적어도 평화협정의 장애물로 여기다가 그것들을 기정사실(faits accmplis)로 받아들이는 입장으로 선회했던 것이다.

클린턴 행정부는 안정을 가져오기 위해서 해결해야 할 중심사안들을 무시하고 안전관계, 안전최우선정책 및 안전조치에만 급급했다. 팔레스타인에서 평화협정이라는 '안전논리'와 미국이 우선적으로 강조한 힘의 논리는 이미 팔레스타인 자주독립체에서는 권위있는 '힘의 논리'로 변형되었다. 평화협정과 평화를 동일시하는 오류를 범한 미국은 스스로를 평화중재인으로, 이스라엘을 중요한 평화의 동반자로 인정했으며 이스라엘이 국제법을 위반하고 있을 때조차도 평화의 동반자로 여겼다. 그러므로 이스라엘은 워싱턴의 전적인 비호 속에 국제사회에서 면책특권을 누렸고, 이는 자연스레 이스라엘이 계속해서 팔레스타인인들의 권리를 침해할 수 있게 해 주었다. 사실, 미국이 후원하는 평화협정은 이스라엘이 더 많은 영토를 몰수하고 관할 지역의 팔레스타인인들을 포위하고 그들을 경제적으로 지배하고 물리적으로 통제하는 데 있어 필요한 방패막이를 제공한 것이었다. 인티파다로 인해 마침내 속임수의 실체가 드러나고, 팔레스타인 아이들이 겁에 질린 채 이스라엘 병사의 손에 죽어 가는 잔인무도한 사진 같은 장면들이 공개되면서 미국이 이스라엘의 보호자 역할을 해왔음이 밝혀지자 미국은 당혹감을 감추지 못했다.

조지 W. 부시가 대통령에 당선되자, 일부에서는 새 행정부는 이스라엘과 어느 정도 거리를 둘 것이라는 어긋난 낙관론이 대두했다. 당연히 잘못된 판단이었다. 클린턴 행정부는 걸프 지역의 위기 특히 이라크를 중동지역에서 가장 긴장이 높은 지역인 팔레스타인-이스라엘 지역에서 분리시키려고 시도했었다. 클린턴 행정부는 두 문제를 다루기 위해서 각기 다른 정책을 세웠다. 즉, 걸프 지역 북부는 봉쇄하고 근동지역에서는 평화협상을 한다는 것이었다. 그러나 부시 행정부는 그 지역을 한 덩어리로 보고 팔레스타인-이스라엘 문제도 이러한 차원에서 다루겠다고 발표했다. 또한 팔레스타인인들이 이라크와 연대한다면, 이를 미국에 대한 비우호적인 행동으로 간주하겠다고 했다. 부시 행정부의 정책은 방식과 접근법에 있어 클린턴 행정부의 정책과 다를 수 있지만, 최종분석을 해보면 친 이스라엘 정책에는 어떠한 차이점도 없다.

최종지위협상

5
팔레스타인 난민

우리는 그들을 내쫓고 그들의 땅을 차지할 것이다.

— 1937년 벤 구리온이 아들에게 보낸 한 편지에서 —

1948년 우리가 그들을 내쫓았다. 그렇지 않았다면 전쟁결과 그들 스스로 떠났을 것이다.

— 에후드 바라크, ≪하아레츠≫, 2000년 11월 29일 —

최대 현안인 '최종지위문제'

난민문제는 소위 '최종지위문제'에서 가장 중요한 것이다. 그럼에도 불구하고, 이 문제는 협상기간에 가볍게 처리되거나 무시되었다. 비록 그 문제가 팔레스타인과 이스라엘이 합의해야 할 현안임에도 불구하고, 이스라엘에게는 금기사항으로 남아 있었다. 주로 전시상황에서 집과 국가에서 쫓겨났던 등록된 370만 명에 달하는 팔레스타인 난민들은 지금도 추방자 신분이다. 이 가운데 120만 명은 50년간의 유랑생활을 거쳤는데도 여전히 60개의 캠프에서 살고 있다. 사실, 야세르 아라파트가 통치하는 가자 지구 유권자의 대다수, 즉 72만 9천 명이 난민들이다. 60만 명 이상의 난민들이 서안지구에 살고 있으며 그 밖의 대다수는 레바논(40만 명), 시리아(46만 명), 요르단(총 난민들 가운데 거의 3분의 1), 그리고 다른 아랍 국가들에서 살고 있다.

팔레스타인 난민문제는 팔레스타인 문제를 상징적으로 나타낸다. 이 문제의 근본원인은 1948년 이후 이스라엘-팔레스타인 간의 갈등과 이스라엘-아랍 국가들 간의 갈등이었다. 바로 이 해에 현재는 이스라엘의 것이 되었지만 당시 팔레스타인 영토의 82%에 해당하는 지역에 살고 있던 팔레스타인계 아랍인 중 85%가 시온주의자들에 의해서 강제로 고국으로부터 추방당했고, 그 후 그곳으로 돌아가지 못하게 된 것이다. 이러한 축출로 인해 이스라엘에 의해 야기된 인종차별정책을 바탕으로 하는 새로운 시대로 접어들게 되었다. 전체 인구의 67%을 차지하는 흑인들이 그 땅의 92.3%에 들어갈 수 없는 상황에 놓여 있는 남아프리카에서처럼, 이스라엘이라는 신생국은 그 땅의 원래 거주민들 가운데 75%를 내몰았으며, 그 후 그들이 자신들의 땅으로 돌아오는 것을 금지시켰다.

팔레스타인 해방기구(PLO)는 이러한 처지에 놓인 팔레스타인 난민들에 의해 결성되었고, 자유와 안식처를 찾아 고국으로 돌아가고자 하는 간절한 열망 속에서 기꺼이 희생을 감수한 그들 덕분에 지금까지 유지되었다. 이 난민문제는 1948년 전쟁[21]과 1967년 전

21 이 전쟁은 이스라엘이 독립을 선언하자 1948년 5월 15일 팔레스타인 아랍인의 주권을 보호하기 위하여 이집트, 이라크, 시리아, 요르단, 사우디아라비

쟁[22]을 이어주는 유일한 사안이며, 이 문제의 해결이야말로 이스라엘과 팔레스타인 사이에서 최종지위협상을 체결하는 선결조건이 될 것이다. 그럼에도 불구하고 이스라엘은 50년 동안 이 문제를 거부해 오다가, 마침내 2000년 7월 캠프 데이비드 협정에서 이 문제와 직면할 수밖에 없는 상황에 놓이게 되었다. 이스라엘은 이 문제에 대한 자신들의 책임을 인정하기는커녕, 오히려 아랍인들을 비난하면서 자신들에겐 어떠한 도덕적, 정치적 혹은 법적 책임도 없다고 주장했다. 이스라엘은 팔레스타인 난민들의 귀환권을 인정해 줄 수 없다고 경고했다. 이스라엘은 이 문제에 관해 캠프 데이

아, 레바논의 6개국의 군대가 이스라엘을 공격함으로써 시작되었다. 따라서 이 전쟁을 두고 아랍 국가들은 팔레스타인 전쟁, 이스라엘은 독립전쟁 또는 해방전쟁으로 부르고 있다. 전쟁이 진행되는 중에 아랍 진영에서는 이해관계로 많은 문제점이 나타났다. 전쟁개시와 동시에 요르단은 예루살렘을 점령하는 데 성공했다. 이에 대해 아랍 국가들은 이스라엘과의 전쟁이라는 전쟁목표를 망각하고 요르단의 군사활동을 견제했다. 결국 이 전쟁은 이스라엘의 승리로 끝났다. 1949년 1월에서 7월 사이 이스라엘과 국경을 접하고 있는 이집트, 요르단, 레바논, 시리아가 차례로 휴전을 선언함으로써 전쟁은 종결되었다. 이 전쟁으로 설정된 이스라엘의 기본국경선은 사실상 오늘날까지 인정되고 있다(역자 주).

22 이 전쟁을 두고 아랍측은 6월전쟁, 이스라엘측은 6일전쟁이라고 부른다. 제2차 아랍-이스라엘 전쟁(1956) 이후 중동지역에서 소련의 영향력이 강화되었다. 아랍측은 소련의 군사지원으로 근대화된 군대를 가지게 되었고, 이스라엘의 입장에서 이는 안보위협의 요인이 되었다. 이에 따라 이스라엘은 국가안보라는 명목으로 1967년 6월 5일 이집트를 기습공격해서 6월 11일, 단 6일만에 승리했다. 제3차 아랍-이스라엘 전쟁에서 팔레스타인인들은 아랍 민족주의운동을 통한 팔레스타인 해방에 한계점을 느끼기 시작했다. 이번 전쟁으로 팔레스타인인들은 영토의 전부를 상실했고 그들의 운동은 과격해지기 시작했다. 따라서 팔레스타인 민족해방운동이 전면적으로 나타나기 시작했고, PLO 산하 다양한 조직들이 결성되었다. 그들은 자살공격, 하이재킹(항공기불법탈취) 등 다양한 게릴라 활동을 전개해 나갔다(역자 주).

비드 정상회담에서 형식적이고 피상적인 논의를 거친 이후 인도적인 차원에서 단지 수천 명에게만 10년에 걸친 귀환권부여에 동의했고, 난민들의 보상금지급을 위한 국제기금지원에 동의했다.

사실, 난민과 1948년 전쟁문제는 1967년의 전쟁·점령과는 다르게 이스라엘의 존립문제와 관련되어 있다. 이스라엘은 자신의 원죄를 인정하고, 또 자신들의 행동에 대한 책임을 인정할 의무가 있다. 그러나 이스라엘은 이렇게 자신들의 책임을 인정하는 대신에 그것을 무시하고 자신들의 기억과 역사책에서 삭제하는 쪽을 선택했다. 이스라엘의 새로운 역사가들이 쓴 책과 새롭게 공개되는 기록문서에는 시온주의자들이 팔레스타인에서 행했던 인종청소에 대한 구체적인 내용들이 상당수 담겨 있음에도 불구하고 이스라엘 정부대표단은 대량학살, 테러리즘, 강제철거, 주택파괴, 그리고 400개의 팔레스타인 마을을 파괴했던 전면적인 인종청소운동에 대해 부인했다. 사실, 오슬로 협정은 유엔 결의안 242호[23]에 기초한 것으로 1967년 전쟁의 결과를 주로 다루고 있다. 그러나 최종적인 합의에 도달하기 위한 유일한 방법은 1948년 전쟁 이래 지난 50년간 수백 번도 넘게 확인되었듯이 귀환권을 요구하는 유엔 결의안 194호[24]에 의거하여 협상과정에서 '최종지위문제'들 가운데 하나로 난민문제를 다루는 것이다. 유엔은 귀환권을 '양도할 수 없

---

23 1967년 제3차 아랍-이스라엘 전쟁에서 이스라엘이 점령한 가자 지구, 예루살렘 및 요르단 강 서안지구에서 이스라엘이 조속히 철수할 것을 결의한 내용이다. 그러나 이스라엘은 이 결의안을 거부하고 있다(역자 주).

24 팔레스타인 난민 귀환문제와 관련하여 난민들의 권리를 인정한 결의안이다(역자 주).

는 권리'로 분류하고 있다.

협상에서의 난민문제

제2차 캠프 데이비드 협정에서 협상자들이 최소한의 합의를 이루려고 노력하고 있었고 미국의 대표단이 협정의 기본틀을 위한 양측의 중재안을 공식화하고자 시도하는 가운데 에후드 바라크(Ehud Barak)는 팔레스타인 난민들의 권리에 대한 국제적인 입장을 확약하는 유엔 결의안 194호를 각하시켰다. 이스라엘 대표단의 법률고문관인 엘리야킴 루빈스타인(Elyakim Rubinstein)은 이러한 조치가 잘못된 행동이라고 지적했다. 그는 바라크에게 유엔 총회 결의안 194호를 명목상으로 삽입할 것을 주장했는데, 그렇게 하면 오슬로 협정이 겉으로는 팔레스타인의 모든 요구를 다 수용하고 있는 것처럼 보이게 할 수 있었기 때문이었다. 이 협정은 문서를 조인함과 동시에 팔레스타인인들이 이스라엘 내에서 더 이상 요구하지 않는다고 단정할 예정이었다. 그랬다면 그 협정이 난민들에 대한 보상으로 추정되면서 유엔 총회 결의안 194호가 만족스럽게 시행되었을 지도 모른다.

그러나 이스라엘이 난민들의 불행한 처지에 대해 도덕적, 정치적 책임을 인정하는 것을 부인하는 상황에서 난민이란 환경의 산물인 PLO가 어떻게 자신들의 모든 권리들을 다 포기한 채, 협정에 조인할 수 있었겠는가? 이스라엘의 대답은 두 가지였다. 첫째로, 이스라엘 국가는 이미 발생했던 일에 대한 책임이 없다는 것이었다. 이스라엘이라는 신생국가를 공격한 것은 오히려 아랍의 군대였으며, 팔레스타인인들에게 집을 떠나 있다가 아랍이 군사적으로 승리할 때 돌아오라고 말한 것도 역시 아랍의 군대였다는 것이다. 그러나 아랍의 군대가 그러한 권고를 했다는 기록은 아직까지 발견되지 않았다. 둘째로, 이스라엘은 1967년 전쟁과 그 여파만을 다루고 1948년 전쟁을 언급하지 않고 있는 유엔 결의안 242호를 협상의 기본적인 토대로 삼기로 PLO가 동의했을 때, PLO가 이미 귀환권에 대한 이스라엘의 입장을 수용한 것이었다고 주장했다. 팔레스타인인들은 242호에 근거를 두고서 협정을 진행시키는 것은 단지 과도기적 과정에만 국한된 것이라고 단언한다. 그렇지 않다면 왜 그 문제가 최종지위의 문제로서 언급되겠는가? 순수하게 인도주의적인 차원에서라는 것이 이 질문에 대한 이스라엘의 답변이다.

이에 대한 반박은 팔레스타인의 주장과 이스라엘의 주장에 대한 해결책을 찾기 위한 법적 측면이나 정치적 측면 그리고 다른 여러 가지 측면에 대한 고려를 통해서 가능할 것이지만, 어느 쪽이 옳으냐 그르냐에 상관없이 근본적인 원칙에는 아무런 변화가 없다. 즉, 난민문제는 결코 무시될 수 없다는 사실이다. 이것은 특히, 이 문제를 무시하는 경우를 고려해볼 때, 예를 들면 인종청소를 수용한다거나 혹은 이스라엘에게 그 나라에 원래부터 살던 사람들이 그곳으로 돌아갈 권리를 거부할 권리를 부여해주는 것과 같은 문제를 고려해볼 때 특히 그러하다고 말할 수 있다. 설령, 이스라엘이 주장하는 것처럼 팔레스타인인들 스스로가 그러한 기록들을 남겼다 치더라도, 국제법에서는 갈등의 원인에 상관없이 민간인들은 자신들의 고향으로 돌아갈 권리를 가지고 있다고 규정하고 있다. 이스라엘은 팔레스타인 난민들의 귀환권을 인정하면 이스라엘이라는 국가 자체가 멸망하게 될 것이라고 주장한다. 그러나 오늘날 유대인의 78%가 이스라엘 영토의 15%에서 살고 있다. 그 나머지는 원래 주로 팔레스타인인들의 땅이었던 약 24개의 도심에서 살고 있을 뿐이다. 다시 말하면, 이것은 15만 4천 명의 이스라엘인이 1만 7천 ㎢의 상대적으로 광대한 영역을 차지하고 있다는 것을 나타내는 것이며, 이 토지 가운데 대부분은 490만 명의 난민들로부터 몰수한 것이다[이 수치는 유엔 난민구호 사업기구(UNRWA)에 기록된 것과 기록되지 않은 것을 다 포함한 것이다]. 만일 가자 지구의 난민들이 원래 그들의 고향이었던 이스라엘의 남쪽 지역에 정착한다면, 그리고 레바논 지역의 난민들이 원래 자신들의 거주지였던 갈릴리 지역에 정착하는 것이 허용된다면, 대다수의 유대인들의 거주지역에서 인구의 변화는 거의 없을 것이다.[28] 그리고 이것은 이스라엘 전체에서 인구수치상의 별다른 변화를 야기하지 않을 것이다.

이스라엘이 1949년 유엔에 가입했을 때, 유엔 결의안 194호에 동의했었다는 사실을 기억해야 한다. 사실, 같은 해 이스라엘은 미국의 헨리 트루먼 대통령이 30만 명의 난민들을 그들의 고향으로 돌려보내라고 요청한 이후에 10만 명의 난민들을 돌려보내겠다고 동의했었다. 그러나 이스라엘은 유엔에 가입한 직후, 국제사회가 다른 일에 신경을 집중하고 있는 동안에 그 태도를 바꾸었던 것이다. 비록 유엔이 중동지역에서 팔레스타인 난민들을 도와주기 위한 인도주의적 차원에서 유엔 난민구호 사업기구(UNRWA)를 설치했지만, 유엔은 또한 이러한 난민들을 법적으로나 또 다른 측면에서 보호하고 이들의 인권을 증진시키기 위해서 유엔 난민 고등판무관실(UNHCR)을 설치했다. 그러나 또다시 정치적인 이유들로 인해서 이것은 실패했다.[29]

팔레스타인이나 이스라엘 중 그 어느 쪽도 팔레스타인 난민들의 양도할 수 없는 권리인 귀환권을 협상이라는 방식을 통해서 박탈할 권리가 없다는 것은 각기 다른 수많은 전문가들의 주장이었다. 미국은 외교정책을 시행하면서 자신들의 목적이나 이스라엘의 입장과 국제법이 마찰을 빚게 될 때에 이와 관련된 국제법을 한편에 무시하는 관행을 만들었기 때문에 이러한 문제는 여전히 평화의 장애요소로서 남아 있다고 할 수 있다. 따라서 미국의 전 국무장관 매들린 올브라이트(Madeleine Albright)는 이러한 유엔 결의안들이 '시대에 뒤떨어지고,' 단지 논란만을 야기할 것이기 때문에 이것들을 피해야만 한다고 생각했던 것이다. 그러나 그러한 접근방식은 얼마나 오래 지탱될 수 있을 것이며 또한 진정으로 이 지역의 안정을 가져다 줄 수 있을 것인가? 분명히 그렇지 않다.[30]

오늘날, 이스라엘의 국민들의 관점에서 본다면 협상 테이블에서 그랬던 것처럼 난민문제는 금기사항이 아니라고 할 수 있다. 이스라엘과 팔레스타인 공동의 한 연구조사단체가 이스라엘과 점령지역을 대상으로 실시한 한 여론조사에 따르면, 이스라엘 유대인 가운데 약 7%가 그 난민문제에 대해 이스라엘이 일차적 책임을 지고 있다고 응답했고, 5%는 난민문제는 전적으로 이스라엘의 책임이라고 응답했으며, 35%는 이스라엘과 팔레스타인 양자가 그 문제에 대해 책임을 지고 있다고 응답한 것으로 나타났다(이는 41%라고 응답한 점령지의 팔레스타인인들과 거의 같은 비율이라고 할 수 있다).

다시 말하면, 이스라엘 유대인의 대다수가 난민문제에서 이스라엘이 부분적인 혹은 전적인 책임이 있다는 것을 인정했음을 보여주는 것이다. 그러나 이스라엘 유대인의 대다수인 90%는 이 난민들이 현재 살고 있는 곳에 정착해야 하거나(57.2%), 아니면 장차 설립될 팔레스타인 국가에 정착해야(32.2%) 한다고 응답했다. 그러나 어쨌든, 이러한 연구결과는 난민문제 해결을 위한 길이 비록 멀고 험난한 것이기는 해도 이스라엘에서 난민들의 정치적·법적 권리를 증진시키는 작업을 진행시키는 것이 결코 불가능한 일은 아니라는 점을 보여준 것이라고 할 수 있다.

난민들에 대한 보상비용은 4백억 달러에서 3천억 달러 사이인 것으로 추산되어져왔는데, 그 차이는 누구에 의해서 그 액수가 추산되느냐와 어떤 근거를 기준으로 추산하느냐에 따라 달라진다고 할 수 있다. 예를 들어, 팔레스타인 경제학자인 아티프 쿠부시(Atif Kubusi)는 골란 고원의 유대인 정착민들이 자신들이 그곳을 비워주는 대가로 요구한 보상금액을 팔레스타인 난민들의 보상금액 산출을 위한 근거로 삼을 경우에는 좀더 높은 수치가 나올 가능성이 높다고 추정했다. 캠프 데이비드 협정이 진행되는 동안에 팔레스타인 대표단에게 고문관들이 말해준 수치는 400억 달러 수준의 보상액이었지만, 확정된 것은 아니었다. 그리고 이러한 보상금이 국가적 차원의 보상인지 아니면 개인적 차원의 보상인지의 여부도 명확하게 밝혀지지 않았다.

국제사회의 지속적인 의무

오슬로 평화회담 과정에서 국제사회가 팔레스타인 난민문제에 대한 자신의 의무를 저버린 것은 용서받을 수 없는 과오라고 할 것이다. 물론 이 문제는 우리가 양 국가, 즉 유대인 국가인 이스라엘과 팔레스타인 국가를 말할 때, 양자 모두에게 커다란 위험부담을 줄 수 있는 복잡하고 힘든 문제라는 것은 의심의 여지가 없다. 만일 역사적 조건들이 포괄적인 해결에 적합하지 않은 상황이라면, 그렇다면, 적어도 우선 레바논 지역이나 가자 지구의 오지에 있는 난민촌에서 살고 있는 팔레스타인 난민들에게만이라도 귀환권을 주거나 아니면 그들에게 보상을 해주어야 할 것이다. 많은 팔레스타인 난민들이 자신들의 고향으로 돌아간다면 유대인들과 같이 살아야 하기 때문에 귀환권을 거부할 가능성도 있으며, 다른 곳에 재정착하기 위해서 보상금을 받는 쪽을 선택할 지도 모른다. 그러나 난민문제를 해결하기 위한 일의 시작단계에서 가장 중요한 것은 이스라엘이 팔레스타인 난민들이 겪고 있는 어려움에 대해서 역사적인 책임을 지고 있음을 인정하는 일이고 그러한 책임의 결과를 처리하는 일은 팔레스타인 국가와의 협력을 통해 시작되어야 한다는 것이다.

이스라엘은 또한 자기 자신의 역사적 측면에서 이 문제에 접근할 필요가 있다. 즉, 이스라엘은 자신의 과거를 거울 속에 비추어 본 이후에 오랫동안 자신들이 부인해 왔던 것을 인정해야만 한다. 즉, 유엔 총회 결의안 194호에서 자세히 규정해놓고 있는 팔레스타인 난민들의 귀환권이나 보상문제에 대한 원칙들을 인정하고 거기에 대한 도덕적, 법적인 책임을 져야만 할 것이다. 그럴 때 이 지역에서 그 간에 있었던 갈등과 폭력의 악순환이 종식되고 화해와 관용의 새로운 시대가 열릴 수 있을 것이다.

더 나아가, 국제사회는 팔레스타인 난민들의 귀환권을 백 번째로 재차 시인한 이후에 오랫동안 팔레스타인 난민들에게 그들의 양보할 수 없는 권리를 되찾아줄 의무를 지고 있는 것이다. 이것은 도덕적이자 법적인 책임이다.

6

예루살렘

콜레크(Kollek): 우리는 아무런 의미 없이 말한 것을 실행에 옮기지 않았습니다. 우리는 예루살렘에 살고 있는 아랍인들의 권리를 유대인들과 동등하게 인정해줄 것이라고 반복해서 말했습니다—그러나 그것은 단지 말뿐이었습니다……. 레비 에쉬콜(Levi Eshkol)과 메나쳄(Menachem) 둘 다 아랍인들과 유대인들에게 동등한 권리를 인정해 주겠다고 말했습니다. 그러나 두 사람 모두 자신들의 약속을 위반했습니다……. 우리는 아랍인들이 법 앞에서 자신들이 동등하다는 느낌을 갖도록 해준 적이 없습니다. 아랍인들은 여전히 2등 시민이나 3등 시민으로 남아 있습니다.

기자: 예루살렘의 아랍인들을 위해서 그렇게 많은 일들을 한 예루살렘 시의 시장인 당신이 이런 말을 한다면, 그렇다면 당신들의 이웃을 위해 도로를 포장하고 그들을 발전시킨 것은 도대체 누구라는 말씀입니까?

콜레크(Kollek): 말도 안되는 소립니다! 저는 아무 것도 건설한 적이 없으며 아무 것도 발전시켜준 것이 없습니다. 내가 무엇인가를 했다구요? 아니요, 저는 아무 것도 한 것이 없습니다. 도로를 건설했다구요? 아닙니다, 저는 그러지 않았습니다. 문화단체를 만들었다구요? 아니요, 하나도 만들지 않았습니다. 맞아요, 네, 우리는 그들을 위해서 하수처리시설을 세웠고 수계를 개선했습니다. 우리가 왜 그런 일을 했는지 그 이유를 아십니까? 당신은 우리가 그들의 이익을 위해서, 또는 그들의 복지를 위해서 그런 일을 했다고 생각하십니까? 천만에요. 그들이 사는 지역에서 콜레라가 발생

발생하는 사건이 있었습니다. 유대인들은 그들이 콜레라에 전염될까 봐 걱정을 했습니다. 우리는 그곳에 하수처리시설과 수계를 설치했던 것입니다.

— 데니 콜러(Teddy Koller), 서예루살렘의 전 시장이 1990년 10월 10일 '템플 마운트 대량학살(Following the Temple Mount Massacre)'이라는 글에서 마아리브(Maariv)에게 한 말 —

고대도시: 누구의 도시인가?

캠프 데이비드에서 중동평화협상은 예루살렘의 운명이라는 문제를 놓고 주춤거렸다. 이 문제를 미국적 방식이나 이스라엘의 방식으로 해결하려고 시도하지 않았더라면, 예루살렘 문제는 가장 손쉽게 처리할 수 있는 문제가 될 수도 있었을 테지만, 결국은 그들의 입장과 그들의 방식으로 이 문제에 접근했기 때문에, 예루살렘 문제는 최종지위협상에서 가장 해결하기 어려운 문제가 되었다. 이러한 미국적인 접근방식이나 이스라엘식의 접근방식은 평화협상의 토대가 되었던 유엔 결의안 242호와 크게 배치되는 결과를 초래했으며, 또한 팔레스타인인들의 감정과 기분을 몹시 상하게 하는 결과를 가져왔다. 캠프 데이비드 정상회담이 실패로 끝나고 몇 주 뒤에, 어떤 이스라엘인이 예루살렘을 공격하는 사건이 발생했다. 그런데 이것은 아리엘 샤론이 알 아크사 사원을 도발적으로 방문한 것과 같은 유사한 형태로 이루어졌다. 이 사건의 발발로 인해, 그 다음날인 2000년 9월 29일 하람 알 샤리프(Haram al-Sharif) 지역에서 유혈사태가 발생하게 되었고, 이것은 또한 바로 제2차 인티파다의 시작을 알리는 신호탄이 되었다. 1996년에 일어났던 양측간의 충돌의 배후에도 역시 다른 이스라엘인이 예루살렘을 공격한 사건이 있었는데, 그의 공격 방식 역시 네탄야후 정부가 유대인 유적지를 위해서 무슬림 사원의 성지의 땅을 파겠다는 결정을 내린 것과 같은 도발적인 방식으로 행해졌다.

예루살렘에 관한 논쟁에서 중점적으로 제기되는 문제는 아마도 예루살렘이라는 고대도시 그 자체와 팔레스타인인들이 자신들에게 건네져야 한다고 주장하는 주변지역이다. 예루살렘에는 2만 7천 명의 팔레스타인과 단 2천 명의 유대인들이 살고 있다. 1947년의 유엔결의안 181호는 예루살렘의 지위를 '코르푸스 세페라툼(Corpus Seperatum)'[25]이라고 선언했지만 이 결의안은 실행에 옮겨지지 않았다. 팔레스타인이 패배했던 1948년 전쟁 이후에, 그 도시의 실질적인 분할이 이루어졌다. 예루살렘의 서쪽 지역, 즉 예루살렘의 88%에 해당하는 지역이 이스라엘의 관할권에 들어갔고, 예루살렘의 동쪽 지역 즉, 전체 예루살렘의 12%에 해당하는 지역이 요르단의 통치권하에 들어갔다. 그날 이전까지는 그 도시의 54%에 해

25 '분리된 몸체'라는 의미이다. 1947년 11월 유엔의 181호는 팔레스타인을 유대인과 아랍인 두 개의 국가로 분할할 것을 제안했다. 유대인 국가는 텔아비브 남부지역과 북부의 하이파까지 해변지역, 네게브 사막, 갈릴리 호수 주변지역, 아랍인 국가는 예루살렘 주변의 요르단 강 서안지구, 가자 지구, 갈릴리 북부지역으로 구분하였다. 이밖에 국제관할 지역으로 예루살렘과 베들레헴을 포함한 주변지역을 만들었다(역자 주).

당하는 지역을 무슬림 팔레스타인인들과 기독교도 팔레스타인인들이 소유하고 있었다. 반면에 유대인들은 약 26%의 토지를 소유하고 있었다. 그리고 그 나머지는 예루살렘시의 소유였다.[31] 1967년 6월 7일 이스라엘은 예루살렘의 동쪽 지역을 점령했다. 그 해 6월 25일 이스라엘 정부는 이러한 합병을 법률적으로 합법화시킬 수 있는 구실을 만들어냈다. 당시 이스라엘은 자신들의 목적이 그 지역을 합병하기 위한 것이 아니라, 그 지역 국민들이 필요로 하는 서비스를 제공하기 위한 것이었다는 것을 국제사회에 보여주기를 원했다. 이스라엘은 이를 위해 '관할권(jurisdiction)'이나 '행정(administration)'이라는 용어를 신중하게 선택했고 이 용어들을 자신들이 새롭게 점령한 지역에 계속해서 확대 적용해나갔다. 1967년 이스라엘이 이웃국가에 대해 치밀하게 준비한 공격을 말할 때 그 공격이 자기방어전쟁 이후에 수행된 것이라 할지라도 국제법이 이러한 일방적인 합병을 인정하지 않는다는 것은 두말할 필요가 없다.

1967년 이래, 이스라엘은 서예루살렘의 도시의 경계선을 약 70㎞ 정도 확대함으로써, 예루살렘의 경계선을 일방적으로 확대해왔다. 그 가운데 24㎞는 주로 새로운 유대인 정착촌(이를 위해서 이스라엘은 마스터플랜을 개발했고 지금까지 17.5㎞ 지역이 완성되었다)을 건설하기 위해서 몰수한 것이었다. 반면에, 나머지 45㎞에 대해서는 아직 그렇다 할 계획이 없는 상태이다. 마스터플랜 가운데 단지 5㎞만이 팔레스타인인들의 주거용으로 할당되어졌을 뿐이다.[32]

1995년 이스라엘은 440㎢ — 그 가운데 4분의 3은 1967년 이전의 점령지의 경계선 내에 위치하고 있었고 지바트 제에브(Givat Ze'ev)와 마알레 아두민(Ma'ale Adumim) 지역의 환모양의 정착촌을 포함하고 있었다—

를 확장하는 예루살렘 거대도시지역 건설을 위한 계획을 밝혔다. 이 거대도시에 대한 예루살렘의 계획은 팔레스타인인들의 높은 출생률로 인해서 머지 않아 이 지역의 팔레스타인인들의 인구규모와 유대인 인구규모가 동일하게 될 것이라는 예상에 따라 부분적으로는 이 문제에 대처하기 위한 의도를 지니고 있었다. 이스라엘은 정착촌인구가 서예루살렘의 인구와 합쳐지고 주변지역의 인구가 '통합도시' 안으로 흡수될 시기인 2015년 경에는 50만 명으로 증가할 것으로 예상했다. 아랍계 예루살렘은 물리적인 방식을 통해 라말라와 베들레헴 지역으로부터 분리되어질 것이고 규모가 더 커진 유대 예루살렘에 의해서 포위되어 질 것이다. 바라크 정부는 고(故) 이츠하빈 라빈 총리의 지지를 받았고 또 그의 뒤를 이은 벤야민 네탄야후의 더욱 강력한 지지를 받았던 그 거대 예루살렘 계획을 계속해서 수행해나갔다.[33] 네탄야후 정부에서 영구기지장관(minister of infrastructure)을 지냈고, 강제로 예루살렘이라는 고대도시(아랍인 지역)의 한 팔레스타인 집을 전유해서 자신의 집으로 사용한 아리엘 샤론은 예루살렘 시장인 에후드 올메르트(Ehud Olmert)와 협력하여 예루살렘 지역에서 정착촌정책을 추진하는 데 있어서 핵심적인 역할을 담당했다. 그가 2001년에 총리가 되었을 때, 예루살렘이라는 도시의 유대화는 극적인 전환기를 맞았다.

이스라엘의 인구통계학 논쟁

예루살렘에 대한 사실상의 합병은 두 개의 주요한 법을 제정함으로써 시행되었다. 첫번째 입법안을 통해서 이스라엘은 자신들의 행정부를 새로운 점령지로 이전할 수 있었다. 그리고 또 다른 입법안을 통해서 이스라엘의 내무부는 예루살렘의 시 경계선을 확장하였다. 이 법은 모든 지방행정단위에 적용되었으나, 예루살렘의 경우에는 72㎞까지를 포함할 수 있도록 예루살렘 경계를 확장하기 위해서 두 개의 훈령을 별도로 제정하였다. 이러한 결정에 기초를 두고서 이스라엘은 새롭게 합병한 이 지역에 거주할 인구수를 결정하고 그들에게 신분증을 발급해주었는데, 이 신분증은 이미 이 때부터 시민권이라기보다는 거주권의 의미를 지니게 되었다. 팔레스타인인들의 입장에서 보면 그러한 결정은 정치적인 것이었으며, 가능한 적은 아랍 인구로 될 수 있는 한 더 많은 영토를 획득하고자 하는 이스라엘의 욕구를 반영하고 있었다. 그 이후로 이스라엘은 대도시와 동예루살렘에서의 유대인 거주를 장려해왔고, 그 결과 그곳의 유대인 인구는 190만 명을 넘어서게 되었다.

동예루살렘에 살고 있는 팔레스타인인들에 대해 이스라엘은 가혹한 조치들을 시행해왔고 이는 지난 2년 동안에도 여전히 계속되었으며, 바라크가 총리로 통치하던 지난 16개월 동안에도 이와 같은 조치는 전혀 누그러들지 않았다. 바라크는 이미 체결한 협정들의 시행을 회피하기 위해, 클린턴 행정부와의 우호관계를 십분 활용하였다. 그는 정착촌을 확대하였고, 네탄야후 정부가 시작조차 하지 못했던 일을 마무리했다. 즉, 아부 그나임(Abu Ghnaim)이라는 아랍인들이 거주하는 예루살렘 근교지역에 유대인 정착촌을 건설하여 예루살렘을 에워쌌던 것이다. 원래 이 계획은 네탄야후 자신이 총리 재임시절에 시행하려고 시도했으나, 이 일이 아랍-미국 간의 관계와 미국-이스라엘 간의 관계를 긴장시켰기 때문에 네탄야후는 이 계획을 실행에 옮기지 못했다.

그리고 예루살렘에 거주하는 아랍인 거주자들에게서 신분증을 몰수하는 일은 계속되었다. 1998년부터 2001년 사이에 2,200명이 아랍인 신분증을 몰수당했다. 1999년 2,466명을 대상으로 일하고 있는 팔레스타인 인권단체는 900건의 이와 같은 사건을 접수받았다. 19명의 아랍 시민이 국외추방을 당했다. 수천 명의 시민들이 신분증을 박탈당했고 그 중에 단지 78명만이 신분증을 돌려받았다.[34] 그러나 그러한 고립정책, 즉 '인종청소'정책은 역효과를 낳았다. 예루살렘의 팔레스타인 인구는 줄어들지 않고 오히려 이 정책을 시행하기 이전보다 증가했던 것이다. 예루살렘의 팔레스타인 장관인 고(故) 파이잘 후세이니(Faisal Husseini)에 따르면, 1967년의 팔레스타인 인구의 3배인 약 23만 3천 명의 팔레스타인인들이 동예루살렘에 거주하고 있었다. 예루살렘의 경계선 밖에서 살고 있던 예루살렘 거주자들의 많은 수가 지난 몇십 년간 이스라엘의 신분증 몰수를 피해서 예루살렘으로 돌아왔다.

1999년 초엽, 이스라엘의 내무장관은 2만 채 이상의 주택이 동예루살렘에 불법적으로 건축되었다고 경고했다. 예루살렘 시 당국은 1999년에 141개의 철거명령서를 발부했고 그 중에 19건이 실행되었다. 오슬로 협정이 조인된 이후에 모두 92채의 가옥이 철거되었고 수백 명의 사람들이 퇴거되었다. 그러나 이스라엘이 73.5 대 26.5의 비율로 인구균형을 이스라엘에게 유리하게 유지시키고자 했던 시도는 팔레스타인 인구의 증가로 인해서 좌절되었고, 1999년 말경 인구 비율은 33 대 67로 변화되었다.

1967년과 1997년 사이에 팔레스타인 지역에 새롭게 세워진 건물은 단지 12%에 불과했다(대부분은 사적으로 건설된 것이다). 반면에, 이스라엘의 공공건설 부문은 몰수한 토지에 유대인들을 거주시키기 위하여 적어도 4천 개의 주택을 새롭게 건설했다. 전반적으로 보면, 예루살렘이라는 도시에 '유대적' 특성을 부여하려는 이스라엘의 시도는 인구구성상의 비율에서 실패했으며 또한 정신적인 측면에서도 실패했다. 개방된 다종교도시가 이스라엘 정책에 대해 승리를 거두었을 때, 이스라엘이 시도하고자 했던 '고립주의'는 예루살렘에서 실패했다.[35)]

최종지위협상에서의 예루살렘

협상에서 예루살렘 문제를 다루는 것은 대단히 민감한 사안이라는 것을 깨달았기 때문에, 협상의 논의과정에서는 최우선적으로 주권문제에 초점을 두었을 뿐만 아니라 출입, 거주, 범위, 즉 그 도시의 경계를 어디까지 결정할 것인가에 대한 문제도 다루어졌다. 이스라엘과 팔레스타인 양측은 예루살렘이 개방되어 있으며 분할되지 않은 도시로 남아 있어야 한다는 것에 동의했다. 그러나 양측은 예루살렘에 대한 통치권문제에 대해서는 이견을 좁히지 못했다. 협상이 진행된 지난 7년간, 팔레스타인과 이스라엘 양측은 예루살렘 시 안에 건설된 유대인 정착촌문제와 예루살렘에 대한 이스라엘의 봉쇄조치를 종결짓는 문제에 대해 서로 다른 입장을 보여왔다. 그러한 이스라엘의 봉쇄조치로 인해서 가자와 서안지구의 팔레스타인인들은 예루살렘에 들어갈 수 없었으며, 또한 그곳에서 거주할 수도 없었다. 양측간의 논쟁에 있어 중요한 또 다른 측면은, 이스라엘 당국에 의해서 예루살렘에 들어가는 것을 금지당한 ―본래는 예루살렘에 살고 있었던― 약 10만 명의 아랍인들에게 귀환권을 인정해 달라는 팔레스타인의 요구와 관련된 것이었다. 다시 말하면, 이러한 문제들은 동예루살렘에서 이스라엘이 일방적으로 취한 불법적인 조치들이 협상과정에서 발생한 가장 중심적인 문제로 부상했던 것이다. 제4차 제네바 회의에 따르면, 이스라엘은 새롭게 정복한 지역에 인구를 이주시킬 어떠한 권리도 갖고 있지 않았으며 또한 팔레스타인 거주자들이 그 도시로 들어가는 것을 막을 수 있는 어떠한 권리도 갖고 있지 않았다.

캠프 데이비드 협상 이전에 미국은 예루살렘 문제를 '주요협정'에서 배제시키는 부분적인 협정을 체결하는 쪽으로 기울어 있었는데 그 이후에서야 비로소 클린턴 대통령은 예루살렘 문제를 해결하는 것이 가능하다는 것을 실감했다. 그러나 미국대표단이 팔레스타인에 전달한 것은 이스라엘측의 제안으로 이것은 예루살렘에 대한 팔레스타인의 최소한의 열망에도 미치지 못했다. 클린턴의 중재안은 국제법이 정하고 있는 적법성에도 크게 미치지 못했다. 특히, 이는 이스라엘로 하여금 1967년에 점령한 지역으로부터의 철수를 요구하고 있는 UN 결의안 242호에도 위배되는 것이었다. 제2차 캠프 데이비드 협상기간 동안에, 이스라엘은 알 아크사 사원과 성역(Holy Sanctuary)에 대해서 이스라엘이 통치권을 가져야 한다고 주장했다. 미국대표단이 제안한 모든 교묘한 방안들은 이스라엘의 이러한 입장을 가리기 위한 방책이었다. 팔레스타인인들이 자신들의 성지에 대한 그와 같은 간섭을 거부하자, 이스라엘과 미국은 알 아크사 사원에 대한 통치권을 주장했다. 그들의 관점에서 보면 유대 사원의 터가 알 아크사 사원 밑에 있기 때문에 그 지역에 대한 수평적 권리를 이스라엘이 가져야 한다고 주장한 것이다. 미국과 이스라엘은 자신들이 그곳에 대한 통치권을 차지하는 대가로 성역에 대한 통치권은 유엔 안전보장이사회와 예루살렘 위원회 주관하에 국제기구에 이관시킬 것이라는 것과 그러한 국제기구들이 팔레스타인 지역에 대한 신탁통치권을 갖도록 보장해주겠다고 제안했다.

더 나아가, 미국을 통해서 이스라엘은 각각의 지역에 대한 각기 다른 통치체계를 제안했다. 이 문제는 적법한 소유자인 팔레스타인인들이 동예루살렘을 돌려받는 것 대신에, 이미 분할된 예루살렘을 더욱더 분할하는 결과를 초래할 것이었다. 따라서 그 고대도시에서 이웃의 기독교지역에 적용된 것이 아르메니아인들에게 적용되지는 않을 것이며 또 무슬림 지역에 적용되지도 않을 것이다. 예루살렘 도시 내의 이러한 세 개의 지역들은 쉐이크 잘라(Sheikh Jarrah), 소와나(Sowana), 투르(Tour), 살라 에딘(Salah Eddin), 라스 알 아무드(Ras Al Amoud) 및 실완(Silwan)과 같이 예루살렘에 아주 근접하고 있는 지역들 사이에 다른 통치체계와 각기 다른 법률적 입장을 가지게 될 것이다. 이는 캠프 데이비드 협상에서 그러한 지역들에 대해 '기능적 자율성'만을 제안했기 때문이다. 이스라엘이 예루살렘을 점령한 이후 그 도시의 경계를 팽창시키기 전에는 예루살렘에 포함되어 있지 않았던 베이트 하니나(Beit Hanina), 쿠프르 아가브(Kufr Aqab), 칼란디아(Kalandia), 사와흐라(Sawahra), 사미르 아미스(Samir Amis), 슈파트(Shufat) 및 에사스위예(Esaswiyyeh)와 같은 예루살렘 외곽에 위치하고 있는 지역들은 팔레스타인의 관할권 안에 들어가게 될 것이다.

이러한 제안이 거부되자 미국대표단은 예루살렘 내외의 인근도시들이 팔레스타인의 제한된 주권을 받아들여야 한다고 주장할 때까지 인근의 지형을 지속적으로 바꾸기는 했지만 이것은 본질이 서로 다른 이스라엘의 안보와 예루살렘의 개방성을 보장하는 법적 합의를 그 배경으로 하고 있었다. 그렇지만 팔레스타인측이 승인하기 전까지는 이스라엘이 구(舊)예루살렘과 관련된 원칙의 상세한 내용을 밝히길 거부했기 때문에 그러한 합의의 내용들은 대외적으로 알려지지 않고 있다. 팔레스타인인들은 세부적인 합의가 이루어졌다면 이스라엘이 이스라엘인들에 의한 사실상의 예루살렘 통치를 보장했을 것이라고 결론지었다.

이러한 해결책이 기존의 상황보다 훨씬 더 많은 문제를 야기시키고 현재보다 도시를 더욱 분열시키게 되어 혼란을 초래할 것이고 이스라엘의 개입만 강화할 것임은 명약관화했다. 미국과 이스라엘의 캠프 데이비드 협정은 최종적인 결론도 없이 이스라엘의 실질적 통치권을 유지시켰을 뿐이다. 이스라엘이나 미국의 협상자 중 누구도 예루살렘에서 저질러지고 있는 불법행위들에 대해 언급한 적이 없으며, 최소한 이스라엘 통치로 인해 이 지역 팔레스타인인들이 감내해야 하는 열악한 생활상은 다루지도 않았다. 사실상 캠프 데이비드 협정은 이 지역에 대한 이스라엘측의 소유권을 더 강화시켰을 뿐이며 몰수한 영토에서의 불법거주, 가옥파괴, 신분증 압수, 폐업명령 등 이 지역에 거주하는 팔레스타인인들을 경제적으로 압박하고 팔레스타인 후배지와의 연결을 끊어놓는 불법정책만을 합법화시켜주었을 뿐이다.

정상회담의 실패 후 이스라엘 정부는 캠프 데이비드에서 모든 합의내용은 협의서가 없다면 무효라는 점을 강조해왔다. 안타깝게도 클린턴 정부는 캠프 데이비드 합의사항을 예루살렘 문제의 지속적 해결책으로 삼는 대신 이스라엘의 손을 들어주었다. 제2차 인티파다로 인해 클린턴은 퇴임 전인 1월에 그의 입장을 재천명할 수 밖에 없었으며 에후드 바라크 이스라엘 총리는 캠프 데이비드 협정 후 타바 평화협정에서 이스라엘 입장을 조정하여 도시를 분할한다는 원칙에 동의했다. 에후드 바라크는 통일 예루살렘이라는 금기를 깨뜨려버렸다.

도시의 공유: 이스라엘의 금기가 깨지다

이스라엘의 입장은 국제사회 여론에 보다 가까워졌지만 분쟁지역의 현 상황에 대한 실질적이거나 적절한 해결책을 제시하지는 못하고 있다. 이스라엘의 신세력은 예루살렘 분할과 이 지역에 대한 팔레스타인의 권리를 합법적인 것으로 받아들이고 있다. 이스라엘의 주요 일간지인 ≪하아레츠≫의 유명한 정치해설자는 '분할을 위한 용기'라는 제목의 글에서 '이스라엘이 용기를 내어 예루살렘은 분열되어야만 한다라고 말하기 전까지는 팔레스타인-이스라엘 분쟁은 끝나지 않을 것이며 앞으로도 수세기간 예루살렘에서는 유혈사태가 계속될 것이다'라고 적고 있다.[36] 게다가 역사가이자 예루살렘의 전(前) 부시장인 메론 벤비니스티(Meron Benvinisti)는 예루살렘에 대한 온갖 '창조적인' 아이디어를 비웃으면서 예루살렘의 분할 또는 공유만이 장기적 안목에서 실현 가능성이 있다고 주장했다. 게다가 ≪하아레츠≫는 바라크 총리에게 이스라엘이 황금사원(the Dome of the Rock)과 성소 내의 유대교 성지를 결코 포기할 수 없다라는 '사회적 통념'을 포기할 것을 요구했으며 무슬림 성지에 대한 주권을 주장해 봤자 이익이 없다는 점을 강조했다. 이는 또한 기독교성지에 적용될 수 있는 중요한 선례가 된다.

대립이 있기 전 이스라엘에서 피스 나우(Peace Now) 운동의 일환으로 '단일도시, 두 국가의 수도'라는 슬로건 하에 캠페인이 펼쳐졌다. 이 캠페인의 대대적 성공으로 평화운동이 확대되었다. 이스라엘인들과 이스라엘 예루살렘 자치시의 온건파의원 6명은 팔레스타인과 더불어 예루살렘을 그들의 수도로 삼을 수 있도록 하는 도시분할을 요청하는 탄원서를 작성하기도 했다. 게다가 여론조사 결과 여당인 노동당 지지자 55%를 포함, 예루살렘에 대한 팔레스타인 권리를 인정하는 이스라엘인이 증가하고 있는 것으로 나타났다. 공식적으로 볼 때 이것은 중요한 변화라 할 수 있다. 전통적으로 이스라엘은 예루살렘에 대해 강경한 입장을 유지해왔는데 이러한 입장은 최근 들어 더욱 강화되었다. '통일수도'문제는 절대 타협될 수 없으며 만일 협상이 이루어진다면 팔레스타인과의 양자협상이 될 것이고 외부의 개입은 절대 허용할 수 없다는 입장이었다. 그러나 최근 들어 이스라엘은 예루살렘 문제를 놓고 대화를 수용하며 이 문제를 해결하는데 도움이 될 수 있는 다른 국가의 견해나 창의력 있는 아이디어를 수용하고 있으며 더 나아가 의견개진을 고무하고 있다. 예루살렘 문제해결 노력은 더 이상 샤론 총리만의 권한이 아닌 것이다.

오늘날 예루살렘의 정치

현재 동예루살렘에서 가장 걱정되는 부분은 이스라엘 정권도 향후 팔레스타인 정권도 아닌 정권의 부재라고 할 수 있다. 예루살렘 지역 탈환을 주장하는 예루살렘 거주 아랍인들은 이스라엘 시의회를 인정할 수 없으며 예루살렘인이 전체 인구의 33%를 차지하고 있음에도 불구하고 10% 이하의 예산을 받고 있다는 이유로 시의회 선거를 계속 보이코트하고 있다. 그럼에도 불구하고 최근 여론조사 결과 이동의 자유와 최소한의 권리를 누리기 위해 많은 사람들이 이 지역에서 이스라엘이 발급하는 신분증을 선호하고 있는 것으로 나타났다. 그러나 동예루살렘이 서예루살렘과 통합되는 일은 요원한 일로 이스라엘인들은 동부에 출입하는 일이 거의 없다.

오늘날 동예루살렘에는 200개의 팔레스타인 기관이 있다. 그러나 이스라엘은 지난 2년간 동예루살렘의 팔레스타인인들에 대한 약속을 지키지 않았다. 지역 NGO 모임을 금지하고, 일부는 폐쇄하기도 하며 몇몇 NGO에 대해서는 팔레스타인 자치정부(PNA) 소속이라고 비난하기도 했다. 오리엔트 하우스(Orient House: 팔레스타인 정부의 비공식외무부)는 NGO의 회합장소인데 이스라엘측이 PLO 중재사무소(PLO Negotiations Office)를 방문한 국제고위인사들의 방문을 저지함으로써 이곳을 고립시키고 있다. 후에 이스라엘은 오리엔트 하우스(Orient House)를 점거했다.

팔레스타인인들은 예루살렘의 물리적 분리가 아닌 정치적 분리를 요구하고 있다. 사실상 팔레스타인인들은 예루살렘에 대한 주권분리와 통치권공유를 희망하고 있다. 팔레스타인인들은 1948년 당시 예루살렘 전 지역의 3/4을 장악했고 현재 그 구성원이 1/4에 못 미치는 알 쿠드스(동예루살렘)가 아랍인 재산을 대부분 압수하며 이스라엘 정부기관을 이전시키고 예루살렘을 자국의 수도로 만들었다고 주장한다.

그러나 예루살렘의 인구변화에도 불구하고 오늘날 예루살렘의 지역민들이 통합되지 못하고 있기 때문에 통치권이나 행정권한이 평화의 걸림돌이 되어서는 안 된다. 현 시점에서는 아랍계 동부와 유대계 서부간의 정치적 분리가 가능하다. 이 정치적 분리는 도시 경계를 장벽으로 막아놓는 것보다 상징적으로 공유되거나 분할된 통치권의 형태를 취함으로써 완전히 개방된 도시를 지향한다.

도시에 영향을 미치는 종교적 차원에서 볼 때 성지에 대한 좀더 평화롭고 공개적인 접근을 보장해줄 정도의 중요한 발전이 있었다. 2000년 2월 15일에 바티칸과 PLO는 성지, 특히 성스러운 도시에서 '종교의 자유', '양심의 자유', 전 시민의 인간평등과 민권보호의 필요성을 강조했다. 본 문서에서는 예루살렘에서의 일방적인 행동을 비난하고 공개적이며 안전한 기독교성지 방문을 보장했다. 무슬림과 유대교의 성지와 관련하여 아라파트는 최근 부라크(Buraq), 즉 통곡의 벽을 방문하고자 하는 유대교도들에게 "이스라엘인의 보호 하에 안전하게 예배를 볼 수 있게 하겠다"고 약속했다. 이에 부응하여 이스라엘도 알 아크사 사원 예배를 희망하는 무슬림들이 이스라엘 보안검열을 받지 않도록 하겠다고 말했다.

그러나 일단 예루살렘 문제를 공정히 해결할 수 있게 되면 이스라엘은 다음과 같은 중요한 혜택을 얻게 된다. 첫번째로 가장 중요한 혜택은 바로 안전일 것이다. 이스라엘의 저명한 사회학자인 바루치 킴머링(Baruch Kimmerling)은 최근 팔레스타인과 예루살렘을 공유하는 것이 장기적으로 이스라엘의 안전을 도모할 수 있는 최선의 길이라는 의견을 밝힌 바 있다. 이스라엘 내에서도 이러한 견해는 점차 가시화되고 있다. 팔레스타인의 비교적 짧은 저항의 역사를 통해서 이를 입증할 수 있는데 이스라엘이 팔레스타인의 저항을 막으려 할 때마다 다른 저항을 불러 일으켰다는 점이다. 즉, 팔레스타인에서 요르단으로 그리고 후에는 요르단에서 레바논으로 다시 이스라엘이 레바논을 침공한 이후 레바논에서 서안과 가자지구의 인티파다로 저항이 확대된 바 있다. 만약 당사국들이 예루살렘을 포함시키지 않는 계약을 체결하게 된다면 폭력과 저항이 여러 도시와 이스라엘의 수도로 파고들 것이며 이는 이스라엘의 관리이건 시민들이건 환영하지 않는 결과이다. 여기서 다루기엔 복잡한 여러 가지 이유로 인해 이스라엘은 팔레스타인인들이 예루살렘에서 일으킨 극단적 소요를 덜게 되었다. 이러한 상황이 초래된다면 헤브론이나 가자 분쟁은 소규모 분쟁쯤으로 치부될 것이다.

두번째는 국제적인 인정이다. 이스라엘이 동예루살렘의 알 쿠드스 지역에 대한 팔레스타인의 권리를 인정하게 되면 서예루살렘 내 예루살라임(Yerushalayim)에 대한 국제적인 인정을 받을 수 있게 된다. 아직까지 국제사회는 이스라엘을 동예루살렘의 군사정권이자 서 예루살렘의 사실상의 정권으로 인식하고 있다. 1999년 유엔은 이스라엘이 예루살렘에서 적용하고 있는 법, 재판권, 행정권을 불법으로 규정하고 무효를 선언할 것을 149대1로 결의한 바 있다. 이러한 결과도 뒤집힐 수 있다.

이스라엘은 국제사회에서 서예루살렘에 대한 주권을 인정해줌으로써 많은 것을 얻을 수 있다. 주권이란 국제사회에서 인정을 받아야 행사되기 때문이다. 만약 이집트의 제안이 채택된다면 사실상의 점유지인 알 쿠드스를 건네줌으로써 유태인 장악지역과 구예루살렘의 통곡의 벽에 대한 주권과 관련하여 잃는 것보다는 얻을 것이 더 많게 된다. 현재는 192개 주권국 중 어떤 국가도 예루살렘에 대한 이스라엘의 주권을 인정하지 않고 있다. 향후 그들 전부 또는 대부분이 이를 인정하게 될 것이다. 팔레스타인과 이스라엘 모두 자신이 원하는 지역에서 통치권을 행사하며 공동의 시행정과 통치가 이루어지면 도시가 만인에게 공개될 것이다. 그렇지 않다면 앞으로도 엄청난 시간, 인력의 낭비와 인명의 손실을 각오해야 한다.

현시점에서 예루살렘과 관련된 상충된 이해를 해결할 수 있는 합리적인 방안들이 존재한다. 만약 당사국이 최종적인 결론을 원한다면 예루살렘 문제는 해결되어야만 하는 것이다. 예루살렘은 협상에 걸림돌이 아니라 자산으로 간주되어야 한다. 어떤 의미에서 예루살렘은 평화과정의 부산물이거나 더 나아가 분열과 충돌의 근원이 아니라 평화의 원동력이자 안정과 공존을 추구하는 힘인 것이다.

아직은 소극적이긴 하지만 실용적이고 현실가능한 해결책인 예루살렘의 공유안은 이스라엘의 배타주의와 예루살렘에 대한 편협적인 주장들이 설 땅을 잃게 하고 있다. 미국정부가 바라크 수상에게 타협안을 수용할 것을 강요하는 등 국제사회가 이스라엘에 압력을 가함으로써 긍정적 결과를 이끌어내고 있다. 1월초에 팔레스타인에 제출된 클린턴 백서에는 이러한 변화가 반영되어 있다. 예루살렘에 대한 국제적인 입김이 천천히 그리고 지속적으로 긍정적인 결과로 이어지고 있는 것이다. 어떤 학자의 말처럼 예루살렘도 다른 도시와 마찬가지로 중력의 법칙에 의해 상하수도가 흐르는 도시로 과거의 왕조뿐 아니라 거주민들을 고려하는 해결책을 필요로 있다고 사람들이 깨닫게 되었다. 무엇보다 예루살렘은 그 시민들의 것이기 때문이다. 그렇지만 예루살렘은 독특한 개성을 지닌 특별한 도시로 다양한 종교와 전통을 수용할 수 있어야 할 것이다.

차별정책

7

이스라엘에 찾아온 7년간의 풍년, 팔레스타인에 찾아온 7년간의 흉년

오슬로 협정이 체결된 이래로 (서안과 가자 지구의) 경제적인 상황은 악화일로를 걸었다. 가구당 수입감소와 급격한 실업률증가, 그리고 전반적인 빈곤의 확산은 경제적 안정성을 심각하게 위협하고 있다.

— 세계은행 보고서(1997) —

평화협정은 이스라엘, 미국 및 팔레스타인에게 경제적으로 필요한 것이었다. 세계경제의 선두주자인 미국의 입장에서 보자면, 아랍과 이스라엘 간의 갈등은 냉전기간에는 중요한 자산이었지만 걸프전이 끝난 이후 중동지역에서 팍스 아메리카나 정책을 수행하는데 있어서는 이점으로 작용하기보다는 오히려 장애물이 되고 있었기 때문이다. 클린턴 행정부는 아랍과 이스라엘 간의 갈등을 중동지역의 대문을 두드려 열려는 전면적인 세계화시대의 걸림돌이 되고 있다고 간주했다.

중동지역에서 가장 강대국이었던 이스라엘의 입장에서 본다면,

경제적 자유화와 사유화가 급속하게 진행되고 있는 상황에서 구(舊)소련에 살고 있던 백 명의 유대인들이 이스라엘로 돌아온 1990년대 10년의 기간은 경제적인 돌파구를 필요로 하는 시점이었다고 할 수 있다. 이스라엘에서 가장 야심만만하고 강력한 영향력을 행사하고 있는 기업가집단은 그러한 돌파구를 마련하는 데 두 가지 요소가 필요하다고 믿었다. 첫째, 부상하고 있는 세계시장에 미국의 지원을 받아 진입하는 것이었다. 그렇게 하면 외국의 투자자들을 유치하는 데 결정적인 도움이 될 것이라고 믿었다. 둘째, 이스라엘은 '세계화'를 위해서 서안과 가자 지구에 대한 이스라엘의 식민지적 관계를 재구축하는 것이 필요하다고 느꼈다. 특히 6년간에 걸친 인티파다(1987~1993년)로 인해 서안과 가자 지구의 안정은 붕괴되었으며, 그 지역과 이스라엘의 관계가 단절되었기 때문에 그 지역과의 관계복구는 이스라엘에게 매우 절실했던 것이다.

1990년대의 팔레스타인인들의 입장에서 보면, 걸프전 이후의 절망적인 상황에서 경제적인 변화가 일어나고 있었다. 점령지는 경기 후퇴와 오랫동안 지속된 인티파다로 인해서 야기된 경기침체로 고통을 겪었다. 더욱이, 걸프 지역 국가들로부터의 재정적인 수입은 걸프전 이후에 거의 제로 상태로 감소했다. 이와 같은 상황은 단지 파산에 처한 PLO에게만 닥친 것만이 아니라, 팔레스타인 민중들의 형편도 마찬가지였다. 걸프 지역에 나가 있는 팔레스타인 이민자들로부터의 송금이 감소했으며, 반면에 30만 명 이상의 팔레스타인인들이 쿠웨이트에서 추방당했다. 결과적으로, 팔레스타인인들은 30년에 걸친 이스라엘의 점령 이후 악화되기만 했던 실업, 빈곤 그리고 개인 및 민족적 굴욕감을 종식시키려면 이스라엘과의 갈등을 끝내는 문제가 긴급한 사안임을 인식하게 되었다.

그러나 팔레스타인인들이 나중에 깨달았던 것처럼, 그들의 경제적 상황은 오슬로 협정 '덕분에' 더욱더 악화되었다. 7년간에 걸친 '평화협정'이 끝난 다음에 팔레스타인인들은 1993년 당시의 상황보다도 훨씬 더 악화된 경제상황에 처해 있음을 깨달았던 것이다. 반면에, 통탄스럽게도 이스라엘은 최악의 경제상황이 될 것이라는 예상을 뒤엎고 계속해서 번영을 구가하고 있다.

경제문서로서의 오슬로 협정

사람들은 오슬로 원칙선언(The Declaration of Principles－DOP)을 정확하게 '주로 경제적 문서'라고 묘사한다. 왜냐하면, '그 선언의 3분의 2가 PLO-이스라엘 위원회의 기능에 대한 설명을 하는 데 할당되어 있는데, 그 위원회의 역할은 양 국가 사이에서 체결된 모든 협정을 능가할 정도의 상호경제적 이익을 도모하는 것으로 규정해 놓고 있기 때문이다.' 1994년 5월 가자-제리코 1차협정(Gaza and Jerico first)－가자 지구와 제리코의 65%에 제한된 자율권을 부여하는 협정－이 체결되기도 전에 양측간에 경제의정서가 먼저 조인된 것도 이러한 측면에서 본다면 결코 놀라운 일이 아니다.[37]

오슬로 협정 이전에 서방측은 이스라엘 경제학자, 관리들 및 기업계의 대표들과의 합동연구와 사정을 수행하면서 소위 '평화의 경제학'이라고 불리는 접근방식을 발표하였다. 양측간의 경제적 관계－오슬로 협정의 중심적인 문제－가 협상에 등장하게 된 이래로,

대체로 팔레스타인인들은 이러한 문제에 대한 준비가 되어 있지 않았는데 아랍인들도 그와 같아서 늘 즉석에서 그러한 경제적 문제를 다루곤 했다. 오슬로 회담이 가진 경제적 측면은 경제적으로 뒤떨어진 아랍과 팔레스타인인들을 장기협정, 계약, 협력방침, 투자 등의 다양한 방식으로 괴롭혔는데, 무엇보다 그들은 그 문제를 놓고 협상을 진행할 준비가 되어 있지 않았기 때문이었다. 지난 7년 동안 중동지역에서는 정상회담이 4번이나 열렸다. 즉, 카사블랑카, 암만, 카이로 그리고 도하에서 개최된 이 4차에 걸친 정상회담은 평화협상에서 경제적 측면이 가장 중심적인 내용이라는 것을 강조하기 위한 것이었다. 이 정상회담들에서 가장 많은 이익을 챙긴 쪽은 물론 이스라엘이었다. 이스라엘은 또한 매년 개최된 세계경제 포럼에서 교섭을 통해서도 자신들의 이익을 챙길 수 있었다.

텔 아비브 대학, 이스라엘 상공부, 세계은행, 하버드 대학의 케네디 스쿨(Harvard's Kennedy School of Government), 외교위원회, 브루킹스 연구소(Brookings Institution), 그리고 기타의 기관들이 평화경제에 관심을 가졌다. 그러는 동안에, 이스라엘의 첨단산업은 인텔(Intel), 아이비엠(IBM), 모토로라(Motorola), 비샤이(Vishay)와 같은 유수의 다국적기업들을 끌어들이는 일을 계속해 나갔다.

평화협상이 시작된 이후에 이스라엘의 첨단산업에 대한 국제적인 투자 덕분에 이스라엘의 경제적 수준은 상상을 초월할 정도로 성장했다. 이스라엘은 곧 고도의 기술을 가진 교육받은 러시아 이민자들을 고용하는 입장에 서게 되었는데, 이러한 러시아 출신의 기술자들은 이토록 민감한 시기에 이스라엘의 짐이 되기는커녕 중요한 경제적 자산임이 입증되었다. 1995년부터 1999년 사이에 이스라엘의 GDP는 거의 50% — 즉 2,640억 세켈(shekel)에서 4,100억 세켈 — 나 증가했다. 반면에, 같은 기간에 이스라엘의 인구는 단지 10% 증가했을 뿐이다.[38]

이스라엘 상공부에 따르면, 지난 40년 동안에 이스라엘은 아랍인들이 자신들의 상품을 계속 보이코트해왔기 때문에 수출이 가로막혀서 약 400억 달러의 손실을 입었다.[39] 그러나 이스라엘과 팔레스타인 간의 협상이 진행되면서 아랍인들의 보이코트가 풀렸기 때문에 모든 것이 변화했다. 1994년에는 20개 이상의 국가들이 이스라엘과 외교관계를 수립했다. 그 후로는 더 많은 나라들이 그 뒤를 따랐다. 그러한 보이코트 조치가 중동지역에서 풀림에 따라 이스라엘에게는 중동과 다른 지역을 포함하여 남아시아와 남아메리카 지역의 시장이 새로이 열리게 된 것이다. 1994년에 아시아 지역에 대한 이스라엘의 수출량은 3분의 1이 증가했고, 인도에 대한 수출은 절반 이상이 증가했으며, 대만에 대한 수출은 약 70%가 증가했다. 1995년경에는 이스라엘의 민간산업 분야와 군수산업 분야에 있어서 가장 중요한 수출상대국 중의 하나인 중국이 이스라엘과 아랍간의 갈등 때문에 이스라엘과 수교를 거부해오다가 드디어 이스라엘에게 그들의 문호를 개방했다. 아시아 지역에 대한 이스라엘의 수출은 총 25% 정도 증가했다.[40]

이스라엘은 방위산업 부문을 절감함으로써 이익을 챙기는 대신에 군사적 투자로부터 이윤을 얻어냄에 따라 '분할된 평화'라는 용어에 새로운 의미를 부여하게 되었다. 미국의 원조를 받아 진행되는 연구와 개발은 여전히 경제적인 측면에서 낭비를 초래하는 원인이기는 했지만 그럼에도 오슬로 협상이 시작된 이후로 번영을 구가하기 시작했다. 1999년 말경에 이스라엘은 러시아, 터키, 싱가포르, 인도, 프랑스, 우크라이나, 그리고 남아프리카 공화국과 과학, 기술, 연구와 발전, 민간항공, 그리고 지적 합작에 관한 협정을 체결했다. 남아프리카 공화국에서는 인종차별이 폐지된 반면에 팔레스타인 지역에서 인종차별이 시작되었다는 점에서 이스라엘과의 관계는 특히 흥미롭다고 할 수 있다. 이스라엘은 새로 태어난 남아프리카 공화국과 주요 방위조약을 체결했다.[41]

한편, GDP 가운데 사업 분야의 비율이 1990년과 1994년 사이에 39% 정도 성장했다. 이스라엘 상품의 수출증가(수출상품의 대부분은 투자재였다)와 이스라엘을 근거지로 삼은 외국기업에 대한 높은 보조금은 긍정적인 경제지표로 간주되어져왔다. 왜냐하면, 그 두 가지 요소들로 인해 이스라엘 경제를 강화할 수 있는 장기투자가 강화되었기 때문이다. 1인당 소득은 1992년의 12,000달러에서 1995년에 15,600달러로 증가했으며, 2001년 말경에는 20,000달러에 달할 것으로 기대되고 있다. 이와 마찬가지로, 구소련으로부터 많은 이민자가 이스라엘로 들어왔음에도 불구하고, 이스라엘의 실업률이 1992년의 11.2%에서 1995년에 6.9%로 감소했다는 사실은 주목할 만하다. 이러한 실업률의 감소는, 특히 이스라엘이 루마니아, 태국, 그리고 다른 나라에서 30만 명이 넘는 외국인 노동자를 들여왔다는 사실을 고려한다면 또 하나의 매우 중요한 긍정적인 경제지표로 볼 수 있다.[42]

이러한 과정에서 상승욕구를 가진 이스라엘의 전문가집단과 기업가집단이라는 새로운 계급이 만들어졌는데, 이들은 이스라엘이라는 국내시장이 아니라 국제무대를 자신들의 시장으로 상정하는 국제주의자들이 되었다. 또한 이들은 자신들의 시야를 중동지역을 넘어서 세계로 확대하면서 팔레스타인 지역의 점령지를 강탈하는 일에는 상대적으로 관심을 덜 가지게 된 세계주의자가 되었다. 이렇게 이스라엘의 강력한 신흥부유층으로 부상한 이들은 서방의 기업가들과 빈번하게 어울리게 되면서, 점령자로서의 이스라엘의 이미지가 그들의 사업에 부정적인 영향을 미칠 수 있음을 깨닫게 되었다. 그리하여 그들은 지금이 이스라엘이 그러한 이미지에서 탈피해야 할 때임을 확신하게 되었다. 이같은 상황은 각기 다른 두 가지 전망을 열어놓았다. 그 하나는, 이들이 전적으로 서방과의 관계에 의존하게 되는 것이었다. 주로 유럽이나 미국과의 관계와 교류에 무게중심을 놓고 동양이나 점령지 그리고 아랍 세계에 대한 비중을 줄여나간다는 것이었다. 또 하나의 다른 전망은 값싼 팔레스타인 노동력과 팔레스타인 상품시장에 의존하고 있는 이스라엘의 중소기업이 품고 있었다. 그들은 팔레스타인과의 관계를 장기적인 안정을 보장할 수 있는 방식으로 전환시켜야 한다는 것에는 일차적으로 동의했다. 그러나, 그들은 이스라엘이 팔레스타인을 계속 지배해야 한다고 주장한다. 오슬로 협정이 일단 안정에 대한 약속을 가져오자, 점령지에서는 후자의 전망이 우세하게 대두되었다. 즉, 이스라엘은 점령지에서 철수하는 쪽보다는 거주자들과 후원자-고객의 관계에 토대를 두고 더욱더 공고한 관계를 구축하는 쪽을 선택했던 것이다.

팔레스타인 경제에 미친 오슬로 협정의 영향

미국이나 미국측의 의견과 같은 생각을 가진 사람들은 평화협상의 정치적 타협안이라는 쓴 열매를 팔레스타인인들이 삼키도록 하기 위해서, 또 팔레스타인인들이 이스라엘과의 의존적 관계를 수용하도록 하기 위해서, 자신들이 팔레스타인인들에게 최소한의 경제적 혜택을 베풀어주는 것이 필수적이라는 것을 인식하고 있었다. 그럼에도 불구하고, 오슬로 협정은 팔레스타인인들에게 그러한 최소한의 경제적 이익을 가져다주는 데에도 실패했다. 그러한 최소한의 경제적 혜택이라는 은수저는 특히 이스라엘이 자신들이 체결한 협정들을 위반할 때마다 더욱더 절실하게 필요한 것이기도 했다. 그러나 팔레스타인인들을 위한 경제적 발전은 결코 도래하지 않았고, 기나긴 저 터널 끝에 보이던 빛마저 이스라엘인들이 팔레스타인인들의 경제적, 사회적, 문화적 권리들을 침해하는 일을 반복해서 행함으로써 마침내 사그라들고 말았다. 오슬로 협정이 시작된 이후에 자신들의 경제적 상황을 어떻게 평가하느냐는 질문에 팔레스타인인들은 환상이 아닌 단지 사실만을 말했다. 2000년 실시된 한 여론조사에서, 가자 지구의 응답자들 가운데 50%가 그들의 생활수준이 악화되었다고 말했고, 서안지구의 응답자 중 42.9% 정도가 역시 여기에 동의했다. 사실상, 오슬로 협정이 시작되고 PNA가 세워진 이후에 팔레스타인인들의 생활수준과 삶의 질이 하락했던 것이다.[43)]

평화협상이 진행되는 동안에 팔레스타인인들은 그 협상이 시작되기 이전보다 빈곤과 실업률 증가, 그리고 교육기회와 의료보호의 감소로 인해 고통을 겪었다. 대개는 보수적인 성향을 가지고 있는 세계은행의 관리조차도 "지난 몇 년간 서안과 가자 지구의 경제적인 측면을 살펴볼 때, 1993년 이래로 그 지역의 일부를 팔레스타인 권력기구에 이전시킨 데 따른 긍정적인 발달이 있었음에도 불구하고, 가장 핵심적인 측면은 그곳의 경제상황이 악화되었다"라고 말한다. 비록 국제보조금 30억 달러(이스라엘과 보스니아에 대한 지원금의 규모를 제외하고는 세계에서 가장 많은 양의 보조금) 덕분에 새로운 도로를 건설할 수 있었고 교실을 증축하였으며, 많은 지역에 하수시설을 설치할 수 있었지만, 그럼에도 불구하고 오슬로 협정이 시작된 지 6년 후, 팔레스타인인들의 1인당 소득은 20%나 감소했다. 결국 팔레스타인인들로서는 평화협상을 지지해야 할 근거를 그 어디에서도 찾을 수가 없게 된 것이었다.

1997년에 세계은행 전문가들은 "오슬로 협정의 체결 이래로 팔레스타인인들의 경제적 상황은 계속해서 악화되고 있다. 가정소득의 감소와 실업률의 급격한 증가, 그리고 광범위한 빈곤의 증가는 경제적 안정을 심각하게 위협하고 있다"라고 경고했다. 팔레스타인인들이 해외에서의 일자리를 잃는 상황에서 가장 심각한 난제는 국내생산을 억압하고 있는 요소들을 제거하는 것이었다. 그러나 그러한 억압의 요소들이 지속됨에 따라 상황은 더욱 악화되었다. 국제기구들은 평화협상의 후반기 2년 동안에, 고용이 급격히 창출되었고 팔레스타인 GDP가 몇 자리 상승했다고 자랑스럽게 이야기하고 있지만, 그것은 너무나 미미한 수준에 불과했고 또 시기적으로도 너무나 늦은 감이 있었다. 사실, 그러한 내용은 팔레스타인인들의 실제적인 경제상황을 드러내는 전반적인 특성이 결코 아니었기 때문이다. 말할 나위도 없이, 수십 만 명의 팔레스타인인들이 불법적으로 이스라엘로 들어간 사실만을 보아도 팔레스타인 경제가 호전되고 있다고 해석해서는 안될 것이다.

이스라엘의 GDP가 거의 미화 1,000억 달러에 달하는 것에 비해, 팔레스타인의 GDP가 미화 36억 달러인 것을 고려해본다면, 팔레스타인의 경제규모는 미미하다. 팔레스타인의 수출규모도 이스라엘의 250억 달러에 비해 7억 5천만 달러 수준으로 매우 낮은 수준에 놓여 있다. 또한 팔레스타인의 수입규모는 34억 달러가 조금 넘는 수준으로 이스라엘의 수입규모의 약 10분의 1에 해당한다. 해외로부터 들어오는 소득규모는 약 9억 달러이고 이스라엘과의 관세협정으로부터 발생하는 수입은 6억 달러에 해당한다. 팔레스타인 경제의 모든 구성요소들은 전적으로 이스라엘에게 의존해 왔다.[44] 사실, 팔레스타인 수출의 88% 이상이 이스라엘에게 수출하는 것인 반면에 팔레스타인은 이스라엘의 수출상대국 가운데 2위를 차지하고 있다. 즉, 미국 다음의 수출상대국이 바로 팔레스타인으로 그 규모는 25억 달러에 이르고 있다.

이스라엘이 팔레스타인 경제를 통제하는 방식은 이스라엘과 팔레스타인 사이의 불균형을 유지시키고 있다. 2000년 8월의 세계은행 요약보고서에 따르면, 정치나 안보상의 정당화를 이유로 이스라엘이 팔레스타인에게 부과한 봉쇄조치로 인해서, "이스라엘에서 일자리를 얻고자 하는 팔레스타인인들의 이동이 제한되었고 또 이스라엘 시장이나 이스라엘의 항구를 이용하고자 하는 팔레스타인 상품들의 수송이 가로막히게 되었다." 1997년에 4월 3일에 발간된 유엔 보고서에 따르면, 오슬로 협상이 시작되고 나서 처음의 3

년 반 동안에 이스라엘에 의해서 일방적으로 취해진 봉쇄조치로 인해 팔레스타인인들은 10억 달러의 손실을 입었고, 그들의 1인당 GNP가 36% 감소했다.[45)]

분리는 차별로 이어진다

오슬로 협정 이후 그리고 '분리'정책이 '차별'과 봉쇄정책으로 전환된 이후에 팔레스타인 노동자들은 이스라엘 시장에서 배제되었다. 봉쇄조치와 비싼 수송비, 그리고 안전상의 장벽으로 인해 팔레스타인 산업과 농업이 큰 타격을 입게 되자 실업률은 급격하게 늘어났다. 설상가상으로, 이스라엘은 이스라엘에서 일하는 노동자들에게 허가증을 발급받도록 하는 조치를 시행했는데, 그로 인해 이스라엘에서 일하는 팔레스타인 노동자의 수는 1992년에 116,000명에서 1996년에는 28,500명으로 급격하게 감소하게 되었다. 팔레스타인에서의 실업률은 1995년 9월에 18.5%에서 1996년에 28.4%로 증가했다. 세계은행이 추산한 바에 따르면, 그들이 조사한 57개국 가운데 팔레스타인이 그 어느 나라보다도 높은 실업률을 나타내고 있었다. '정상적인 시기'에는 대략 20~25%의 실업률을 보이다가 최근의 인티파다 기간 봉쇄조치가 취해진 시기에 그 수치는 30%로 올라갔고, 심지어 40%로 상승하기까지 했다. 전반적으로 최근에는 인구의 2분의 1에서 3분의 2 정도의 인구가 일자리를 가지고 있는 상태에서 팔레스타인인들은 만족해야만 했다.

팔레스타인의 높은 실업률이 점령지에서 빈곤과 비참한 생활상태를 가속화한 것은 당연한 일이었다. 세계은행이 추산한 수치에 따르면, 이 지역에서 빈곤은 계속해서 심화되었고, 특히 심각한 실업률을 보인 1997년의 경우에는, 가자 지구 인구의 40%와 서안지구의 거의 20%, 그리고 난민촌지역과 시골지역에서 50%가 빈곤에 허덕이고 있었다. 이스라엘에서 불법적으로 취업한 대다수 팔레스타인인들의 임금은 급격하게 하락했다. 수만 명의 팔레스타인인들이 어떤 식으로든 녹색선(Green Line)을 건넌다는 것을 뻔히 알면서도, 이스라엘은 허가받은 노동자의 수를 감소시키는 조치를 취함으로써, 수십만 명의 팔레스타인 가족들을 계속 공포 속에 떨게 했다. 즉, 그들의 형제자매나 부모가 이스라엘 군인들에 의해 체포된 것은 아닌지, 혹은 봉쇄조치가 너무 엄격해서 형제자매나 부모가 '젖과 꿀이 흐르는 땅'에 도달하지 못한 것은 아닌지의 여부를 항상 걱정할 수밖에 없었기 때문이다.[46]

이러한 의미에서 '텔 아비브에서 가자를 분리시키자'라는 라빈의 정신을 승계한 바라크가 '경제적 분리'로 위협하자 점령지의 경제는 마비되었으며 이것은 그곳의 모든 사람들에게 무차별적인 집단적 단죄를 의미했다. 유대인들이나 팔레스타인인들에 의해 테러사건이 발생한 다음에, 이스라엘이 정치적 책략을 위해 자치지역에 대한 봉쇄조치를 단행하는 경우에도 역시 그와 같았는데, 이것은 이스라엘이 자신들이 원하는 정치적 결과를 얻어내기 위해서 전체 팔레스타인 사람들을 볼모로 이용하는 행위라고 해석될 수 있을 것이다.

이스라엘의 주요 일간지인 ≪하아레츠≫의 사설은 다음과 같이 쓰고 있다.

팔레스타인 마을에 대한 포위 혹은 더 거칠게 말한다면, 봉쇄는 안보상의 문제 때문이라는 구실조차 댈 수 없는 조치이다. 이것은 사실 냉혹하고 집단적인 처벌수단에 불과하다. 마을을 포위하는 것은 팔레스타인인들의 일상생활을 완전히 파괴한다. 주민들은 일하기 위해서, 아니면 장사를 하기 위해서 혹은 교육을 받기 위해서 다른 장소로 이동하는 것이 불가능하거나 아니면 적어도 대단히 어렵다는 사실을 발견한다. 그래서 그들은 기본적인 서비스조차 받을 수가 없는 것이다. 봉쇄로 인해 점령지에서의 교육활동은 중단되었고 공장에서의 생산과 사무실에서의 업무는 완전히 중단되었다. 봉쇄조치로 인해 거주자들이 겪는 고통 가운데 환자들이 의료치료를 받기 위해서 병원에 가는 것조차 불가능하게 되는 경우가 종종 목격되고 있다.[47]

이스라엘이 팔레스타인인들과의 경제관계를 재건하다

평화협상 기간에 점령지를 위해서 채택된 경제적 모델은 세계은행과 국제사회의 재정적인 지원을 받았지만, 그 발상은 이스라엘과 미국기관 소속의 특별연구집단들에게서 비롯되었다. 이스라엘과 팔레스타인 그리고 이스라엘과 아랍 간의 현재 및 미래의 경제적 관계의 다양한 측면들에 대한 연구가 다수 진행되었다. 이스라엘의 경제학자인 에즈라 사단(Ezra Sadan)은 팔레스타인 경제가 이스라엘에게 의존하는 양상으로 재구성하는데 토대가 될 청사진을 제시했다. 오슬로 협정은 텔 아비브의 기업들을 가자 지구로 이전시킴으로써 '텔 아비브에서 가자를 분리시키자'라는 슬로건이 이행되었다. 이스라엘 산업의 필요와 요구는 가자와 서안지구에서 대규모의 공식적 혹은 비공식적인 도급계약적인 관계－이를 통해 이스라엘은 팔레스타인인들을 녹색선 안에 들여놓지 않고서도 값싼 팔레스타인 노동력을 착취할 수 있었다－를 통해서 충족될 수 있었다.

이스라엘이 그리고 있는 청사진은 팔레스타인 경제가 전적으로 이스라엘에게 의존하게 되는 양상으로 진행되는 것이다. 그래서 만일 독립적인 팔레스타인 영역이 존재한다면 이는 '분해되는 쪽'으로 유도할 것이다. 사단의 '산업공원' 개념, 즉 메킬라도라스(Mequi- lladoras)에 따르면, 이스라엘은 빈곤하고 낙후된 한복판에 중심적인 산업지구를 개발함으로써 도급계약형태를 발전시키고, 이스라엘 산업이 필요로 하는 값싼 노동력을 좀더 생산적이고 즉각적으로 공급하고자 했다. 이것은 남아프리카 공화국이 '성장점'이라고 명명했던 개념과 동일한 모델을 약간만 개선한 것이라고 할 수 있다.

그러나 이러한 계획이 장기적으로 유효하도록 하기 위해서 이스라엘은 새로운 의존적 관계로의 순조로운 이행을 감독하는 일을 담당하고 경제적 환경을 저해할지도 모르는 인티파다의 발생을 막는 일을 해줄 '적당한', 즉 합법적인 '팔레스타인 권력기구'를 필요로 했다. 그래서 이스라엘은 PLO를 끌어들였고 PLO는 갑자기 자유시장원칙, 그리고 이스라엘과 팔레스타인 사이에 문호를 개방하는 일에도 열정적으로 전념하게 되었다. 대단히 흥미로운 점은 그 이후 자신들의 경제적 상태에 대한 실망을 표현했던 대다수의 팔레스타인인들은 오슬로 협정과 PNA 등장의 관련성을 부정적으로 보고 양쪽 모두를 비난하면서도 동시에, 여론조사에서 나타나

듯이 그들은 야세르 아라파트의 지도력에 대해 여전히 긍정적인 견해를 가지고 있다는 점이다.[48]

많은 팔레스타인 관리들, '상담자들' 및 '고문'들은 이스라엘이 계획을 충실히 이행하는 데 한몫을 했다. 그들은 새로운 팔레스타인 수혜계급인 VIP로 등장했으며, 그들은 평화협상이 공정한 협상인지 혹은 적절한 것인지의 여부에 상관없이 그 회담이 지속되기를 고대했다. 이러한 VIP들은 세계은행이나 유럽 공동체의 후원하에 이스라엘이 지배권을 쥐고 진행하고 있는 원조활동, 즉 '평화의 경제'나 '평화의 산업'들로부터 많은 이익을 챙겼으며, 또한 자유로운 여행을 보장받았다. 방위국장들, 관리들 및 그들의 친척들로 이루어진 새로운 조직은 기업들과 더불어 평화협상 과정에서 중요한 역할을 담당했다. 그들은 이스라엘인들과의 합작사업에 참여했으며, 이스라엘의 상품을 거래했고, 값싼 노동력과 도급계약을 체결했으며, 국제금융조직들과 독점적 계약을 체결했다. 그들 중에서 생산적인 혹은 독립적인 팔레스타인의 경제에 참여한 사람은 거의 없었고, 대부분은 이스라엘 기업과 팔레스타인의 값싼 노동력과 소비자들을 중개하는 역할을 담당했다.

이러한 조직은 팔레스타인과 이스라엘 사이의 공동 프로젝트를 후원한 미국과 유럽에 의해 더욱 강화되었다. 그러나 이러한 프로젝트들은 최소한의 독립성을 요구하는 팔레스타인인들에게는 입에 발린 말에 불과했다. 미 부통령 앨 고어가 주관하는 미국의 '평화의 건설자들' 계획을 지지하는 측과 지중해 관련 업무를 위한 유럽 위원회는 주로 합동 벤처 기업 유형의 프로젝트를 후원했다. 그와 같은 접근방식은 팔레스타인인들의 경제를 양성시켰다기보다는 오히려 이스라엘에 대한 팔레스타인인들의 의존도를 더욱 심화시켰다. 팔레스타인과 이스라엘측의 중개인들은 '합동사업'의 개념을 자신들의 단기적 이익을 위해서 이용했으며, 그로 인해 장기적으로는 팔레스타인 경제가 이스라엘에 더욱더 의존적이 되어 이스라엘에게만 유리한 결과를 초래한다는 사실을 무시했다.

세금제도, 대표자, 그리고 투명성이 없는 상태에서 이러한 주종의 관계에서 혜택을 입는 사람들 사이에서 부패가 성행하게 된 것은 불가피한 일이었다. 이러한 부패한 VIP들은 그들의 후원자인 이스라엘에게 상응하는 대가를 치루어야 하는 그들의 고객이 되었다. 그와 동시에 그들은 자신들의 역할을 효율적으로 진행하기 위해 팔레스타인 희생자들의 요구에도 어느 정도는 부응해야만 했다. 팔레스타인에서 경제적 상황이 악화되었을 때, 이러한 고객들에 대한 이스라엘인들의 갈취는 심화되었으며, 부패는 오슬로 협정의 불가피한 산물이 되었다.

이러한 과정에서 GDP에 대한 공공지출의 비율은 1994년의 12%에서 1999년의 25% 이상으로 증가했는데, 이것은 주로 10만명(전체 국내 고용인구의 4분의 1에 해당한다)의 인원을 고용하기 위한 것이었고, 이 가운데 상당수가 경찰력을 증원하기 위한 것이었다. PNA 당국은 실업자들을 흡수하고 '평화로운' 추이를 보장하기 위해서 고용을 증대시키는 정책을 고수했다. 그 결과, 외국의 원조를 통해서만이 더 많은 고용을 창출할 수 있었고 세금의 부족을 메울 수 있었다. 그래서 PNA는 '과세는 대표로 전환된다'라는 구절을 자기 것으로 삼아 자신의 국민들에 대한 책임 대신에 기부자들의 수문장인 미국에 대한 책임을 지게 되었다. 다시 말하면, PNA는

그들 자신의 시민들에게보다 미국이나 이스라엘 그리고 세계은행에 더 책임감을 지니고 있었다는 것이다.[49]

경제적 의존

이스라엘은 오슬로 협정을 팔레스타인인들에 대한 그들의 경제적 우위를 보장하는 수단으로 이용했다. 이스라엘은 미국이 후원하는 평화협정 과정을 통해서 자신이 전쟁이라는 수단을 통해서는 얻을 수 없었던 것—즉 지역적 패권—을 성취할 수 있기를 희망했다. 즉, 무력과 그 사회의 외부로부터 물리적인 위해를 가하는 힘의 법칙을 포기하는 대신 다른 종류의 지배방식을 선택한 것이었다. 즉, 그러한 물리적 방식보다는 좀더 심층적 차원에서 사회·경제적으로나 국가적으로 우선적으로 요구되는 측면에 영향력을 행사할 수 있는 능력을 지지하게 된 것이었다. 그럼에도 불구하고, 부분적으로는 바라는 마음이 너무 커서 그리고 부분적으로는 자신의 힘을 과신했기 때문에, 이스라엘이 자신의 경제적 헤게모니를 실현하는 과정은 일사천리로 진행되지는 않았다. 국제무대에서의 이스라엘이 성공한 것과 점령지의 상황이 부합되는 것은 아니었다. 점령지에서는 이스라엘의 헤게모니가 특히, 이스라엘 군부로부터의 압력의 측면에서 본다면 물리적인 힘으로 잔존하고 있었다. 그러나 이스라엘은 팔레스타인 경제에 너무나 많은 손상을 가했기 때문에 중단기적으로 내다볼 때, 향후 팔레스타인인들이 이스라엘에 의존하지 않을 것이라고 상상하기는 어려웠다.

인티파다가 발생함에 따라서 이스라엘은 외부세계와의 경제적 관계에서 어려움에 처하게 되었지만 경제적 토대가 악화되고 관광산업과 같은 몇몇 분야에서는 치명적인 손상을 입었음에도 불구하고 이스라엘 경제는 지속적인 성장을 보여주었다. 재미있는 것은, 뉴욕 증권거래소에서 거래하고 있는 이스라엘의 몇몇 회사들이 제2차 인티파다가 발발한 직후에 심각한 타격을 입었다는 것이다. 바라크 정부는 인티파다가 진행되었던 두 달 동안 이스라엘의 기업들에게 국가가 전체적으로 잘하고 있다는 사실을 계속해서 주입시켰다. 그리고 이스라엘의 중앙은행도 2000년에 성장률이 1~2% 정도 떨어질 것으로 예상했다. 그러나, 텔 아비브의 경제계는 인티파다가 경제에 미치는 영향에 더욱 민감하기 때문에 계속해서 이것을 우려하고 있다.

그러나 팔레스타인인들은 이스라엘의 철수거부—즉, 군대에 의해 계속해서 포위당하여 인권이 유린된 곳과 개척지에서만 철수하고 대부분의 점령지에서 이동하지 않겠다고 한 것—가 경제상황을 더욱더 악화시킨 주원인이라고 간주했다. 이러한 상황으로 인해 오슬로 협정의 우선적 과제는 팔레스타인 전체의 생존능력이나 생활력을 보장하는 것에서 불확실한 안정성의 수호자로서 PNA의 생존능력을 보장하는 것으로 변질되고 말았다. 클린턴 행정부가 추산한 바에 따르면, 팔레스타인인들의 생활수준은 계속해서 떨어져서 마침내 오슬로 협정 이전의 60%도 안되는 수준으로 하락했지만, PNA의 안보 관련 경비는 여전히 높은 비율을 차지하고 있다고 한다. 팔레스타인 예산의 3분의 1이 안보비로 지출되었는데, 이는 미국과 이스라엘이 오슬로 협정이 난관에 봉착하고 있는 동안에 그 지역의

안전을 보장하기 위하여 PNA에게 강요했기 때문이었다.[26]

사실, PNA의 안보예산은 너무나 크게 증가해서 1990년에는 건강, 사회복지, 교육 부문의 예산을 모두 합친 것보다도 그 규모가 더 컸다. PNA는 '받아들일 만한 파트너'로서 그리고 미국의 원조에 적합한 파트너로 간주되기 위해서, 자신의 민중들에게는 불법적이고 비민주적인 조치를 취할 수밖에 없었다. 결과적으로 PNA는 천 명의 인구당 경찰관 16명을 고용했는데, 이는 이스라엘 경찰력의 4배에 해당하는 것이었다. 이러한 우선 사항의 불균형은 정치적 갈등을 초래했다. 소수 팔레스타인 의원들과 야당지도자들, 그리고 독자적인 노선을 취하고 있던 다른 대중의 지도자들이 1999년 11월 말에 부패혐의와 비생산적인 안보비지출에 대한 책임을 물어 PNA를 기소하기에 이르렀다. 그러나 미국과 이스라엘은 PNA로 하여금 안보비지출을 더 높게 설정할 것을 부추김으로써 팔레스타인 민중들의 곤경에 대해서는 전적으로 무시하는 태도를 보여주었다.

PNA가 전체 팔레스타인 지역을 위한 장기간에 걸친 총체적이고 독립적인 개발정책을 팔레스타인인들에게 제공하기 위해 노력하지 않고, 이스라엘의 계획에 합세했다는 슬픈 사실은 팔레스타인인들이 이스라엘이 베푸는 '선의'에 더욱더 의존할 수밖에 없으며, 그 과정에서 더욱 약해지고, 발전이 더욱 지체되며 더욱 부패하게 될 운명에 처해있음을 의미했다. 게다가 이스라엘은 팔레스

26 미국 정보기관에서 배포한 마틴 이디크(Martin Indyk) 차관보의 "상원 세출위원회에게 한 중동평화협정 증언(Testimony on the Mideast Peace Process to the Senate Appropriations Committee)."

타인 민간사업 부문을 부추겨 주로 그들과 도급계약을 체결했으며, 이 과정에서 그들을 거의 노예노동력 수준으로 전락시켜 그들을 착취했다. 가자나 서안지구의 섬유공장에서 일하는 팔레스타인 여성은 하루에 겨우 미화 3달러를 받았다.

제2차 인티파다가 발생했을 때, 이스라엘은 팔레스타인 민중들과 PNA에 대한 전면적인 경제전쟁을 개시했다. 이스라엘은 팔레스타인인들에게서 세금으로 징수한 수억만 달러를 팔레스타인에서 빼앗아 갔는데 법률적으로 이스라엘은 그 돈을 전부 PNA에게 넘겨줄 의무를 지고 있었다. 더 나아가, 인티파다가 진행된 최초의 6주 동안에 팔레스타인 경제는 한 해 동안 받았던 해외원조금을 모두 유실했다. 팔레스타인과 세계은행이 추산한 바에 따르면, 팔레스타인인들은 매일 적어도 1,000만 달러에서 1,500만 달러 가량의 손실을 보고 있었던 것이다. 제2차 인티파다가 발생한지 채 6개월도 안되서, 2001년 UN 보고서는 점령지에 대한 봉쇄의 결과가 1967년 이후 최악의 상황이라고 판단하였으며, 단 몇 개월 전에 645,000명이던 최저빈곤층의 규모가 백만 명으로 증가할 정도로 생활수준이 악화된 상황에 대해 경고했다. 유엔 보고서는 또한 2001년 말경에는 그 지역에 대한 봉쇄가 풀리는 지의 여부에 상관없이, 가자와 서안지구에서의 빈곤층의 비율이 전체 팔레스타인 인구의 43.8%에 이를 것으로 예상했다. 불구자와 부상자의 숫자도 10,000명 이상으로 증가했는데, 이것은 그 자체로도 팔레스타인 경제에 있어 미래의 부담으로 작용하고 있다. 이스라엘은 사실상, 팔레스타인인들의 결의를 약화시키고 PNA를 무능력하게 만들고 국제사회에서 팔레스타인인들을 신용할 수 없게 만들어 그들이 생존능력이 없으며 평화의 파트너나 경제적 파트너로서 부적합하다는 인식을 심어주기 위해 팔레스타인 경제와 사회간접자본에 대한 전면전을 수행했다.

이러한 경제적 파트너가 있는데 누가 적을 필요로 하겠는가? 팔레스타인인들이 이스라엘의 경제와 전략에 더욱더 의존하도록 만들기 위해서, 이스라엘이 팔레스타인 경제를 압박하고 팔레스타인인들의 자연스러운 혹은 독립적인 성장을 가로막기 위한 안전, 지리, 정치 및 경제적 장벽을 세운다는 정책을 이스라엘이 주도면밀하게 진행시켰다는 사실을 도외시하기는 힘들다. 제2차 인티파다의 여파가 진정되고 나면, 어느 쪽이 먼저 전쟁을 중지하는가, 혹은 그 문제가 어떤 합의에 이르게 되는가의 여부와는 상관없이 이스라엘은 팔레스타인인들과의 관계에서 지배적인 위치를 선점할 것이며 팔레스타인인들은 이스라엘의 도움을 필요로 하며, 아마도 단기적으로는 자신들을 비참한 상태로 몰아넣어왔던 이스라엘과의 의존적 관계를 지속할 수 밖에 없을 것이다. 이러한 상황에 처하게 되자 팔레스타인의 국가적 우선 과제는 불행히도 값싼 노동력이 이스라엘로 유입되도록 보장하는 일이었다.

정당한 평화가 구축되지 않는다면 팔레스타인인들은 이스라엘에 더 많이 의존하게 될 것이고 팔레스타인인들의 번영은 요원할 것이다. 분명히 양측간의 건전한 경제적 관계는 평화를 가져오기 위한 노력에 도움이 될 것이고, 기업간의 거래는 안정을 강화시켜줄 것이다. 그러나 공평하고 정당한 정치적 해결이 부재한다면, 지난 7년간의 흉년 동안 팔레스타인에서의 이스라엘의 주도권에서 보았듯이, 경제적 관계는 압제와 예속의 도구가 될 것이다. 점차 이스라엘-팔레스타인 간 공존지역의 사회·경제적 의존도가 커짐에 따라서 그 끔찍한 경제적 상황은 팔레스타인인들의 국가적 도전이 되는 만큼 이스라엘의 사회·정치적 딜레마가 될 것이다.

8

서안정착촌: 실질적인 인종차별정책

세계 어느 나라도 (남아프리카를 제외하고) 키스키(Ciskei)를 인정하지 않는 것이 상징하듯 세계 그 어느 나라도 유대(Judea)와 사마리아(Samaria)에 있는 유대인 정착촌을 인정하지 않는다.

— 키스키의 이스라엘 대표인 유소프 슈나이더(Yousf Schneider)가 이스라엘이 점령한 서안의 아리엘 정착촌에서 여러 행사가 개최되는 동안 서안을 키스키의 '활동 근거지'인 비쇼(Bisho)와 비교하면서 —

만일 팔레스타인인들이 흑인이었더라면, 이스라엘은 지금 미국의 경제 제재를 받는 불량국가가 되었을 것이다. 서안 확대와 정착촌을 인종차별로 여겼을 것이고 그곳 원주민들은 자국의 손바닥만한 땅에서 자급자족을 해야하는 '흑인거주지역(bantustans)'에서 살아야 했을 것이고 '백인'들은 물과 전기 공급을 독점했을 것이다. 남아프리카 백인거주지역의 흑인들이 자원이 제한된 유색인자치지구에서 굴욕적으로 살아야 하는 것처럼 이스라엘은 주택비와 교육비 지출에 있어 이스라엘계 아랍인들을 극심하게 차별하는데 이 역시 괘씸한 일로 여겨졌을 것이다.

— 사설, 옵저버(*The Observer*, 런던), 2000년 10월 15일 —

1993년 평화협정이 시작된 이래, 점령지에서 이스라엘의 정착촌 운동이 무차별적으로 행해지면서 팔레스타인과 이스라엘 간의 분쟁에 대한 공정한 해법을 찾는 것이 더욱 어렵게 되었다. 사실, 이 문제는 상황을 더욱 악화시켰고, 제2차 인티파다 발발의 주된 요인이 되었다. 정착촌운동은 유엔 결의안과 전적으로 모순되고 1949년 전시 민간인 보호에 관한 제4차 제네바 협정에 정면으로 위배되는데 이 협정에 서명한 국가가 바로 이스라엘과 미국이다. 이 협정은 점령국 국민의 극소수라도 점령지로 이주하는 것을 금지하고 있다. 정착촌정책은 또한 오슬로 협정의 원칙에도 위배되는데, 오슬로 협정 제 31조에는 영구적인 지위협상의 결과가 나오기 전까지 그 어느 쪽도 서안과 가자 지구의 지위를 변화시키기 위한 발의를 하거나 어떤 조치를 취해서는 안 된다고 규정되어 있다. 1970년 이래 정착촌의 팽창은 아무런 방해 없이 꾸준히 확대되었고 평화과정이 시작된 이후 오히려 가속화되었다. 국제사회와 미국의 공식입장은 정착촌은 불법이며 항구적인 평화정착을 '파괴한다'는 것이다. 유엔, 미국, 유럽 연합은 수많은 성명서를 통해 이스라엘의 식민화는 평화적인 정착촌을 가로막는 지뢰와 다름없다고 했다.

협상에서 정착촌은 장애물일 뿐만 아니라 상황을 악화시키는 요인으로 점령지에서의 대립을 극한으로 몰고가고 폭력을 부추긴다. 더욱 중요한 것은, 정착촌은 평화 후의 모든 정착촌에서 불안을 가중시키고 문제를 복잡하게 하는 요인이다. 정착촌을 그대로 유지하려는 이스라엘의 전략은 1967년 이후에 점령한 영토에서 이스라엘의 영토를 확장하고 경제지배권을 최대한 확보하려는 의도이다. 이스라엘은 정착촌과 정착촌 부근의 산업지대에서 경제활동과 투자를 늘리는 이외에도 수자원과 전기공급을 통제함으로써 이스라엘 정착촌과 안전초소가 3~4개의 팔레스타인 거주지역(bantustan)을 분리하며 포위하는 준(準)인종차별정책을 폈다. 미국과 이스라엘의 분쟁종식안에 따르면 팔레스타인 주민들은 제한된 자원으로 자급자족을 해야하는 만신창이가 된 영토에서 안전자치권을 박탈당한 채 경제적으로 우월한 이스라엘에 포위되어 살아야 한다.

한편, 점령지의 유대인 정착민들은 그 지역 최대의 폭력요인으로 등장했고, 1970년대 후반부터 이스라엘의 정책을 제시해왔다. 그들은 자신들만의 준(準)군사조직과 테러리스트 기관을 세웠고, 때에 따라 이스라엘의 지원을 받았다. 그들은 팔레스타인인들에게 거침없이 폭력을 행사했고 재산을 공격했다. 1980년대 테러리스트 정착민조직은 서안에서 당선된 여러 팔레스타인 시장을 공격했다. 평화협정이 시작된 지 몇 개월 만에 헤브론(Hebron) 지역 출신의 정착민 바루크 골드스타인(Baruch Goldstein)은 헤브론의 이브라힘 사원(Ibrahimi Mosque)에서 기도중인 약 29명의 팔레스타인인들을 몰살시켰다. 제2차 인티파다에서 확실한 수는 모르지만 상당히 많은 수의 점령지내 팔레스타인인들이 학살, 폭력, 살해를 당한 것에 대한 책임은 정착민에게 있다.

정착민의 불법주둔은 통제를 위한 이원체제, 즉 차별정책의 기반을 닦았고, 이 정책은 서안과 가자 지구에 뿌리를 내렸다. 팔레스타인의 고통과 좌절의 주된 요인이 바로 이 차별정책이며 노동당정부가 이를 만들었고 리쿠드 당이 지원했으며 이스라엘 군은 오슬로 협정을 구실삼아 실행에 옮겼고 지원국들, 특히 유럽과 미국은 직접적인 재정적·정치적 지원을 했다. 이스라엘은 오슬로 협정을 이용하여 주요 정착촌 블록을 설치함으로써 그 식민주의를 재포장했는데 이 블록은 도로망과 우회로에 연결되어 있고 이들은 특히 정착촌의 정상적인 생활을 위해 포위하고 있는 영토를 관통했다. 역설적이게도, 이스라엘은 남아프리카의 인종차별정책이 철폐됨과 동시에 인종차별정책을 수립했다.

정착촌의 확장

마드리드(Madrid)에서 평화과정이 시작되었을 때 서안과 가자에는 약 7만 5천 명의 정착민이 있었다. 오슬로 협정이 조인되기 전에는 9만 5천 명으로 늘어났고 1993년과 1996년 사이에는 약 50%, 즉 9만 5천 명에서 14만 7천 명으로 급증했고 당시 이스라엘은 노동당이 집권하고 있었다. 벤야민 네타냐후 총리의 지휘 아래 정착촌은 계속해서 급속도로 증가했고 바라크 정부의 집권 18개월간 더욱 가속화되었다. 2000년에 정착촌의 주택증가율은 전년도 대비 두 배로 뛰었으며 이 때문에 이스라엘의 불도저들은 정착촌을 연결하고 팔레스타인인들이 좀더 많은 영토로 귀환하는데 장애물이 되는 거대한 안전도로망 확충을 위해 끊임없이 움직였다. 현재 정착민은 서안에 19만 명 이상이 있고 가자에 5천~7천 명, 골란에 1만 7천 명, 동예루살렘에 19만 명이 있다.

지난 7년이 넘는 기간 동안, 서안과 가자에서 정착민들의 연간 증가율은 이스라엘 연간 인구증가율의 3~4배에 이르렀다. 1999년 그 증가율은 최고 14%에 이르렀다. 이러한 증가율은 점령지의 이스라엘 건설업에도 똑같이 적용되었고 그곳에 건설중인 지역과 거주지는 오슬로 협정이 조인된 후 급격히 증가했으며 바라크가 집권한 이후 가장 뚜렷한 증가세를 보였다. ≪피스나우(*Peace Now*)≫의 통계에 의하면, 바라크 정부는 1999년 7월과 12월 사이에 약 16개의 정착촌에 3,196채의 주택건설을 입찰에 붙였다.[50] 2000년 초, 정착민들은 바라크에 도전하여 42개의 새로운 불법전초기지를 건설했고 바라크는 정착민들에 굴복하여 그중 30개를 그대로 존속시키도록 허용했다. 신 5개년 정착촌확장계획에 따르면, 바라크 정권의 주택부는 무엇보다도 서안의 정착촌에 1만 2천 개의 새로운 거주지를 건설하기 시작했고 ―헤브론에 인접한 정착촌인 키르야트 아르바(Kiryat Arba) 지역, 서안 중심부에 있는 아리엘(Ariel) 지역, 더 나아가 예루살렘의 동쪽에 있는 마알레 아두밈(Ma'ale Adumim)에 3,000개 이상― 각각의 바이어에게는 1만 7천 달러의 정부보조금이 지급되었다.[51]

1994년 5월 카이로 협약(Cairo Agreement)이 승인된 이후 이스라엘은 팔레스타인 여러 지역을 우회하는 도로망을 건설함으로써 점령지에 있는 정착촌과의 연계를 강화하기 시작했다. 바라크 역시 전임자들과 마찬가지로 어떤 영토를 구속하는 것보다 정착촌의 복지를 우선으로 여겼다. 오슬로 협정의 조인으로 거의 85%의 서안 지역에서 이스라엘의 이동이 예상되었다. 그러나 협정은 팔레스타인인들을 227개의 고립된 섬에 감금하는 쪽으로 적용되었다. 이 섬들은 서안의 40%를 차지하고 있으며 그 가운데 단지 4분의 1만이 완전한 팔레스타인 시민과 안전통제하에 있는 이른바 A지구이다. 전통적으로 노동당이 리쿠드 당보다 더 사리판단이 정확했다.

현재 여전히 이스라엘은 텔 아비브(Tel Aviv)보다 더 큰 마알레 아두밈(Ma'ale Adumim)에 있는 4개의 정착촌 블록을 유지하고 있는데 그 목적은 '고속도로, 야산, 교차로' 등에 대한 통제를 강화하여 국가 전역의 수송로를 효과적으로 마비시키려는 것이다. 이스라엘의 정착촌은 통제기반으로서 절대 필요하기 때문에 그 주민들은 스스로를 '더 이상 정착민으로 여기지 않는다.' 미국인 중동전문가 돈 페레즈(Don Peretz)는 다음과 같이 말하였다.

> 만약 현 상황에서 팔레스타인 '국가'가 건설된다면, 그 나라는 절름발이와 다름없을 것이고 사방에서 이스라엘 정착촌이 광대한 땅을 관통하여 국토는 이어진 곳이 거의 없고 대부분의 도시와 마을은 이스라엘의 도로망과 방위군에 포위될 것이다. 이 협소하고 기형적인 공간에서 본래의 온전함은 거의 찾아볼 수 없을 것이고, 급속한 인구팽창이나 귀환을 원하는 팔레스타인 집단이주자를 수용할 여지도 전혀 없을 것이다. 요르단과는 단절되고 물, 전기 같이 절대적으로 필요한 것은 이스라엘에 거의 전적으로 의지하기 때문에 그 나라의 경제적 잠재력은 극도로 제한될 것이다.

캠프 데이비드(Camp David) 회담이 시작되었을 때 이스라엘은 점령지의 정착촌 200곳에 거의 20만 명의 정착민들을 두고 있었고, 서안의 5%를 직접 관할했다. 그러나, 중요한 것은 그들이 점령한 지역의 크기가 아니라 우회로를 통해 서안을 북에서 남으로, 동에서 서로 분단하여 팔레스타인인들의 모든 지리적 연속성을 파괴한 것이다. 이스라엘이 통제하는 지역내에서 커져만 가는 정착민사회는 서안의 59%와 가자의 20%를 차지하는데 새로운 하부구조와 제도들을 도입했고 이 모든 것은 법의 영역을 초월하고 치외법권의 지위를 누리며 '거의 이스라엘의 방식과 다름없다.' 오슬로 협정이 발효된 이래, 이스라엘은 정착촌확장을 위해 27만 3천ha의 땅을 몰수했는데 15만ha는 라빈의 재임 중에, 2만 3천ha는 바라크의 통치기간에 이루어졌다.[52)]

바라크는 전임자들과 마찬가지로 정착촌을 시온주의의 핵심으로 여겼다. 그는 이스라엘은 점령된 팔레스타인 영토에 정착할 권리가 있다고 믿었다. 그는 실로(Shilo)와 테코아(Tekoa)까지, 벧엘(Bet El)과 에프라트(Efrat)까지 연결되지 않는다면 이스라엘의 정체성은 아무 의미도 없다고 했다. 어떤 면에서 바라크는 어떠한 팔레스타인 국가가 등장하든 이스라엘을 제한하여 그 통치권을 이스라엘의 안전과 정착권을 요구하는 수준으로 한정할 것이라 생각했는데 이는 네탄야후가 팔레스타인 자주독립체와 그 영토권의 위력을 축소하여 서술하도록 요구한 것과 마찬가지이다.

사실, 캠프 데이비드에서 최종지위협상에 대한 국제적 중재가 이루어지고 있었을 때, 바라크는 정착민의 80%가 살고 있는 영토가 마치 이미 이스라엘에 합병된 것으로 간주했다. 역설적으로, 캠프 데이비드 회담은 정착촌에서 애매모호했던 이스라엘과 미국의 위치를 분명히 해주었다. 바라크는 이스라엘은 점령지에 있는 단 한 개의 정착촌이라도 분할되는 것을 용납하지 않을 것이며, 만약 일부 정착촌이 팔레스타인의 통치를 받게 된다면 그 정착촌들에 대해서 이스라엘이 수용할 만한 안전협정이 이루어져야 한다는 점을 강조했다. 이스라엘은 또한 정착촌으로 오고 가는 모든 도로와 수송로에 대한 통제권을 계속 행사할 것으로 기대한다.

정착촌의 실제 목적

1967년에서 1977년 사이에 3만 5천 명의 이스라엘인들이 하나님의 명령이라는 기치 아래 팔레스타인의 서안에 정착했고 여기에는 이스라엘과 미국군부 및 긴장관계 속에서 이득을 본 군수산업단지의 지원이 있었다. 정착자들은 인구의 1%를 초과하지 않았고 그들 가운데 신자들은 극소수였다. 대부분 실용적인 정착촌으로 수자원과 주요도로 및 요르단 협곡의 국경선을 통제하려는 의도였다. '하나님'과 이스라엘 노동당정부의 실리적 계산과는 전혀 관련이 없었지만 이는 곧 점령지의 정착촌을 종교적·경제적으로 고무시키는 구실이 되었다. 이러한 이유로 서안에는 이쉬아(Yishaa)라는 이름의 통합체, 즉 서안과 가자에 있는 '유데아 사마리아(Yudea Samaria)와 헤벨 가자(Hevel Gaza)' 정착촌의 의회를 설립했다. 이는 정착 활동과 확장에 확실한 자치권을 부여하고 정착촌의 성장능력과 정치적 구상을 더욱 잘 정비하려는 의도였다. 그 후 10년간 이 통합체는 리쿠드 정부로부터 많은 지원을 받았다.

30년간 팔레스타인 영토점령과 정착촌유지에 있어 중심적인 이득은 전략적·경제적인 것이었다. 1967년 전쟁 이후 새로운 국경선이 생기면서 전략적 중요성이 강화되었고 특히 요르단 강이나 골란 고원같은 지리적 요충지에서는 더욱 중요했다. 게다가 국경선 안에는 수자원이 있었고 궁극적으로 값싼 노동력이 있었다. 물과 아랍-이스라엘 분쟁에 관한 이스라엘의 저명한 전문가이자 히브리 대학교 교수이며 미 국방성 고문인 하임 그바트만(Haim Gvirtzman)에 따르면, 1967년 이후 노동당의 정착정책에는 서안의 수자원통제권을 이스라엘이 전적으로 확보한다는 특별지침이 있었다. 정착촌의 지도는 마치 그 영토의 수력이용지도처럼 보였다. 이스라엘은 연간 생산되는 6억㎥의 물 중에서 5억㎥ 이상을 이용할 수 있었고 이로 인해 1967년 점령한 영토에서 최소한 연간 10억 달러를 절약할 수 있었고 자국 물소비의 최소한 평균 3분의 1을 충당했다. 소규모집단을 제외하고는 물분쟁이 거의 다루어지지 않은 반면 신학적 논쟁과 종교교리는 그 영토에 대한 통제와 유대인의 정착권을 정당화하기 위해 꾸준히 제기되었다.[53)]

이스라엘은 이득을 극대화고자 '시간 끌기 작전'에 돌입했는데 이는 이스라엘의 점령이 길어지면 길어질수록 그들의 이득이 더 많아진다는 접근법이었다. 이 작전은 공동의 신념과 신앙심을 통해 용이하게 유지되었고, 이 모든 것들은 유대 신화의 요람인 성지에서의 전쟁과 교전으로 비롯된 정서와 맞물려 더욱 고조되었다. 두말할 나위 없이, 그 땅을 식민화하고 일부 지역을 합병함에 있어 소위 '인구통계학상의 위협'이라는 이유로 원주민은 배제되었다.[54)]

이스라엘의 이념체계에 따라 1948년 이전 팔레스타인 땅에 세워진 정착촌은 식민화가 아니었다 하더라도, —그 정착촌들은 단순하고 독립적인 식민지였고 1948년 이후 벌어진 인종청소와는 대조된다— 1967년 이후의 점령은 분명히 노골적인 식민주의(이익과 착취를 위한)이며 미국의 중동정책과 일치되어 전개되었다.[55)]

오슬로 협정으로 차별정책이 제도화되다

지난 7년간 이스라엘의 지배하에 살아가는 2백 70만 절대 다수의 팔레스타인인들은 강요된 안전조치와 일방적인 봉쇄로 인해 이스라엘 정착민과 유대인 정착민으로부터 분리되었다. 정착민들은 점령지에서 이동의 자유가 완전히 보장되었지만, 팔레스타인인들이 자유로이 이동하기 위해서는 특별허가증이 필요했는데 이 허가증은 일방적인 이스라엘의 조건을 받아들이거나 이스라엘에 협력한 팔레스타인인들 혹은 노인들에게 주어졌다. 예를 들면, 1994년 유대인 정착민인 바루치 골드스타인(Baruch Goldstein)이 헤브론(Hebron)에서 팔레스타인 주민 29명을 총으로 살해했을 때, 이스라엘은 2만 명이나 되는 헤브론 거주민들을 2달 동안 가택연금 했다. 그 이유는 그들이 헤브론 중심부에 있는 유대인 정착민사회, 이른바 H-2지역에 인접해 있다는 것이었다. 반면에 정착민들은 자유롭게 이동할 수 있었다.

점령지의 전면적인 안전배치를 이유로 공동체들간에는 장벽이 설치되었고 그 어느 때보다 더 많은 지역에 철조망을 쳤다. 서안지역의 20%와 가자 지역의 420에이커 곳곳에 퍼져 있는 100개의 군사기지와 200여 개의 군초소가 주둔하면서 그 영토에서의 삶은 파탄에 빠졌다. 노동당의 물리적 분리전략은 평등이라 할 수 없는 인종차별 못지 않은 격리였다. 라빈이 '텔 아비브에서 가자를 탈취하라' 는 구호로 강조했던 오슬로의 논리는 바라크의 '우리를 여기에, 저들을 다른 곳으로'라는 구호를 통해 재확인되었다. 뒤이어 바라크는 '경제분리'라는 사악한 논리를 추가했으나 팔레스타인인들과의 경제관계로 오랫동안 이득을 본 경제계 여러 분야의 반발에 부딪혔다. 게다가 극도의 실업과 빈곤, 기아에 대한 두려움으로 인한 불안과 폭력 때문에 경제분리작전은 진척되지 못했다. 이스라엘은 지난 30년간 전기와 물을 비롯해 다른 필수 서비스의 독자적인 발전을 막았고 점령하에서 저개발상태를 지속시켰다.[27]

유대인 정착촌과 인위적인 군사장벽을 통해 이루어진 영토의 구획화는 팔레스타인의 실용경제와 국가조직의 확립을 가로막았다. 북부 분리지구에는 나블루스(Nablus), 제닌(Jenin) 및 다른 여러 도시들이 있고, 중앙 분리지구에는 라말라(Ramallah)와 주변마을들이 있다. 남부 분리지구에는 베들레헴(Bethlehem)과 헤브론 일부 지역이 들어가는데 제리코(Jericho) 지역은 고립되어 있으며 남쪽의 가자는 물론이고 서안의 동예루살렘도 고립되어 있다. 이러한 과정은 오슬로 협정에 위배되는 것이다. 오슬로 협정은 이들 지역이 "단일영토로서 임시평화단계에서는 본래대로 보호되어야 한다"는 사실을 강조하고 있기 때문이다.

봉쇄로 인해 이스라엘에서는 팔레스타인 노동자들의 수가 감소했다. 이스라엘이 가자와 서안 사이에 '안전통로'를 둘 것에 합의함으로써 영토를 개방하는 척했을 때조차 이스라엘 협상단은 허가제를 실시하여 적합하다고 판단될 때에만 팔레스타인인들의 입국을 허가해야 한다고 주장했다. 심지어 이스라엘에 감금된 3,000명의 정치범 중 어느 한 사람을 가족들이 면회하기 위해 이스라엘

---

27 반대로 팔레스타인의 자치령은 요르단으로부터 수입했던 것보다 거의 10배나 더 귀중한 재화, 즉 처음 22년간의 점령기간 중 1억 5천만 달러에 대해 미국달러 14억 6천만 달러를 요르단에 수출했다.

입국허가증을 얻는 것은 지옥을 통과하기보다 어려웠다. 이는 동예루살렘에서 일하거나 학업을 해야 하는 사람들에게도 똑같이 적용되었다. 베들레헴과 동예루살렘에 있는 각각의 검문소를 보면 분리방식은 항상 일방적인 차별임이 분명하였다. 정착민과 이스라엘인들은 그들이 원하는 곳은 어디든 갈 수 있기 때문이다.[56)]

이스라엘은 이러한 봉쇄가 간접적으로는 정착민의 경제에 기여하고 봉쇄로 인해 이스라엘 영토확장의 보증수표이자 군사지배에서 경제지배로의 전환을 용이하게 해 줄 정착촌이 확실히 뿌리내리기를 원했다. 이러한 맥락에서, 봉쇄로 인해 정착촌과 새로 건설된 산업단지이며 인구가 조밀한 팔레스타인 중심부의 주변에 있는 메킬라도라스(Mequilladoras)에는 팔레스타인의 값싼 노동력이 공급되었다. 이스라엘로의 이동금지령을 위반한 사람들은 6개월 동안을 감옥에서 보내고 500달러의 벌금을 내야 했다. 그 결과, 정착촌 팔레스타인 노동자들의 임금이 현저히 떨어졌고 이스라엘에서 받는 임금보다 훨씬 낮았음에도 불구하고 팔레스타인 노동력은 정착민의 기업에서 두 배로 늘어났다. 팔레스타인 노동자 한 명이 이스라엘에서는 하루 8시간 노동에 40달러를 벌 수 있는데 이는 정착촌의 일당 약 10달러 수입에 4배나 된다. 현재, 정착촌에는 100개 이상의 이스라엘 기업이 있다. 봉쇄로 인해 가자와 이스라엘을 가로지르는 에르테츠(Ertez) 산업지대에서 3,500명의 노동자들이 일하고 있다.[57)]

팔레스타인 학자 무함마드 할라즈(Muhammad Hallaj)는 이러한 이스라엘의 정책을 다음과 같이 정확하게 묘사했다.

> 유대인 정착촌은 점령지에서 차별정책의 수단이다. 정착촌으로 인해 생활 전반에 차별이 깊숙이 파고들며 정당화되고 있다. …… 법은 아랍인들과 유대인들에게 이중잣대를 적용하는데 '비유대인들'은 정당한 절차와 법의 평등한 보호를 받지 못하며 유대인 정착민은 모든 권리와 자유를 누릴 수 있다. 서안과 가자의 유대인 정착촌으로 인해 이스라엘은 현재 차별정책이 행정의 보편화가 되어버린 세계 유일의 국가가 되었다.

무방비상태의 분리지구는 사회적, 환경적, 경제적 차별의 희생양이 되어왔다. 날이 갈수록 분리지구들은 이스라엘과 정착촌에서 배출되는 폐기물의 쓰레기처리장이 되고 있다. 우습게도, 이스라엘인들은 팔레스타인 국가의 예비수도로 아부 디스(Abu Dis)라는 도시의 이름을 붙여주었는데 이곳은 서예루살렘에서 나오는 쓰레기를 처리하는 비위생적인 쓰레기하치장으로 사용되어왔다. 의약품과 페인트 업계의 이스라엘 회사들 역시 지난 몇 년 동안 서안을 쓰레기처리장으로 사용해왔다. 게다가, 이스라엘은 많은 환경오염산업을 서안의 여러 지역으로 이전했다. 예루살렘 소재 응용연구소(Applied Re- search Institute) 소장 자드 이삭(Jad Issaq)에 의하면, 때로는 이스라엘에서는 금지된 살충제, 비료, 알루미늄, 유리섬유 및 플라스틱 산업이 서안으로 이전되었다. 여기에서 나오는 폐수가 아무 통제 없이 팔레스타인 마을로 흘러 들어간다. 이스라엘 정부는 적어도 7개의 불법산업단지를 조성했고 이곳에서 산업폐기물이 나오고 종종 인접한 팔레스타인의 농토를 오염시킨다.[58]

요약하면, 분명한 것은 이스라엘이 오슬로 협정의 모호한 측면들을 이용하여 점령지의 80%에 대한 관할권을 합법화하고 국경선, 토지, 물 및 무역을 비롯해 주요 일상생활 전반에 걸쳐 지배권을 확대했다는 점이다. 이스라엘은 이 새로운 '합법성'을 자신과 팔레스타인을 더욱 분리하는데 이용했으며 동시에 팔레스타인의 경제성장을 저지하여 이스라엘의 경제와 정착촌에 의존하게 만들었다. 그 결과는 분리와 차별이었다.

더 큰 이스라엘 - 더 큰 난관: 샤론과 정착촌

1999년 9월 4일 아리엘 샤론이 하부구조 장관 재직시절 워싱턴을 방문했을 때, 올브라이트 미 국무장관은 그에게 단순히 정착촌 건설을 일시 중지할 것을 요구했으나 거절당했다. 샤론은 그녀에게 정착촌은 평화의 장애물이 아니라 오히려 '평화에 기여한다'고 설명했다. 그는 진심으로 그렇게 믿고 있었다.

샤론은 외딴 곳에 있는 정착촌조차 그대로 두어야 한다고 생각하는데 그 이유는 이스라엘이 동쪽으로의 확장을 끝내기만 하면 정착촌은 중요한 목적에 이바지할 것이기 때문이다. 1978년과 1981년 사이, 샤론은 서안의 갈릴리(Galilee)에 240개의 정착촌을 건설했고 이 정착촌들이 '이스라엘의 필요와 수자원을 공급해주고 해안평야와 요르단 강 사이에 긴요한 전략적 요충지가 될 것'이라고 믿었다. 따라서 샤론의 지도에 있는 다음의 지역들은 유명하다. '폭 10~20킬로미터에 이르는 동쪽 안전지대와 폭 5~7킬로미터의 서쪽 안전지대. 물론 예루살렘도 지도에 있으며 예루살렘은 특히 중요하다. 주요도로. 전략거점. 유대인들의 성지.'[59]

아리엘 샤론 총리는 정착촌이 없었더라면 군대는 오래전에 철수했을 것이라고 시인했다. 이스라엘 지도자들은 왜 이스라엘인들은 '그들의 군대는 이민족을 지배하는 외국군이라고 생각하지 않는가'에 대해 정착촌이 그 정당성을 입증한다고 생각한다. 1977년에 당시 장관이었던 샤론이 정착촌문제와 관련해 각료회의 의장직을 맡았을 때, 그는 서안과 가자에 새로운 유대인 정착촌건설을 검토했다. 그는 유대인 2백만 명을 정착시킬 계획을 세웠다. 4반세기가 지난 후, 총리 샤론은 이스라엘에게는 이 영토의 인구통계를 변화시킬 '도덕적' 권리가 있다고 완강하게 주장한다. 샤론은 2001년 1월 당선된 이래, 새로운 정착전초기지 35개를 건설했다(≪뉴욕타임즈≫, 2002년 4월 27일). 이스라엘의 정권이 노동당에서 리쿠드 당으로 이양되던 시기인 1970년대 중반, 샤론은 국제적으로 공인된 이스라엘의 국경선을 넘어 '이스라엘의 대영토'라는 꿈을 실현할 수 있는 지도자로 부상했다. 시몬 페레스는 이스라엘인들은 점령지 '어느 곳에나' 정착할 수 있다고 격려함으로써 유력한 양당인 리쿠드 당과 노동당의 강령, 즉 요르단 강에서 지중해에 이르는 '이스라엘의 대영토' 운동을 추진하는 샤론에게 힘을 실어주었다. 25년 후 샤론의 계획은 효과가 나타났고 동예루살렘 밖에 있는 점령지의 정착민은 1972년 1,500명에서 1977년 7,000명으로 늘어났고 1992년에는 거의 만 명에 육박했다. 2002년에는 군대와 함께 2만 명 이상의 정착민들이 약 350㎞의 우회로와 연결된 서안의 59%를 점령했다. 동 예루살렘의 정착민들까지 합하면 이스라엘 유대 인구의 약 10%가 정착민인 셈이다. 이 중 많은 정착민들은 이스라엘 군이 발급한 총살면허증으로 무장하고 있으며 위험한 광신자들이다.

2000년 5월 이스라엘 정착민들은 테러 활동을 재개했다. 정착촌 건설은 점령문제의 평화적 해결을 저해하는 요인이었다. 2002년 5월 군대가 샤론에게 외딴 지역에 있는 다수의 정착촌들을 이전하여 좀더 확실한 방위망을 가진 인근 정착촌 블록과 재조직할 것을 요구하자 그는 안전을 의심하는 이 제안을 일축했고 재임중에는 단 한 개의 정착촌도 해체하지 않겠다고 맹세했다. 대신에 샤론은 정착촌 지도부의 핵심인 민족종교당(NRP, National Religious Party)에서 신임장관 두 명을 영입하여 점령지를 감시하는 안전각료의원으로 내정했다.

"구멍이 숭숭 뚫려 있는 신선한 스위스 치즈 조각으로 서안의 지도를 만들었다"는 표현은 정착촌의 새로운 지형을 가장 효과적으로 묘사하고 있다. 이어지지 않은 작고 검은 텅 빈 구멍은 이른바 자치지구라 불리는 팔레스타인 분리지구이며 그 주위를 둘러싼 선명한 노란색 부분은 유대인 정착촌이다. 최근, 이스라엘은 팔레스타인 공동체를 빈번히 봉쇄함으로써 거주민들을 질식시키며 파괴하고 있는데 이는 정착민들의 이동이 용이하도록 주변도시와 마을은 물론 여러 지역과 강제로 차단했기 때문이다. 국제통화기금(IMF)과 세계은행은 정착촌으로 인한 팔레스타인 지역봉쇄는 그 어떤 이유보다 팔레스타인 경제와 국가건설에 치명적이라고 평가해왔다.

신세대 정착민들은 시온주의를 확립하고 국가를 세속적, 사회주의적, 특히 유럽식 유대인 기업으로 만들었던 그들의 전임자들—1948년 이전의 미트야쉬빔(Mytyashvim)—과는 전혀 다르다. 1967년 이후의 새로운 미트나흘림(Mitnahlim) 정착민들은 두드러지게 종교적이며 레이건(Reagan)식의 신보수주의자들이다. 게다가, 전임자들과 달리 그들의 정착촌은 이스라엘이라는 국가의 지원을 받았다. 1948년의 정착민들이 이스라엘 민족주의를 성공시키기 위해 했던 것처럼, 신(新)시온주의자(또는 후기 시온주의자)들은 조만간 인종청소라는 또 다른 작전으로 그 임무를 완수해야 한다고 생각했다. NRP의 당수이자 새로 임명된 장관 에피 에이탐(Efi Eitam)은 '대이스라엘'은 '하나님의 국가이고, 유대인들은 전 세계의 영혼이며 유대 민족은 이 세상에 하나님의 형상을 드러낼 임무를 갖고 있다'고 여긴다. 그는 자신이 '모세와 다윗 왕이 서 있던 바로 그 자리에'에 서 있으며 '유대인 없는 세상은 로봇들의 세계이자 죽은 세계이고 이스라엘이라는 국가는 세계의 미래를 위한 노아의 방주로 그 임무는 하나님의 형상을 드러내는 것이다'라고 생각한다(오레크 네제르(Olerk Netzer), ≪하아레츠≫, 2002년 4월 28일). 퇴역장군 에이탐은 정착촌운동과 종교우파(The Religious Right)의 떠오르는 별이며 정착민전사인데 일간지 ≪하아레츠≫에 전쟁 없이 이주를 실현하기는 불가능하다 해도 정치적으로 '매력'이 있다고 시인했다. 근본적으로 노동당 옹호성향이 있는 장군은 인티파다의 확대와 같이 폭력적인 대립이 생기면, '많은 아랍인들이 살아남지는 못할 것이다' 라고 예상한다. 샤론의 내부안전각료의 일원인 에이탐은 이스라엘의 선제공격을 통해 이란-이라크 전을 이끌어내기도 했다(≪하아레츠≫, 2002년 4월 12일).

최근 유럽의 시민운동단체와 서안을 방문했을 때, 우리가 만난 미국인정착민은 미국에서 자신이 시민운동을 하던 시절을 영광스럽게 이야기했다. 시민운동과 팔레스타인 영토에서의 식민지개혁 운동이 모순되지 않느냐는 질문에, 그는 우리에게 구약성서(Torah)를 찾아보라고 했다. 남아프리카 태생의 백인들이야말로 그들 스스로를 '선민이라 말하며 선조의 땅을 차지하고 하나님이 주신 언어를 사용하며 그 땅을 지배하고 그 땅의 야만인들을 문명화할 운명을 하나님께 부여받았다'고 말하자 평화롭던 대화는 험악해졌고 우리의 버스에 세차게 돌팔매질을 했다. 서방세계의 이스라엘 우방국들조차 정착민들의 논리가 승리한다면 이스라엘은 인종차별국가로 전락할 것이라고 했다(토마스 프리드만(Thomas Friedman)과 다른 기자들의 미국 신문기사 참조). 전(前)정보부국장 아미 아얄론(Ami Ayalon)은 인종차별정책의 특징들이 이미 실제로 나타나고 있다고 한다. 전(前)이스라엘 검찰청장 미카엘 벤 야이르(Michael Ben-Yair)는 이스라엘이 '점령지에 차별정권을 세웠을 때' 이미 원리주의 정착민들의 논리는 승리한 것이라고 보고 있다.

이스라엘 정착촌의 암적 존재

수 년간에 걸쳐, 정착촌으로 이주하면 값싼 주택과 재정적 보상을 해준다며 중·저소득층과 새로운 이민자들을 유혹했고 때로는 이를 위해 미국의 원조금을 이용했다. 그러나 좀더 나은 삶에 대한 약속이 식민지의 악몽으로 바뀌자 실용적인 정착민들은 이념적으로 우파 쪽으로 기울었다. 최근 선거에서 94% 이상이 벤야민 네탄야후와 아리엘 샤론을 지지했다. 현재, 광신적 원리주의정착민들은 정착촌을 감시하는 우산의회의 분위기를 조성하고 있으며 이스라엘 정부의 의사결정에 막대한 영향력을 행사한다. 비록 그들이 국제사회에서 치외법권적 독립체라 하더라도, 정착촌은 종교적 열정과 새로운 국경정복의 야망에 불타는 범 이스라엘 민족주의의 온실이다.

자치국경 안에서 국제적으로 공인된 '유대 국가'를 추구하는 이스라엘인들과 달리, 새로운 광신자들은 그들의 조국은 '이스라엘 국가'가 아닌 '이스라엘 영토'라고 주장한다. 따라서 강과 바다 사이에 다른 국가가 출현하는 것을 용납하지 않을 것이다. 게다가, 정착민들의 위력은 선거에 영향을 미치는 것은 물론 정치적 의사결정의 중심부까지 파고들고 있다. 지난 4반세기에 걸쳐, 집권기간이 짧았던 라빈과 바라크 정부는 예외이지만 리쿠드 당-종교 연합이 이스라엘을 통치했을 때 종교적인 정착민들의 영향력은 급격히 늘어났다. 그들은 팔레스타인과 정상화된 이스라엘에게는 물론 지역 전체에 위협적인 존재이다.

정착촌에 새로이 조직된 전략적 두뇌집단의 생각을 살펴보면 전쟁 위주의 사고를 갖고 있으며 '테러와의 전쟁', '악의 축', 신(新)미사일 체제와 미 국방성이 만들어내는 최악의 선정주의 문학과 같은 미국의 신개념들을 활용하고 있음을 알 수 있다. 정착민들은 이스라엘화된 미국의 전쟁을 계속해서 수행하기 때문에 주변국들과의 공존은 꿈도 꾸지 않는다. 점령지의 유대인 종교원리주의자들은 '이스라엘은 전세계의 희망'이지만 '팔레스타인의 도덕적 야만성이 이를 방해하고 있다.'라고 믿는다. 역설적으로 들리겠지만, 팔레스타인의 자살폭탄공격은 정착민들을 이롭게 하는 행동이다.

정착민들이 팔레스타인인들의 관심사는 정착민의 철수뿐만 아니라 이스라엘의 철수라는 그릇된 주장을 함으로써 정착촌이 평화의 장애물이라는 압박감은 해소되었고 이스라엘 사회 전체가 강경화로 기울었으며 정착민의 이데올로기를 훨씬 더 수용가능하게 되었다.

정착촌이 있기 때문에 이스라엘이 모든 팔레스타인 난민촌과 도시중심부를 봉쇄하는 것이다. 임시봉쇄는 팔레스타인의 생활과 발전에 훨씬 더 비인간적이며 파괴적이었는데 합의가 아닌 탱크에 의해 국경선이 정해졌기 때문이다. 점령은 이스라엘에게도 똑같은 영향을 미치고 있다. 이스라엘을 두려움과 불안으로 몰아 넣고 종교원리주의와 급진적 유대 민족주의가 그 나라를 제어하고 있다. 정착민 이데올로기는 더 많은 팔레스타인 땅을 삼킬 때조차 이스라엘의 다원정책을 잠식해왔다. 정착민집단은 이스라엘의 설립과 군대에 훨씬 더 많은 영향력을 행사하게 되었고 정착촌은 평화로 가는 가장 치명적인 장애물이 되었다. 정착촌은 이스라엘 사회를 강경화로 몰고가고 있다. 이미 이스라엘 의회 크네세트(Knesset)에는 10명의 정착민의원들이 있고 이들 모두는 샤론의 통치연합 소속이다. 앞에서 언급했듯이, 샤론 내각에서 세 명은 장관으로 재직중이고 두 명은 차관이다. 이들 대부분은 종교원리주의자들로서 팔레스타인의 개혁이나 국제적 행동규범에는 전혀 관심이 없다. 오늘날, 종교원리주의자인 입법부의원 30명, 즉 크네세트의 4분의 1이 샤론의 치외법권인 정착촌정책을 지지하고 있다.

정착민과 종교원리주의자들은 점령지에서 철수하거나 한 개의 정착촌이라도 해체하는 것을 반대한다. 그들은 국제법은 점령지에 적용되지 않는다고 믿으며 그 영토는 그들의 유산이라 여긴다.

2002년 5월 리쿠드 당이 팔레스타인 국가에 반대하는 네탄야후의 인민주의적 제안을 채택한 것을 보면 여당 내 정착민과 강경 민족주의자들의 힘이 얼마나 막강한지 알 수 있다. 황량한 두 정착촌인 가자 지구의 니자림(Nitzarim)과 서안의 헤브론 내에 있는 로메마(Romema)를 예로 들어보자. 후자에는 정착촌을 보호하고 수천 팔레스타인인들의 삶을 파괴할 군부가 있다. 전자에는 극빈한 팔레스타인 난민들로 넘쳐나는 지역에 40개의 이스라엘 가정을 위한 불법가옥이 있는데 수십 명의 팔레스타인인들과 적어도 이스라엘 군인 15명을 죽음에 이르게 했다. 정착촌의 팽창을 보호해 주는 이스라엘의 법령들은 자치영토를 8개의 거대한 감방으로 전락시켰다. 가중되는 빈곤과 압제, 그리고 비참한 일상은 오직 복수와 대립의 불길을 타오르게 할 것이며 화해의 노력을 무력화할 것이다. 그 과정에서, 좀더 많은 자살폭탄공격과 테러리즘이 팔레스타인인들에게서 나타났으며 정착민들에게서도 테러리즘이 나타났다.

샤론은 서안과 가자에서 이중체제를 더욱 강화했다. 우회로로 연결된 200개의 정착촌과 독자적인 발전을 위해 확대되는 한 가지가 있는데 이것은 서안지역의 절반도 안 되는 땅에서 살아가는 원주민을 위축시키는 체제에는 아랑곳하지 않으며 서안지역은 지리적 연속성도 없이 정착민의 이익에 공헌하고 있다. 이것은 바로 차별정책이다. 차별정책에서 비롯된 강경 민족주의자들의 사고는 너무나 위험하여 이스라엘 지배하의 공존이 불가능해진다면 장기적으로는 인종청소를 실행에 옮길 수도 있다. 실질적이고 즉각적인 위협은 없다 해도 1948년의 이주와 같은 또 다른 이주가 이스라엘 정치권에서 희미하게 나타나고 있다. 정착민들이 그 땅을 더욱 깊이 파헤치고 팔레스타인인들의 적대감에 더욱 빈번히 직면하게 되자, 이스라엘 정착민의 철수를 기대할 수도 없는 유엔과 NRP, 그리고 러시아에 기반을 둔 이스라엘리 비테노(Yisraeli Biteno) 당의 지도자들은 대신 '주변국으로 팔레스타인인들이 이주할 것'을 제안했고 평화적 이주가 바람직하겠지만 필요하다면 폭력을 동원해야 한다고 했다. 이러한 관점에서 보면, 샤론은 팔레스타인 문제에 대해 정리되지 않은 최종 해결책에 영향을 미치기 위해 다음 대치국면이나 전쟁을 이용할 수 있었다. 이스라엘 소식통에 따르면, 15만 명의 팔레스타인인들, 즉 서안인구의 10%는 제2차 인티파다가 시작된 이래 점령지를 떠났다.

최종회

모든 증거를 살펴보면 이스라엘인들의 정착촌운동정책은 조인된 합의와는 상관없이 계속되었고 결과적으로 점령지 내 폭력의 근본적인 원인으로 작용했는데 그 이유는 그들이 새로운 지리적 분쟁을 몰고 왔고 이로 인해 팔레스타인의 발전이 저해되고 평화가 잠식당했기 때문이다. 오늘날 수백만 팔레스타인인들과 이스라엘인들은 계속해서 불법정착민들에 대한 두려움 속에 살고 있으며 불법정착민들은 그 지역을 공동간의 식민전쟁에 빠뜨리고 있다. 만약 이스라엘이 평화협정중에 그랬던 것처럼 계속해서 정착촌활동을 확대해 나간다면, 정착민은 백만 명에 이를 것이다. 그렇게 되면, 이스라엘과 이스라엘 정착민으로부터 팔레스타인인들을 분리하는 것은 인종청소 없이는 불가능해질 것이다. 철조망과 전자 센서로는 팔레스타인을 오랜 기간 분리할 수 없겠지만 그들을 지리적으로 분리하는 것은 그들을 계속해서 위축시킬 것이다. 역설적으로 들리겠지만, 팔레스타인 국가의 미래는 협상으로 결정될 것이고 유대 국가나 유대인 다수를 지속시킬 가능성 역시 위임통치국 팔레스타인(이스라엘, 서안, 가자)에서는 줄어들 것이다. 왜냐하면 9백만 명의 이스라엘계 유대인과 팔레스타인계 아랍인들을 분리하기가 점점 더 어려워지고 있기 때문이다. 당분간 샤론과 그의 정착민들은 팔레스타인과 중동에서 영원한 분쟁과 전쟁국가의 논리를 계속해서 강조할 것이다. 국제사회가 관여하지 않는 한, 정착민들의 논리는 궁극적으로 1948년 전쟁 전야와 같은 교착상태에 빠질 것이다. 즉, 양 국가를 수용하든가 또는 인종청소를 하든가 말이다. 이미 '이주', 즉 팔레스타인인들을 집단추방하는 것에 대해 샤론 내각의 많은 의원들이 구상중이며 입으로 떠들고 있다. 그러나 밀로소빅(Milosovic)이 어찌 되었는가를 생각해 보면 이 시기에 그러한 범죄를 저지르는 것은 이스라엘의 극적인 전략적 오류가 될 것이다.

끝이 보이지 않는다

9
배신

오슬로 평화협정은 사기였다. 그것은 서명을 하자마자 외교 서커스로 전락했다. 국제사회는 미국의 마술사가 그 소맷자락에서 연이어 합의사항을 끄집어내자 놀라움을 금치 못했고 한편에서는 포위된 팔레스타인인들이 한순간에 각광을 받았다. 서명해야 할 합의서들이 있는 한 미끼용 당근 몇 개가 주위를 맴돌고 있었다. 7년 후, 토끼는 뛰어넘는 일에 진저리가 났고 자금도 바닥이 나고 마술사의 볼 만한 광경은 반복되었으며 솔직히 황당한 수준에 이르렀다. 모든 멜로드라마처럼 오슬로의 연극은 눈물어린 웃음과 고통으로 끝났다. 이로 인해 －20세기의 가장 공정하고 극적인 명분 중 하나인－ 팔레스타인 문제는 끝없는 속임수가 난무하고 목적을 위해서는 수완을 발휘해야 하는 난제가 되었다. 국민의 절반은 난민으로 그 나머지는 점령치하에 들어가게 만든 국가 전체에 대한 절도행위는 군공격의 절정에서 부동산 싸움과 냉정한 개혁을 요구하는 수준으로 전락했다. 희생자들은 그 희생에 대해 비난을 받으며 그들의 가해자를 예우하고 보호해야 했다.

팔레스타인 민중은 그들에게 자유를 약속했던 협정에 가장 원론적인 방식으로 배신을 당했다. 그들은 단념했다. 그러나 그들은 참고 인내하며 이스라엘의 방해공작과 그들 지도자들의 부정부패에도 불구하고 학교와 공공기관을 건설했고 자신들의 미래에 투자했다. 그들은 그들을 지나가는 득실 없는 협정을 어찌할 도리 없이 지켜보았다. 이스라엘은 더욱 부유해졌고 그들은 더욱 빈곤해졌으며 이스라엘은 팽창했고 이스라엘인들은 자유롭게 돌아다녔지만 팔레스타인인들은 영토가 줄어드는 만큼 '구역(canton)'에 감금되었다. 팔레스타인이 국제무대에서 우방과 동맹국을 잃으면 잃을수록 이스라엘은 새로운 외교관계를 더욱더 수립했다.

힘겨운 7년의 세월과 7가지 고약한 쌍무협약 이후, 불공평함에 대한 불쾌한 정서가 팔레스타인을 뒤덮었다. 팔레스타인인들이 느끼기에 항구적인 평화라는 목표가 항구적인 평화과정으로 대체된 것이었다. 서방기관들의 승인과 자금지원하에 이스라엘은 팔레스타인을 분리지구로 분할하고 알파벳순의 외교 은어인 A, B, C, H1, H2 지구라 불렀다. 한편 코소보(Kosovo), 동티모르(East Timor)를 비롯한 다른 나라들은 국제사회의 도움으로 독립국가로서 민족자결권을 획득했다. 팔레스타인인들은 35년이 지났음에도 여전히 점령치하에 있었다. 세계의 여러 대륙에 있는 난민들은 조국으로 돌아갔지만 팔레스타인인들은 난민촌에서 이스라엘의 폭격을 받으며 살았다. 주택이 파괴되면 많은 사람들이 또다시 난민신세가 되었다. 제닌(Jenin), 발라타(Balata), 알 아마아리(Al-Ama'ari)를 비롯해 다른 난민촌에 있는 어린 팔레스타인 난민들은 이스라엘의 폭격으로 팔레스타인 나크바(Nakba), 즉 대참사의 새로운 주인공으로 단련되고 있었다. 면역된 이스라엘이 계속되는 유엔 안전보장이사회의 결의안을 저버렸을 때도 그 밖의 세계 곳곳에서는 군사적 수단과 경제제재를 통해 유엔 결의안들이 효력을 발휘하고 있었다. 미국은 끼어들려 하지 않았고 유럽은 관여하지 않았으며, 각각은 국제법과 보편적 가치가 침해되는 것을 방관한 것에 대해 보잘것없는 구실만 늘어놓았다. 우방국들은 팔레스타인을 복수심에 불타는 이스라엘 장군들의 분노 속에 내던진 것이었다.

연령과 계층을 불문하고 모든 팔레스타인인들이 거리마다 운집하여 잔인하고 위험한, 역설적으로는 위력적이며 피해망상적인 이스라엘이 야만적인 점령체제를 인종차별체제로 전환하는 것에 항의했다. 국제적 배신의 골이 깊어지면 깊어질수록 점령은 더욱 유혈이 낭자했고 인티파다는 더욱더 폭력화되었다. 무능한 아랍 세계와 분열된 유럽에 둘러싸인 채, 자유와 독립에 대해 의지할 곳 없는 팔레스타인의 처절한 외침은 동서 양측에는 쇠귀에 경 읽기였다. 팔레스타인인들은 대부분 확고부동했고 이스라엘의 점령으로 그들의 인간성이 말살되는 것을 계속해서 거부해왔다. 엄청난 손실에도 불구하고 팔레스타인인들이 더 이상의 손실을 거부함으로써 이스라엘의 승리는 불가능해졌다. 그들 대부분은 여러 형태로 계속해서 점령에 저항했다. 일부는 죽어갔다. 주로 죄 없는 이스라엘 민간인에게 행한 팔레스타인 젊은이들의 자살폭탄공격은 이스라엘과의 분쟁을 이스라엘 지도자들이 원하는 쪽으로 몰고갔다. 즉, '테러와의 전쟁'이라는 맥락과 맞아떨어진 것이다. 그러나 수십 명이 자살을 하는 와중에도 수백만 팔레스타인인들은 영예롭게 그리고 자유롭게 살기를 간절히 바랬다.

국제사회는 '이 정도면 충분하다'라고 말할지 모르겠지만 절대 그렇지 않다. 워싱턴은 자국의 이득이 되는 접근법을 고집하며 모든 국제규범을 무시하고 국제적 개입을 방해하며 이스라엘이 용감한 사람들의 의지를 꺾을 수 있게 만들고 있다.

오슬로 협정의 불운한 설계자인 시몬 페레스는 9년 후, 중동에 신 새벽을 약속했고 또 다른 '평화협정', 다시 말해 "우리가 끝까지 가봐야 빛을 볼 수 있는 새로운 터널을 건설할 것"을 주장했다. 그는 또한 망설이고 있는 유럽이 입장을 표명하고 공개적으로 미국의 정책에 충성하겠다고 선언할 것을 요구했다. 이것은 노벨 수상감이다. 이스라엘, 미국, 유럽 그 어느 쪽도 협정의 퇴보, 약속을 파기한 것 그리고 자유를 미끼로 팔레스타인 민중을 기만한 것에 대해 책임지지 않았다. 설상가상으로 그들은 어느 정도 자신들의 작품인 나약한 팔레스타인 자치정부(PA)의 냉소주의와 실책을 비난했다. 사실, 그들 모두가 그 협정을 유지하기 위해서는 허리를 구부려야 할 정도로 이스라엘이 오슬로의 정치적 천장을 낮출 때까지 방관한 것에 대한 책임은 그들에게 있는 것이다.

오슬로의 교훈

평화협정은 팔레스타인이 이스라엘로부터 독립하게 하기는커녕 이스라엘에 대한 의존성만 심화시켰다. 평화협정은 '평화정착촌' 대신 더 많은 '유대인 정착촌'을 가져왔다. 그것은 좀더 많은 우회로, 더 많은 토지몰수 및 더 많은 주택파괴를 용인했다. 또한 더욱 극심한 경기침체, 실업률증가 및 서안과 가자의 안전을 저해하는 결과를 초래했다. 평화협정은 외교무대에서의 승리라고 환호했지만, 사실상 그것은 분쟁해결에 대한 국제적인 규범에 비추어 보면 완전히 실패한 것이다. 이스라엘에서 노동당과 리쿠드 당 양 정부는 수 년간 분리와 차별에 바탕을 둔 여러 방안을 제안함으로써 합법적인 구획해결안을 방해하기 위해 수 년간 노력해 왔다. 팔레스타인의 학자 히샴 샤라비(Hisham Sharabi)는 평화협정에 대한 이스라엘의 정책을 다음과 같이 요약했다.

> 라빈의 방식은 외양만 팔레스타인 국가일 뿐 자치권이 제한되어 있는 현대판 남아프리카식 흑인격리지구형이라면, 네탄야후의 계획은 국가의 위상은 흔적도 찾을 수 없는 지방자치 수준의 낡은 차별정책에 기초를 두고 있다. 따라서, 주류언론의 주장처럼 노동당과 리쿠드 당의 대립은 양측이 구획화를 거부한 것에서도 알 수 있듯이 본질적인 것에는 차이가 없고 팔레스타인 전역에서 이스라엘의 맹주권을 보호하는 틀 안에서 팔레스타인인들을 차별하는 정치적으로 좀더 나은 방식에 관한 것이다.

노동당이 그 의제에 대해 거의 대립 없이 샤론 정부와 연합한 것은 당연하다. 오슬로 협정중에 혹은 그 이전 이스라엘의 지도자 그 누구도 팔레스타인인들과 공평하게 영토를 공유한다거나 팔레스타인을 같은 영토, 그들 자신의 땅에서 민족자결권을 가진 한 국가로서 상상하지 않았다. 그들은 그렇게 하는 데 아무런 압력도 받지 않았다. 왜냐하면 이스라엘에 대한 국제사회의 관용은 이스라엘이 계속해서 국제법과 합법성을 무시하는 것을 허용했고 이스라엘의 사소한 이익이라도 침해될 때에는 조인된 협정들을 파기하도록 부추겼기 때문이다. 이스라엘에서 경제여건이 향상되고 이스라엘 경제계가 번영하자 차별정책을 중단하라는 모든 경제적 압박도 사라졌다. 아이러니하게도 팔레스타인에서 이스라엘의 차별정책을 제도화한 바로 그 오슬로 협정은 시온주의와 인종차별은 동일하다고 반복적으로 제기된 유엔 결의안을 취소시키려는 미국과 이스라엘의 노력이 성공하도록 기반을 다졌다. 바꾸어 말하면, 이스라엘에게는 F. W. 드 클레르크를 배출할 필요성에 대한 강제적 이유가 전혀 없었던 것이다. 남아프리카에서는 경제적 압박과 사실주의가 성장하자 드 클레르크는 아프리카 국민의회(ANC) 지도자 넬슨 만델라를 석방하고 인종차별정책을 폐지하였으며, 새로운 다민족공존의 남아프리카를 만드는 과정을 시작하지 않을 수 없었다. 반면, 이스라엘은 식민지에 자치독립을 부여할 준비가 되어 있지 않았다. 아라파트가 팔레스타인의 넬슨 만델라인가 아닌가는 이스라엘에 드 클레르크와 드 골이 부재하는 상황에서는 무의미한 이야기이다. 왜냐하면 그들은 인종차별정책과 점령을 단번에 종식시킬 수 있었기 때문이다.

이스라엘의 제로섬 정책

결국 이스라엘은 팔레스타인과 역사적인 협상을 할 준비가 되지 않다는 것이 명백해졌다. 그들은 자신들의 지배권을 강화해줄 휴전만을 기대했던 것이다. 기술적으로, 이스라엘 지도자들은 팔레스타인인들에게 두 가지 선택안을 제안했지만 그것은 진정한 해결책이 아니었다. 더 젊고 더 오만한 바라크와 네탄야후는 '최종'협상으로 분쟁을 종식시키고 팔레스타인의 주장을 불식시킬 것을 고집했다. 그들은 이를 원하면서도 자신들의 통상적인 레드 라인, 특히 난민귀환 불가, 1967년 국경선으로의 회귀 불가, 동 예루살렘에 수도를 둔 독립된 팔레스타인 국가를 서안과 가자에 설립하는 것 불가 등에 대한 생각은 바꾸지 않았다. 한편에서는 나이와 경험이 많은 냉소적인 페레스와 샤론이 각자 나름대로 어떤 문제들을 처리할 '장기적인' 협정을 계획했지만 다른 문제들에 대해서는 애매하게 시간을 끌거나 연기했으며 이와 동시에 점령과 정착촌활동을 계속했다. 양쪽 모두, 이스라엘은 원칙적으로 팔레스타인 국가를 인정했지만 이는 단지 그것이 국가의 의미를 상실했을 때이다.

아이러니하게도, 제2차 인티파다가 발발하자, 이스라엘의 유대인들은 자신들이 만든 팔레스타인 분리지구로 인해 스스로가 유대인 격리지구에 갇힌다고 느꼈다. 일단 이스라엘 내부에 있는 팔레스타인인들의 결속과 저항이 난민촌과 점령치하에 있는 팔레스타인인들과 연대하며 나타나자, 이스라엘은 안전을 위한 완충지대를 점령지에서 이스라엘 본토에 있는 아랍 지역으로 바꾸었다. 텔 아비브(Tel Aviv)에서 멀지 않은 트라이앵글(Triangle) 지역에 있는 이스라엘의 아랍 지역은 서안의 A 자치구와 같은 식의 취급을 받았다(즉, 단지 부분적으로 팔레스타인의 통제를 받는다), 인티파다를 보며 이스라엘인들은 자신들의 차별체제는 끝났다고 느꼈다. 팔레스타인의 분노에 당황한 이스라엘인들은 더욱 폭력을 사용했다. 이때부터 이스라엘 사회는 엄청난 대량학살과 유혈을 자행한 이력의 소유자 아리엘 샤론 장군에게 정권을 일임했다. '전쟁은 120년 동안 계속 되어왔다.' 그리고 이스라엘이 '승리'할 것이라는 그의 발언은 팔레스타인에서 되살아난 이스라엘의 인종청소의 망령을 불러냈다.

샤론이라는 요괴는 오슬로에 양자택일의 논리를 들고 나왔다. 그의 '안전을 통한 평화'라는 논리는 —1948년 이래로 실패함— '평화를 통한 안전', 즉 협상을 하려는 시도들을 방해했다. '팔레스타인인들을 호되게 채찍질'한 뒤 굴욕적인 제안을 하는 것이 샤론의 정치적 최종회이다. 이 제안에는 서안과 가자의 절반에 반쪽짜리 팔레스타인 국가가 그것도 먼 장래에 그려져 있다.

집필을 하는 이 시기에, 팔레스타인인들에게 A, B 지구로 나누어진 '국가'를 허용하는 방안에 외교적 노력이 집중되고 있지만 두 지구는 서안의 42%, 즉 팔레스타인의 10%도 안 되는 지역들이다. 그 다음 팔레스타인 국가는 나머지 문제들에 대해 협상할 것이다. 이것이 우스워 보이겠지만, 아랍측에서는 재앙으로 여기고 있다. 현재, 이스라엘의 구(舊)안전노동당의 전형인 알론(Allon), 모세 다이안(Mo- she Dayan)과 이츠하크 라빈(Yitzhak Rabin)은 샤론의 점령과 차별정책의 유일한 대안적 방안을 제시하고 있다. 그 방안은 팔레스타인인들과의 일방적 분리 또는 점령된 서안과 가자 일부 지역이나 대부분의 지역으로부터 '일방적인 철수'를 하고 팔레스타인인들과 새로운 장벽을 구축하는 것이다. 이 또한 국제적으로 공인된 국경선이 없다면 차별정책으로 간주될 것이다. 이 진영을 대변하는 가장 대표적 인물은 이스라엘의 전 정보국국장 아미 아얄론(Ami Ayalon)이지만 에후드 바라크 역시 75%의 영토에서 철수하고 서안의 동서에 두 개의 거대한 안전지구를 두자고 제안해 왔다.

팔레스타인인들과의 분리에 대한 그의 견해는 엄밀하게는 이스라엘이 인지하고 있는 안전과 인구통계학상의 문제에 바탕을 두고 있다. 이 목표를 달성하기 위해서는 베를린 장벽과 같은 장벽을 구축해야 하는데 이미 시작되었다.

이스라엘인들은 팔레스타인 국가를 용인할 준비가 되어 있지만, 그것은 기껏해야 타협된 독립권을 가지고 이스라엘에 종속된 국가이다. 그들이 기꺼이 받아들이겠다는 국가는 이스라엘의 '관용'과 '불리한 협상'의 산물이지 영토에 대한 팔레스타인의 역사적·합법적 권리를 인정해서 탄생되는 국가가 아니다. 그들이 인정하겠다는 국가는 이스라엘의 안전상 필요에 따라 성격이 정해지고 이스라엘 스스로 규정한 국가적 명령에 따라 제한되는 국가일 뿐 새로운 국가 그 자체의 안전과 복지에 의해 정의되는 국가가 아니다. 이른바 바라크의 원대한 제안들마저도 한 국가로서 자치권확대를 인정할 준비가 된 이스라엘의 국민적 합의의 범위를 벗어나지 못하고 있다.

팔레스타인 국가는 분쟁을 실용적이고 공정하게 해결하여 얻을 수 있는 결과이지 그에 대한 대안일 수는 없다. 이것은 점령을 종식하고 모든 이스라엘인과 군인 및 정착민이 철수하여 팔레스타인인들에게 한 국가에서 그들의 민족자결권을 행사할 기회를 주는 것을 의미한다. 실제 국가가 이스라엘의 완전한 철수에 대한 대안일 수는 없다.

전략이 결여된 팔레스타인의 인티파다

팔레스타인인들은 1967년의 국경선을 기초로 역사적 화해를 이끌어내고 귀환권에 대해 이스라엘의 승인을 얻어내고자 거의 30년간 준비해왔다. 팔레스타인 해방기구(PLO)는 역사적 절충안을 통해 역사상 팔레스타인인들의 조국이었던 국토의 4분의 3 이상을 차지하는 이스라엘 국가를 인정했고, 1967년에 점령된 예루살렘의 3분의 2 이상을 이스라엘의 수도로 사실상 승인했는데 이 모든 것은 오슬로 협정이 시작되면서 이루어졌다. 정말로 희생이 큰 타협안이었다.

캠프 데이비드 정상회담에서, 팔레스타인인들은 좀더 많은 절충안에 합의했다. 그들은 영토교환원칙을 수용했고 타바(Taba)에서 이를 위해 지도를 제공하며 약 3.1%를 교환했다. 그들은 또한 자국 영토의 5분의 1 이하에 대해서는 비무장화한다는 것을 받아들였다.

2002년 2월, 아라파트는 ≪뉴욕타임즈≫에 귀환권은 반드시 인정되어야 하지만 이를 실행함에 있어서 이스라엘의 인구를 통계학적으로 고려해야 한다고 기고했다.

팔레스타인인들은 그 이상의 어떠한 타협안도 거들떠보지 않고 거절할 것이며 협상은 실패할 것이다. 팔레스타인인들이 열망하는 민족자결권과 독립은 이스라엘에 대한 경제적 의존관계로 타협이 이루어졌고, 추구하는 통치권은 팔레스타인이 통제하는 집단거주지의 책임과 민주주의의 부재로 인해 타락해버렸다. 오슬로 협정 이전, 팔레스타인 영토는 점령에도 불구하고 '완전한 통일체'였다.

1993년 이후, 영토는 개별적인 분리지구로 분할되고 세분화되었다. 이스라엘이 전반적인 안전협정을 장악했고 점령지에서조차 팔레스타인인들의 이동의 자유는 박탈되었다. 이 때문에 일상생활은 파탄에 이르렀고 가족의 유대관계는 산산조각났다. 다시 말해 그것은 민족적 유대감, 공동체의식, 조직적 구조 및 팔레스타인간에 그리고 그들의 영토에 대한 다른 모든 사회적 연대감을 약화시켰다. 이로 인해 족벌주의와 부정부패가 난무하게 되었다. 인구과잉의 비참한 가자 지구는 ―아라파트 권력의 기반― 80%의 난민으로 이루어져 있다. 이 사람들은 붉은 선과 흰 깃발을 구분할 수 있다. 그들에게 있어 이스라엘이 난민에 대한 도덕적·사법적 책임을 회피하고 예루살렘 반환을 거부하며 혹은 인종차별정책을 포기하지 않는 것은 '최종협상'을 수행할 의사가 전혀 없다는 것이다.

제2차 인티파다와 그 이면 – 배우들과 연기

이전의 봉기와 마찬가지로, 제2차 인티파다는 계속된 무자비한 점령이 초래한 직접적이고 피할 수 없는 결과였다. 거리를 메운 사람들은 명령에 따라 행동하는 것이 아니었다. 이것은 이스라엘의 위협과 최후통첩 및 과도한 무력사용에 대한 자연발생적 반응이었다. 사실, 아라파트 내각의 대부분은 폭동이 발발하는 것을 달가워하지 않았다. 그것이 그들의 전체적인 투자나 사유재산 그리고 특별한 귀빈의 지위에 관한 문제이건 아니건 간에, 봉기가 끝나는 날 팔레스타인 지도부와 가신들은 인티파다로 인해 아주 많은 것을 잃었다. 다행히, 몇몇 경우를 제외하고 아라파트는 이스라엘의 명령에 따라 인티파다 관련자를 엄중 처벌하지 않았고 이스라엘이 방관하는 동안 그의 국민들 사이에는 민간의 갈등이 생겨났다. 만약 팔레스타인인들이 점령된 국민으로서 봉기하지 않는다면 그야말로 대단히 놀랄 일이었을 것이다.

바라크의 처리방식은 인티파다를 더욱 부채질했으며 팔레스타인인들이 분명한 결과 없이는 물러서지 않게 했다. 이스라엘 내부는 물론 서안과 가자에 있는 팔레스타인 젊은이들의 불굴의 의지는 이스라엘 식민주의의 본성을 폭로하는 데 성공했다. 그것은 식민지의 위력을 유지하는 한 이스라엘은 민주주의를 가장할 수 없고 차별정책이 팔레스타인 평화의 대안이 절대 아니라는 것을 보여주었다.

팔레스타인 자치정부는 결과—순진한 팔레스타인 젊은이들을 죽이는 것—를 받아들일 수밖에 없었고 무력으로 인티파다를 진압하라는 이스라엘의 요구를 거부했다. 이것이 타히르(해방) 인티파다인가 아니면 타흐릭크(반란이나 선동) 인티파다인가 하는 문제와 상관없이, 팔레스타인 자치정부는 임시 외교협정에서 얻지 못한 것을 성취하기 위해 노력했다. 즉, 거대한 정착촌 블록은 제외하고 이스라엘 군이 서안에서 철수하는 것, 다시 말해 오슬로 협정에 명시된 것처럼 점령지의 90%에서 철수하는 것이다. 사실상, 인티파다는 서안과 가자의 유대인 정착민들의 일상생활을 파괴한 지 두 달 만에 성공했고, 그들이 오슬로 협정중에 건설했던 도로망은 정착촌 운동에 방해가 되었다.

그러나 인티파다의 목표가 자유, 평등 및 독립에 초점을 맞추고 있는 반면, 그러한 고귀한 목적을 달성하기 위해 사용된 수단들은 그 과업에 어울리지 않았다. 자살폭탄공격은 팔레스타인인들에게 불리하게 작용했다. 비폭력저항이 최선이자 가장 생산적인 방법이었을 것이다. 또한, 저항운동이 1967년의 국경선 안에서만 일어났더라면 중요한 정치적 성과를 얻을 수 있었을 것이고 결과적으로 팔레스타인인들은 국제적 지지를 얻을 수 있었을 것이다. 그러나 샤론의 전쟁기계 앞에서 상황이 계속해서 악화되었기 때문에 일부 팔레스타인인들은 다르게 결론을 내렸다. 즉, 대규모 시위는 병력과 정착민에 저항하는 비밀공작운동으로 바뀌기 시작했다. 이러한 공작활동은 나중에는 이스라엘인들이 점령과 차별정책은 득이 되지 않는다는 결론을 내리기를 바라며 이스라엘 내부에서 자살폭탄 공격으로 나타났다.

일단 양 민족이 폭력에 진저리가 나면, 이스라엘은 점령지에서 스스로 철수하고 차별정책을 철폐해야만 할 것이다. 이 때에 비로소 진지한 협상을 시작할 수 있다. 그러나, 테러리즘이 약자들의 무기로 용납되어서는 안 된다. 약자들에게는 국제적 정당성과 정의가 최고의 맹방인 것이다. 자살폭탄행위가 정당화될 수는 없다. 이스라엘 최고의 훈장을 받은 장군인 전 총리 에후드 바라크는 자신이 팔레스타인인으로 태어났더라면, 테러리스트가 되었을 것이라고 말한 적이 있다. 다행히 대부분의 팔레스타인 젊은이들은 계속해서 삶을 추구하고 있다. 어엿한 생활수준에 대한 희망을 강하게 심어줌으로써 우리는 증오와 죽음의 문화를 극복할 수 있다. 한편에서는 점령만이 이스라엘의 안전을 보장해주는 유일한 수단이라고 말한다. 그러나 그렇지 않다. 점령이야말로 이스라엘의 유일한 적이다. 점령에 항거하는 팔레스타인의 저항은 이스라엘의 모든 병력이 철수할 때까지 분명 계속될 것이다.

점령 대 자살폭탄공격

그럼에도 불구하고, 적법한 저항은 그렇다 치고, 소수가 의존하는 수단인 팔레스타인의 자살폭탄행위가 그 지역 폭력의 근원인 35년 간의 잔인한 점령과 비교되어서는 안 된다. 서방의 모든 언론은 아주 종종 이스라엘의 행위를 보복이자 방어행위로 보거나 기껏해야 이스라엘의 침략과 팔레스타인의 저항 혹은 자살폭탄행위를 평행선상에 놓거나 도덕적으로 피장파장이라고 여겼다. 그들은 영원한 군사점령과 적법한 저항 간의 차이점에 대해서는 설명하지 않았다. 한편으로 그들은 유엔 헌장과 협약을 준수해야 하는 유엔 회원국의 정부가 저지른 행위와 점령치하의 팔레스타인 지하조직과 개인의 행위를 구분하지 않았다. 서방의 논평자들이 주목해야 할 점은 이슬람 단체 하마스(Hamas)와 지하드(Jihad)가 이스라엘처럼 서방국가들과 무역협정을 맺지도 않았고 유럽에서 야구를 한다든가 유로비전에 가입하지도 않았다는 점이다. 이스라엘의 관리들은 현대 유럽에 익숙한 반면 그들의 정책은 인종차별정책과 식민주의라는 가장 암울했던 시대에 바탕을 두고 있다. 이스라엘은 자유민주주의 국가라고 주장할 수 없으며 유대인과 아랍인이라는 두 부류의 시민을 만든 것과 국제법위반 특히 점령세력의 행위를 규정하는 1949년 제4차 제네바 협정을 위반한 것에 대해서는 변명의 여지가 없다. 그런데도 샤론의 이스라엘은 계속해서 잔인하게 마을과 도시를 차단하며 통과할 수 없는 장벽으로 봉쇄하고 있다. 이스라엘 군대는 마음대로 무력을 사용할 것을 고집하는데 이는 식민주의와 폭력으로 수십 년간 고통의 세월을 보내고 자유와 존엄을 열망하는 팔레스타인인들을 억압하기 위한 것이다. 점령을 포기하는 것만이 폭력의 굴레를 벗어날 유일한 길이며 최종 평화협정을 협상하기 위한 바람직한 출발점이다.

평화를 얻기 위해: 해야 할 것과 하지 말아야 할 것

오슬로 협정의 실패에도 불구하고, 모든 새로운 지엽적 구상과 서방의 제안들은 과거의 오류를 되풀이하는 것 같다. 장차 협상으로 이루어진 협약이, 장기적이든 최종적이든, 성공하고 오랜 세월 지속되기 위해서는, 오슬로의 선례처럼 세력균형에 의존할 것이 아니라 국제적 적법성과 정의 그리고 확실한 이행에 의지해야만 한다. 이스라엘과 팔레스타인에서는 강압적인 외교적 해결책보다 오히려 정의와 공존에 입각한 정치공약이 장기적으로 실현가능성이 있다. 이러한 관점에서, 이스라엘의 '적색선(red line)'은 국제법을 정면으로 위반하고 있다. 1967년의 국경선으로의 회귀 '불가'는 유엔 안전보장이사회 결의안 242조를 '준수하지 않겠다'는 의미이다. 팔레스타인 난민귀환 '불가'는 유엔 안전보장이사회 결의안 194조를 이행하지 않겠다는 뜻이다. 동예루살렘으로부터 철수 '불가', 팔레스타인의 통치권 인정 '불가'는 유엔 결의안 242조와

181조를 준수할 수 없다는 의미이다. 점령지에 건설된 유대인 정착촌해체 '불가'는 유엔 결의안 242조와 제4차 제네바 협정을 준수하지 않겠다는 뜻이다. 팔레스타인 우파는 이와 정반대의 생각을 갖고 있다. 그들은 국제결의안을 온전히 적용할 것을 요구했고 이스라엘은 이를 오랫동안 묵살해 왔으며 특히 워싱턴에서 평화협정을 국제적인 틀에서 벗어나게 한 이후 더욱 그러했다. 게다가, 협약이 실제로 실현성이 있으려면, 협약에는 두 영토의 완전한 사법적 분리와 팔레스타인의 통치권을 인정한다는 조항이 포함되어야 한다. 그러한 분명한 사법적 틀이 없다면, 이스라엘은 결국 사방에서 팔레스타인을 군사적으로 포위할 것이고(요르단 강을 포함—또 다른 이스라엘의 '적색선'), 오히려 이미 자리 잡은 차별정책을 강화할 것이다.

이 책이 인쇄될 무렵, 워싱턴과 이스라엘은 팔레스타인에게 점령과 정착촌을 보호하는 안전보증을 해달라고 계속해서 압박하고 있지만, 팔레스타인인들이야말로 훨씬 더 억압받고 있으며 공격받기 쉬운 상태이다. 그러한 술책들은 실패했을 뿐만 아니라 시간과 인생을 낭비하는 치사한 행위이다. 국제적 적법성과 공정성은 제쳐놓고, 7년간 오슬로 협정을 통해 팔레스타인인들과 아랍인들이 배운 것은 이스라엘이 어떤 협정을 적용하는 것은 그것이 잠정적이든 최종적이든 대단히 고통스런 도전이라는 것이다. 만약 해당 협정의 법조항과 최종목표가 명백하지 않다면, 팔레스타인 지도부는 그것에 이의를 제기해도 밑져야 본전인 회의적인 사람들과 대결해야 할 것이다. 팔레스타인인들에게는 미래의 조국을 규정하고 그들을 절망적인 과거로 되돌리는 협정을 국민투표에 붙이는 것이 불법점령 포기에 대한 이스라엘의 국민투표보다 훨씬 더 긴급한 사안이다. 그 이유는 등록된 3백 7십만 난민을 포함하여 전 팔레스타인인들의 국민투표는 워싱턴에서 서명된 어떤 최종협정을 승인함에 있어 반드시 필요한 선결조건이기 때문이다. 그렇지 않다면 우리는 더 많은 인티파다를 기대할 수밖에 없다.

평화로 가는 유일한 방법은 이스라엘이 국제법과 직접 서명한 협약들을 준수하는 것이다. 이것이 위협이나 무력사용을 의미하는 것은 결코 아니다. 수 년에 걸쳐, 유일하게 발전적이었던 시기는 이스라엘이 국제사회 특히 미국으로부터 압력을 받았을 때였다. 그러한 압력은 이스라엘의 평화세력을 강화시킨다. 유엔 안전보장이사회에서 미국이 부여한 이스라엘의 면책특권을 박탈하고 이스라엘이 처벌받지 않고 행동하는 자유를 빼앗는 것만이 비식민지화의 원칙을 지키는 것이며, —안정과 평화의 선결요건— 이때부터 이스라엘과 팔레스타인의 안전에 기여할 수 있다. 팔레스타인인들이 자신들의 국가에서 민족자결권을 행사하도록 도와주는 것은 두 민족간의 역사적 화해를 이룩하는 유일한 길이다.

미첼 위원회가 언급했듯이 정착촌건설은 전면중단되어야 한다. 이스라엘 정착촌은 중동에 평화를 이루는 데 최대의 장애물이다. 즉, 정착촌은 이스라엘이 팔레스타인 영토를 점령하는 명분이자 근원인 것이다. 30년간 미국과 유럽이 정착촌건설을 반대했음에도 불구하고, 이스라엘이 불법정착촌을 확대함으로써 국가건설에 쏟는 팔레스타인인들의 모든 노력을 허사로 만들었다. 정착촌이 급증하면 정착촌건설자들이 구상하는 이스라엘은 희생이 큰 대가를 치루게 될 것이다. 최근에는 정착촌운동과 이데올로기가 현대 이스라엘 국가정체성의 근본이념이 되었고 그 이념은 신학적이며 모험적인 것이라고 정의할 수 있다. 샤론 정부의 정착위주정책은 폭력시위를 동반했고, 이스라엘에서 민족적·종교적 차이를 간과한 채 다양한 유대인과 팔레스타인 시민공동체에 기반을 둔 것이 아닌 식민주의적 유대 민족주의로 정의되는 새로운 '이스라엘 주의'를 형성했다.

정착민과 그들의 우방은 그들 자신의 모습대로 이스라엘을 구현하고 있다. 즉, 영원한 분쟁 속에 있는 신정국가이다. 이러한 과정은 샤론 통치하에서 부시 행정부의 명백한 지지를 받으며 점점 돌이킬 수 없는 파괴적이고 자기충족적인 예언이 되고 있다. 진정한 민주화를 확립하고 팔레스타인인들에게 부정부패와 족벌주의 및 다른 범죄혐의가 있는 아라파트와 팔레스타인 자치정부의 나머지 관료들에게 책임을 물을 수 있는 권한을 부여하려면 반드시 점령이 종식되어야 한다. 그것은 또한 이스라엘에서 삶을 정상화하고 팔레스타인인들이 그들의 민족자결권을 발휘하게 하는 데도 필요하다. 자결권이란 총체적으로 통치권과 시민권을 의미한다. 자결권을 가질 때에만 개인의 자결권이 자유롭고 공개된 민주적 과정 속에서 실현될 수 있다. 이스라엘이 차별정책을 철폐하는 것만이 팔레스타인의 민주화과정과 개혁으로 가는 길을 다질 수 있다.

1국가-2국가

결국, 이스라엘과 팔레스타인에게는 두 가지 선택안이 있다. 즉,

그들이 어떤 형태로든 관계가 있는 두 독립국가에서 살 것인가 (예를 들면, 요르단과 같이 연합국 형태 또는 2국가－1성지 등등) 혹은 두 민족을 화해시킬 수 있는 어떤 헌법이 있는 한 국가에서 살 것인가(그 예로는 캐나다, 스위스, 벨기에 등이 있다). 중간단계에서는 다른 어떤 선택의 여지가 없다. 인종차별정책과 인종청소는 팔레스타인에서 선택안이 아니다. 더 많은 내용을 원한다면, 이스라엘은 드 클레르크(de Klerk)와 밀로세빅(Milosevic)에게 확인해 볼 수 있다. 그러나 어떠한 합의가 이루어지든, 장벽이 세워져서는 안되고 개방이 더욱 촉진되어야 한다.

새로운 세기가 시작될 때, 서안과 가자의 모든 팔레스타인 주민은 이스라엘의 통제를 받는 영토－40만 정착민과 202개의 팔레스타인 분리지구를 포함해서－에서 최대 6마일 떨어져 살고 있다. 팔레스타인의 통계에 따르면, 팔레스타인과 이스라엘 전영토에는 450만 팔레스타인인과 450만 유대인들이 있다. 따라서 팔레스타인인들이 이스라엘인들과 평화롭게 공존하기 위한 두 가지 영구적인 방안을 생각해볼 수 있다. 즉, 팔레스타인인들에게 동예루살렘을 포함하여 1967년에 점령된 영토에 있는 자신들의 독립국가에서 민족자결권을 행사하게 하든가 또는 그들이 백만 팔레스타인계 이스라엘 시민과 함께 이스라엘-팔레스타인 국가로 귀화하거나 '1인 1투표권'을 가진 두 민족 국가 혹은 자유민주국가로 귀화하는 것이다.

현안 과제 해결과 팔레스타인 국가건설을 더 이상 미루는 것은 기존의 차별정책을 심화시킬 뿐이고, 궁극적으로 두 민족 1국가를 초래할 것이다. 다시 말해 이스라엘인들의 선택은 하나다. 즉, 그들이 오랫동안 회피해 온 그들 국가의 실체라는 딜레마(즉, 다른 국가,

팔레스타인인들을 파멸시키고 그 위에 이스라엘을 건설한 것으로 팔레스타인인들은 점령과 이스라엘의 직접 통치하에서 유랑하며 뿔뿔이 흩어졌다)를 해결하는 것이다. 이것이 해결되지 않으면 대립과 차별은 이미 진행중인 차별정책에 대한 반감을 심화시킬 것이다. 이미 서안뿐만 아니라 이스라엘 내부에서 차별에 대한 보고들이 증가하는 추세이다. 이스라엘 경찰은 해변과 어린이놀이터 그리고 놀이공원에서 유대인 지역에 접근하는 팔레스타인인들을 괴롭히고 있으며, 때로는 거주자만이 허가된다는 핑계를 대고 있다. 마지막으로 중요한 것은 만약 이스라엘이 미국의 '테러와의 전쟁'이라는 차원에서 면책특권을 계속 누린다면 분쟁은 계속해서 확대될 것이고, 상황은 합의에서 대립으로, 우호에서 적대로 전락할 것이라는 점이다.

이스라엘과 미국의 냉소적인 사람들은 그들의 분석에 따라 그 지역 미래의 전망은 '폭력이 수반되는 평화'라는 제한적인 선택안이 있으며 이스라엘 관리들이 주장하듯 전면전의 경우 팔레스타인인들이 그들의 조국 밖으로 내몰리는 또 다른 이주가 불가피하다는 사실을 이미 지지하고 있다. 더 이상 정복할 영토가 없고 팔레스타인인들이 그들의 자유를 포기하지 않는 상황에서 이스라엘의 무력사용에는 타당성이 없다. 이스라엘은 정상적인 국가로의 진화를 시작해야 하며, 그것은 공평한 평화와 정의 속에서 기꺼이 팔레스타인인들과 함께 살아가는 것이다. 그러니 지금 시작하는 것이 좋지 않겠는가. 이스라엘은 폭력을 멈추고 팔레스타인 국민들에게 역사적인 사과를 할 수도 있을 것이다. 이를 위해서는 이스라엘인들과 팔레스타인인들 간의 평화적 관계는 더 이상 팔레스타인의 이득이 이스라엘의 손실이 되거나 혹은 그 반대인 제로섬 게임이 아니라는 점을 인식하기만 하면 된다. 만약 그들이 분리독립을 결정한다면, 강하고 실용적인 팔레스타인 국가는 평화와 안정 속에서 합법적인 파트너가 될 것이다. 만약 그들이 통합을 결정한다면, 민주적인 이스라엘-팔레스타인 국가, 자유 국가 또는 두 민족국가는 그 지역에 대변혁을 일으킬 것이고 경제적·사회적 관계를 재확립할 것이며 두 민족이 젖과 꿀을 함께 나누게 할 것이다.

이 책의 서문에서, 필자는 2001년 강의에서 모의협상이 어떻게 합의에 도달했는 지를 이야기했다. 애석하게도, 샤론과 부시 그리고 인티파다 이후 1년 만인 2002년 강의시간에는 더 이상 합의가 이루어지지 못했다. 분쟁의 극적인 전개에 영향을 받은 학생들은 평화로운 합의를 도출해낼 수 없었다. 대신 학생들은 대학교에 평화 클럽을 만들었다. 나는 팔레스타인의 가혹한 현실이 전개되는 것을 보았을 때, 지금이야말로 그 어느 때보다 진정한 평화운동이 필요하다는 것을 확신했다. 부연하면 평화운동은 명목상의 평화협정보다 지역적으로나 국제적으로 더욱 중요하며 이는 합의를 하게 될 이해당사자들에게 충분한 압력을 가할 것이다. 다시 남아프리카의 상황을 재현할 것이다.

나는 개인적인 견해로 이 글을 끝맺고자 한다. 두 민족은 공통의 번영된 미래를 꿈꾸어야 하고 그 땅을 독점하려는 과거의 꿈은 포기해야 한다. 이스라엘이 다양성을 존중하고 인종차별을 멈춘다면 언젠가 팔레스타인인들은 용서할 것이다. 만약 두 민족이 분리되어야 한다면, 단지 통합으로 가는 임시단계로 놓아두자. 아마도 두 민족은 공존해야 할 숙명을 타고난 것 같다. 이것이 불가능하다면, 그들의 분리는 공정하고 문명적인 방법으로 이루어져야 한다.

팔레스타인-이스라엘 분쟁일지

1948 5월 14일 이스라엘 건국(독립선포), 미국과 구소련의 승인 획득, 다음날 아랍 군이 이스라엘 공격, 제1차 중동전 발발, 이스라엘이 팔레스타인 영토 70%를 차지, 8만 5천여 명의 팔레스타인 주민 강제축출

1949 1월 25일 이스라엘 제헌의회 선거
2월 14일 이스라엘-이집트 휴전협정 체결
5월 24일 아랍 4개국, 이스라엘과 로잔 의정서 조인

1956 10월 29일 제2차 중동전 발발, 이스라엘 시나이 반도 점령

1964 5월 28일 팔레스타인해방기구(PLO) 공식 출범

1967 6월 5일 이스라엘, 제3차 중동전(6일 전쟁 또는 6월 전쟁) 전격 개시, 이스라엘이 시나이 반도·가자 지구·요르단강 서안·동예루살렘 점령 후 27일 동예루살렘 합병
11월 22일 유엔 안보리, 이스라엘의 점령지 철군 촉구 결의안 242호 채택

1973 10월 6~25일 이집트와 시리아, 이스라엘을 기습적으로 공격하여 제4차 중동전 발발

1978 9월 17일 이집트-이스라엘, 미국의 중재하에 캠프데이비드 협정 체결

1979 3월 26일 이집트, 아랍 국가로서는 처음으로 이스라엘과 평화협정 체결

1981 10월 사다트 이집트 대통령 피살
12월 14일 이스라엘, 골란 고원 합병

1982 4월 25일 이스라엘, 시나이 반도 대부분을 이집트에 반환
6월 6일 이스라엘이 레바논을 침공, 아라파트가 1만 5천여 명의 지지자들과 함께 망명길에 오름

1985 10월 1일 이스라엘, 튀니스의 PLO 본부 공습, 170여 명 사망

1987 12월 9일 점령지 내 팔레스타인 주민의 이스라엘에 대한 봉기인 인티파다 시작

1989 7월 27일 아라파트 PLO의장, 이스라엘군의 단계적 철수와 총선 실시 및 팔레스타인 독립국가 수립 등을 내용으로 하는 4단계 팔레스타인 문제 해결방안 제시

1990 10월 8일 이스라엘 경찰, 예루살렘 통곡의 벽에서 기도하는 유대인들에게 돌을 던진 팔레스타인인들에게 발포하여 170여 명의 사상자 발생

1991 10월 30～11월 3일 스페인 마드리드에서 이스라엘, 요르단, PLO, 레바논, 시리아가 참석한 중동평화회담(제1차) 개막
12월 10～18일 워싱턴에서 제2차 중동평화회담 개최

1992 1월 13~16일 제3차 중동평화회담 개최, 이스라엘과 요르단/팔레스타인 간 직접회담 개최
2월 24일~3월 5일 4자간 쌍무회담 개최, 이스라엘은 팔레스타인의 요르단 강 서안과 가자 지구 및 동예루살렘 주민투표 실시요구를 거부
10월 21일 이스라엘, 제7차 중동평화회담에서 골란 고원 철수 회담 용의 표명, 팔레스타인은 요르단 강 서안과 가자 지구 및 예루살렘 주둔 이스라엘군 철수 촉구

1993 8월 31일 이스라엘과 PLO, 비밀접촉 끝에 가자 지구와 제리코 시에서의 팔레스타인 자치를 허용하는 잠정평화안에 합의
9월 9일 이스라엘과 PLO, 상호승인 합의
9월 13일 이스라엘과 PLO, 워싱턴에서 팔레스타인 자치확대에 관한 원칙선언 합의

1994 1월 24일 시리아 등 아랍 국가들과 이스라엘, 중동평화회담을 워싱턴에서 재개
1월 30일 이스라엘과 PLO, 요르단 내 제리코 등 이스라엘 점령지로부터 이스라엘군의 철수에 관한 최종조건에 합의
2월 9일 페레스 이스라엘 외무장관-아라파트 PLO의장, 팔레스타인 자치와 가자 및 제리코 지역에서의 이스라엘 철수에 관한 부분협정 체결
2월 25일 군복을 입은 유대인이 사원에서 예배를 보고있는 팔레스타인인들에게 무차별 난사, 63명 사망, 270명 부상, 이에 PLO는 유엔 안보리의 긴급소집 요구
5월 4일 라빈 이스라엘 총리와 아라파트 PLO의장, 카이로에서 이스라엘 점령지 내 제리코/가자지구에서의 팔레스타인 자치권을 인정하는 협정에 서명
5월 13일 이스라엘, 요르단강 서안의 중심지인 제리코 시를 팔

레스타인 경찰에 정식 이양(27년간의 점령통치 종식)
7월 아라파트 의장, 팔레스타인 자치정부수립 공식선언

1995 2월 2일 이스라엘, 이집트, 요르단, PLO, 카이로에서 정상회담 개최
9월 이스라엘과 PLO, 팔레스타인 자치확대 협정 체결(서안 7개 도시 포함)
11월 이스라엘, 제닌 경찰서 PLO에 인계, 라빈 이스라엘 총리 암살

1996 1월 20일 팔레스타인 정부수립을 위한 총선거가 요르단강 서안과 동예루살렘 및 가자지구에서 동시에 실시
1월 21일 아라파트 PLO 의장, 총선거에서 초대 대통령 당선
5월 이스라엘 총선에서 네탄야후 승리

1998 7월 15일 베들레헴 폭동 과정에서 35명의 팔레스타인 부상
7월 22일 팔레스타인, 이스라엘과의 쌍무협상 결렬 발표, 양측은 미국에 중재 요청
9월 10일 이스라엘군, 하마스 군 지도자(Adel Awadallah) 사살, 팔레스타인 수천 명 가자 지구에서 항의시위
10월 23일 이스라엘과 팔레스타인, 이스라엘이 팔레스타인에 영토를 주는 대신 팔레스타인은 이스라엘에 대해 안전과 평화를 보장한다는 내용의 '와이리버 평화협정' 체결
11월 이스라엘, 1차 추가 철군

1999 5월 17일 바라크(Barak), 총리 당선, 향후 1년내에 레바논에서 이스라엘군 철수 공약
6월 이스라엘-팔레스타인 정상회담 재개
9월 이스라엘-PLO, 10개월간의 난항 끝에 이스라엘 점령지역

일부영토 팔레스타인 이양에 합의

2000 2월 팔레스타인, 1996년 이후 최대규모로 이루어진 이스라엘의 대레바논 폭격 맹비난
8월 10일 이스라엘-팔레스타인 정상의 평화협상 합의에 실패
9월 29일 팔레스타인과 이스라엘 순례자 간의 투석으로 촉발된 충돌에 이스라엘 경찰이 발포하여 팔레스타인 7명이 사망하고 220명이 부상. 팔레스타인 전지역으로 충돌 확대. 인티파다 시작
12월 4일 이스라엘-팔레스타인, 베들레헴의 성지를 두고 전투 발생. 일종의 게릴라 전투로 이스라엘은 공격용 헬기를 동원하여 대응

2001 2월 아리엘 샤론, 총리 당선(62.5%지지율, 바라크 37.4%)
3월 8일 팔레스타인, 가자 지구의 이스라엘 정착촌 공격
3월 21일 이스라엘군, 탱크를 동원하여 아라파트 호위대 훈련센터를 공격
10월 17일 이스라엘의 레하밤 지비(Rehavam Zeevi) 관광장관이 피살됨
10월 28일 팔레스타인 무장괴한 2명, 북부 하데라 도심에서 총기를 난사하여 3명 사망, 10여 명 부상

2002 3월 12일 양측간의 충돌 고조. 3월에만 이스라엘인 50명과 팔레스타인 130명 사망
9월 22일 이스라엘, 아라파트가 거주하는 건물을 제외한 모든 PA 사령부 건물 파괴
10월 25일 이스라엘군, 팔레스타인 테러분자 감시 및 색출을 위하여 가자 지구에 소규모 군기지 건설. 이스라엘군, 테러분자 색출을 위해 제닌으로 진입

후주

1) Amira Hass, "A different definition of 'restraint'," *Haaretz*, November 15, 2000.

2) *People's Rights*, October 2000, pp. 16-18. LAW, Ramallah.

3) Shraga Elam, "Peace with violence or transfer," *Between the Lines* (Jerusalem monthly), December 2000, pp.11-13.

4) Amir Oren, *Haaretz*, October 3, 2000.

5) Eric Silver, *The Independent*, November 6, 2000.

6) Aluf Ben, *Haaretz*, December 7, 2000.

7) Paix ou guerres. Les secrets des négociations israélo-arabes 1917-1997, Stock, Paris, 1997, pp.51-52.

8) *Le Monde Diplomatique*, November 2000, p.13.

9) Amira Haas, *Haaretz*, November 16, 2000.

10) Yoel Marcus, "The 'bedrock of our existence' returns," *Haaretz*, October 3,. 2000.

11) *Haaretz*, October 13, 2000.

12) Yoel Marcus, *Haaretz*, October 6, 2000.

13) Gideon Levy, *Haaretz*, October 11, 2000.

14) Ruth Sinai, *Haaretz*, December 20, 2000.

15) Ian Lustick, *Arabs in the Jewish State: Israel's Control of a National Minority*, University of Texas, Austin, 1980, pp. 67-68; *Fasl Al-Maqal Weekly*, February 18, 2000.

16) *Haaretz*, November 3, 2000.

17) Sami Smooha, "Ethnic Democracy: Israel as an Archetype," *Israeli Studies* 2, 1997. p.230.

18) *Middle East International*, October 13, 2000, p.8.

19) Meron Benvinisti, *Haaretz*, March 26, 1998, and September 13, 2000.

20) Hemi Shalev, *Maariv*, October 27, 2000.

21) Edward Said, *The End of the Peace Process*, Pantheon Press, New York, 2000, p.25.

22) Aluf Benn, *Haaretz*, July 5, 2000.

23) Akram Haniyeh, *The Camp David Papers*, 2000, Al-Ayam, Ramallah, p.43.

24) Aluf Ben, *Haaretz*, September 12, 2000.

25) Geoffrey Aronson, 'US policy and the impact of settlement on the peace process,' in *Settlements and Peace: The Problem of Jewish Colonization in Palestine, Center for Policy Analysis on Palestine*, Center for Policy Analysis on Palestine, Washington DC, 1995, pp.17-18.

26) Stephen Zunes, "The strategic functions of US aid to Israel," *Middle East Policy*, Vol. 4, No. 4, October 1996, p.95.

27) Shibley Telhami, "From Camp David to Wye: changing assumptions in Arab-Israeli negotiations," *The Middle East Journal*, Vol. 53, No. 3, Summer 1999. pp.380-382.

28) *Right of Return*, Badil, Bethlehem, May 2000, p.15.

29) Susan Arram, "Palestinian rights: failure under international law," *Information Brief*, No. 40, Center for Policy Analysis on Palestine, Washington, DC, July 28, 2000.

30) Naseer Aruri, *Al-Hayat*, November 29, 2000.

31) Khalil Tofkajy, *The Settlements in Jerusalem: Goals and Results,* 1999, www.Palestinegd.fi_oriant.html.

32) Ir Shalem, *East Jerusalem - The Current Planning Situation. A Survey of Municipal Plans and Planning Policy,* 1998.

33) LAW, *Report on Jerusalem,* 1998.

34) LAW, *Plans for a 'Greater Jerusalem,'* June 5. 2000.

35) B'tselem Report, 1999; Ir Shalem, *East Jerusalem - The Current Planning Situation. A Survey of Municipal Plans and Planning Policy,* 1998.

36) *Haaretz*, August 30, 2000.

37) Graham Usher, *Middle East International,* London, January 21, 1994.

38) Emma C. Murphy, "The Arab-Israeli peace process: responding to the economic globalization," *Critique,* Fall 1996, pp. 80-81; Country Report, *Economist Intelligence Unit,* August 2000, UK, p.6.

39) Allan Ritzky, "Peace in the Middle East: what does it really mean for Israeli business," *Columbia Journal of World Business,* Vol. 30, No. 3, Fall

1995, p.28.

40) Emma C. Murphy, "The Arab-Israeli peace process: responding to the economic globalization," *Critique,* Fall 1996, p.77.

41) *Defense News,* July, 25-31, 1994.

42) Emma C. Murphy, "The Arab-Israeli peace process: responding to the economic globalization," *Critique,* Fall 1996, p.77.

43) Birzeit University survey: "Priorities under a Palestinian State,"

44) *World Bank Report 2000.*

45) *Oslo's Final Status and Future of the Middle East,* CPAP, Washington, 1997, p.1.

46) *World Bank Report on the West Bank and Gaza, 2000.*

47) *Haaretz,* January 8, 2001.

48) Birzeit University survey: "Priorities under a Palestinian State," 2000.

49) "West Bank and Gaza in Brief," World Bank, August, 2000.

50) "Statistical Abstract of Israel 1992-1999," *Peace Now,* December 5, 1999.

51) *Report on Israeli Settlements,* July-August, 1999, and September-October, 1999, Foundation for Middle East Peace, Washington, DC.

52) Don Peretz, "The 1998 Wye River Memorandum: An Update," Summary, 29 July 1999, Center for Policy Analysis on Palestine, Washington, DC.

53) Noam Chomsky, World Orders Old and New, Columbia University Press, New York, 1996, pp.210-213.

54) Baraq Kimmerling Zionism and Territory, University of California Press, 1993.

55) Gershon Shafir, Journal of Palestine Studies, Washington, Vol. XXV, No. 3(Spring 1996), pp.24-25.

56) Allegra Pacheco, "Closure and Apartheid: Seven Years of 'Peace' through Separation," *Information Brief* No. 6, March, 2000, CPAP, Washington DC.

57) "Report on the Settlements," September/October 1999, Foundation for Middle East Peace, Washington, DC.

58) Jad Issac, *Information Brief* No. 14, March, 2000, CPAP, Washington DC.

59) Ari Shavit, "Israel according to Sharon," *Haaretz,* February 2, 2001.

찾아보기

팔레스타인/이스라엘

지은이 | 마르완 비샤라
옮긴이 | 유달승
펴낸이 | 김종수
펴낸곳 | 도서출판 한울

편집책임 | 고경대
편집 | 이승필

초판 1쇄 발행 | 2003년 9월 25일
초판 2쇄 발행 | 2004년 7월 20일

주소 | 413-832 파주시 교하읍 문발리 507-2(본사)
121-801 서울시 마포구 공덕1동 105-90 서울빌딩 3층
(서울 사무소)
전화 | 영업 02-326-0095, 편집 02-336-6183
팩스 | 02-333-7543
홈페이지 | www.hanulbooks.co.kr
등록 | 1980년 3월 13일, 제406-2003-051호

Printed in Korea.
ISBN 89-460-3143-3 93340

* 가격은 겉표지에 표시되어 있습니다.

■ 지은이

마르완 비샤라(Marwan Bishara)
팔레스타인 작가이자 칼럼니스트
파리 아메리칸 대학(American University of Paris) 강사
Ecole des Hautes Etudes en Sciences Sociales의 수석연구원

■ 옮긴이

유달승
한국외국어대학교 이란어과 졸업
한국외국어대학교 중동지역학과 졸업(정치학 석사)
이란 테헤란대학교 정치학과 졸업(정치학 박사)
Harvard University Center for Middle Eastern Studies에서 Visiting Scholar로 활동(1999～2000)
현재 한국외국어대학교 이란어과 조교수
저서 및 역서: 『숙명의 트라이앵글 Ⅰ, Ⅱ』
『20세기 중동을 움직인 50인』(공저)
『정치문화와 정치발전: 한국과 이란의 비교 연구』
The Role of Political Culture in Iranian Political Development